Rudolf Dreßler/Oskar Negt/Henner Wolter (Hrsg.)

Jenseits falscher Sachzwänge

Streiten für eine zukunftsfähige Politik

Rudolf Dreßler/Oskar Negt/
Henner Wolter (Hrsg.)

Jenseits falscher Sachzwänge

Streiten für eine zukunftsfähige Politik

Detlef Hensche zum 60. Geburtstag

VSA-Verlag Hamburg

Abbildung auf dem Schutzumschlag: Quint Buchholz, München

Bildnachweis:
Werner Bachmeier, S. 264, 267
Industriegewerkschaft Medien (Archiv), S. 260, 263

Lektorat: Richard Detje
Typographie, Fotoauswahl und Einbandgestaltung: Gerd Siebecke

Druck und Buchbindearbeiten: W.E. Weinmann Druckerei GmbH, Filderstadt
ISBN 3-87975-732-1

Inhalt

Aktualität der Gesellschaftsreform

Für Erneuerung streiten: Tarifpolitik – Strukturpolitik – Internationalismus

Kultur – Medien – Macht

Gewerkschafter und Intellektueller

Vorwort

»Politik verkommt zur Standortpflege«, konstatierte Detlef Hensche auf einer Veranstaltung gemeinsam mit dem französischen Soziologen Pierre Bourdieu über »Perspektiven des Protestes«.[1] Für eine solche Charakterisierung gibt es viele Anhaltspunkte.

Am Ende des 20. Jahrhunderts, das geradezu explosiv mit Politik aufgeladen war, scheint vielerorts die Politik abzudanken. Nicht mehr Gestaltungs- und Veränderungsoptionen prägen die Auseinandersetzungen, sondern vermeintliche Sachzwänge dirigieren den Lauf der Geschichte. Dies ist zumindest eine verbreitete Sichtweise, nach der nur noch verschiedene Varianten von Anpassung an diese Sachzwänge möglich erscheinen.

Eine solche Ansicht ist nicht nur falsch; sie birgt auch Gefahren in sich.

Erstens sind Sachzwänge selbst gleichsam geronnene Politik. Auch der viel beschworene Markt ist eine gesellschaftliche, politisch gestaltete Produktionsweise, und der »entfesselte Markt« ist ein ausgesprochen politisches Projekt, das die neoliberalen Ideologen weltweit durchsetzen wollen. Nicht viel anders verhält es sich mit der Globalisierung, mit der wir ebenfalls als Ergebnis politischen Handelns konfrontiert sind.

Zum anderen trägt das Verkünden vom Ende der Politik zur Entdemokratisierung bei. Wer engagiert sich noch, wenn die Beendigung aller Richtungsauseinandersetzungen proklamiert wird, da die Unterscheidung zwischen rechts und links der Vergangenheit angehöre; wer kann noch zum politischen Handeln bewegt werden, wenn nicht mehr Veränderungsinteressen, sondern nur noch Anpassungszwänge die Tagesordnung bestimmen? Demokratie droht so zu technokratischer Herrschaft transformiert zu werden, zumal dann, wenn die sozialen Grundlagen für

[1] Pierre Bourdieu/Claude Debons/Detlef Hensche/Burkhart Lutz u.a.: Perspektiven des Protests. Initiativen für einen europäischen Wohlfahrtsstaat, Hamburg 1997.

Engagement – gesicherte Arbeit und sozialstaatlicher Schutz – immer mehr erodieren.

Dies alles bedeutet: Politik, die zu Standortpflege verkommt, nimmt zwangsläufig verstärkt autoritäre Züge an.

Dagegen geht es in der Tat darum – wie Detlef Hensche ausführt –, »eine Perspektive jenseits von Ausgrenzung und Spaltung und jenseits des alles dominierenden Konkurrenzprinzips zu entwickeln, die konkrete Utopie einer solidarischen Gesellschaft also, wenn wir aus den Gräben der Verteidigung heraustreten wollen.« Nur wenn die Gewerkschaften im Interesse der Arbeitenden und der Ausgegrenzten an dieser Utopie aktiv mitwirken, werden sie unverzichtbar sein und bleiben.

Wir wollen mit den Beiträgen in diesem Buch, mit Analysen und Therapievorschlägen, Vorschauen und Rückblicken zu dieser von Detlef Hensche formulierten Aufgabe einen kleinen Beitrag leisten. Eine zukunftsfähige Politik ist nach unserer Auffassung nur möglich, wenn sie sich von falschen Sachzwängen, wie sie der Neoliberalismus postuliert, frei macht. Detlef Hensche, der in diesem Jahr seinen sechzigsten Geburtstag begeht, hat mit seinen politischen Analysen und seinem gewerkschaftspolitischen Engagement immer eine solche kritische und zukunftsorientierte Sichtweise eingenommen.

Die Verfasserinnen und Verfasser der Beiträge in diesem Band haben in ihren unterschiedlichen Wirkungsbereichen mit Detlef Hensche zusammengearbeitet – in kurzen Begegnungen oder auch über längere Wegstrecken. Die inhaltlichen Ausgangspunkte und Sichtweisen sind notwendigerweise sehr verschieden. Dies kann den Reiz dieses Buches nur erhöhen.

Die Entstehung dieses Bandes hat der Hauptvorstand der IG Medien ermöglicht. Er widmet ihn Detlef Hensche zu seinem sechzigsten Geburtstag.

Dank sind wir Gisela Kessler, Klaus Pickshaus und Hermann Zoller schuldig, die die Redaktion übernahmen.

Bonn/Hannover/Berlin, im Juli 1998

Rudolf Dreßler, Oskar Negt, Henner Wolter

Jenseits von Marktversagen und Globalisierungsfallen

Friedhelm Hengsbach

Wie können kapitalistische Marktwirtschaften demokratieverträglich werden?

Materieller Wohlstand und persönliche Freiheit, Marktwirtschaft und Demokratie waren die motivierenden Leitbilder für den Aufbruch vor 1989 in Ost- und Mitteleuropa und für jene seither wahrnehmbaren Bewegungen, die in zahlreichen Ländern dazu geführt haben, daß marktwirtschaftliche Regime und formale Demokratien etabliert werden konnten. Daß die westlichen Marktwirtschaften außerordentlich leistungsfähig sind, indem sie breiten Bevölkerungsschichten einen Wohlstand gewährleisten, der früher nur einer Minderheit vorbehalten war, und mit der hohen Arbeitsproduktivität ein tragfähiges soziales Netz, allgemein zugängliche Bildungswege und eine beachtliche Gesundheitsversorgung zu finanzieren suchen, bestreitet kaum jemand. Ob diese Marktwirtschaften jedoch schon das Prädikat »demokratisch« verdienen, wie es ein US-amerikanischer Wirtschafts- und Sozialethiker behauptet, der die Kombination von freier Marktwirtschaft, staatlicher Regulation und abendländischer Kultur als »demokratischen Kapitalismus« kennzeichnet, soll im folgenden geprüft werden. Dabei kann sich herausstellen, daß die real existierenden kapitalistischen Marktwirtschaften erst durch politischen Druck und Gegendruck schrittweise demokratieverträglich gemacht worden sind, und daß mit jedem dieser Schritte ein Stück ihrer kapitalistischen Eigenart verlorengegangen ist.

Kapitalistische Marktwirtschaften

Die real existierenden Marktwirtschaften, die erheblich von den Gleichgewichtstendenzen idealtypischer Marktmodelle abweichen, sind kapitalistische Marktwirtschaften. Ein ihnen angemessenes Deutungsmuster muß den Kapitalismus als wirtschaftliches Funktionsgerüst und als gesellschaftliches Machtverhältnis einschließen.

Wirtschaftliches Funktionsgerüst

Das wirtschaftliche Funktionsgerüst des Kapitalismus enthält vier Komponenten: den marktwirtschaftlichen Wettbewerb, den Einsatz moderner Technik aus vorgeleisteter Arbeit, ein elastisches Geldangebot und private, unternehmerische Verfügungsrechte. Der marktwirtschaftliche Wettbewerb ist ein Koordinationsverfahren, das die unzähligen Entscheidungen von Anbietern über die Kombination der Produktionsfaktoren und von Konsumenten über die Rangfolge ihrer Bedürfnisse durch anonyme Steuerungssignale – Güterpreise, Löhne, Zinsen, Wechselkurse und die entsprechenden Einkommen – aufeinander abstimmt und dafür sorgt, daß die Steuerungssignale unverfälscht bleiben, d.h. authentische Informationen über Nachfragepräferenzen liefern und erwartungsgerechte Produktionsentscheidungen auslösen. Er zwingt eine Mehrzahl von Anbietern dazu, durch kosten- und preissenkende Verfahrens- oder Produktinnovationen um eine kaufkräftige Nachfrage zu werben. Dabei gewinnen innovative Unternehmer zunächst einen Vorsprung vor ihren Konkurrenten, der allerdings in dem Maße verringert wird, als diese ihn nachzuahmen versuchen. Der Wettbewerb funktioniert so lange, wie ein Rollentausch bahnbrechender und nachahmender Unternehmer möglich bleibt. Und er existiert nur so lange, als es kreative Unternehmer gibt, die durch ein öffentliches Meinungsklima eher ermutigt als entmutigt werden.

Der Einsatz moderner Technik ermöglicht eine Arbeitsorganisation mit vertikaler und horizontaler Arbeitsteilung. Arbeitsplanung und -ausführung können voneinander abgetrennt werden, komplexe Arbeitsvorgänge lassen sich in die Phasen der Vorbereitung, Ausführung und Kontrolle aufspalten, auf verschiedene Personen verteilen oder gar in einzelne Bewegungsabläufe zerlegen. Technisches Wissen, das ursprünglich an menschliche Arbeitskräfte gebunden war, kann in Maschinen und Anlagen verkörpert werden. Menschliche Muskelkraft wird in Automaten und menschliche Intelligenz in Computersysteme ausgelagert. Der Technikeinsatz hat den enormen Anstieg der Produktivität bewirkt.

Ein elastisches Geldangebot gewährleistet die für kapitalistische Marktwirtschaften charakteristische Dynamik. Geld schiebt sich als allgemeines Tauschmittel zwischen die realen Tauschvorgänge und trennt den Kauf- vom Verkaufsakt. Als Verfügungsmacht über Produktivfaktoren steuert es jedoch den Güterstrom und wird von den privaten Geschäftsbanken, die über die Möglichkeit der Geldschöpfung und Geldvernichtung verfügen, bereitgestellt, wenn sie den Unternehmen, die produktive Investitionen planen, Kredite gewähren. Sie reagieren aber nicht bloß, sondern sind auch eigenständig in der Kreditgewährung initiativ, soweit das mit der Bindung an die Zentralbank bzw. mit der Rücksicht auf eine fremde Leitwährung vereinbar ist.

Private Verfügungsrechte über Produkte und Produktionsmittel im Unternehmen sind präzise definiert und den Entscheidungsträgern, die für ihre Handlungsfolgen einzustehen haben, eindeutig zugeordnet. Die Verfügungsrechte über Güter begründen im Rahmen der Vertragsfreiheit eine Weisungsbefugnis gegenüber Arbeitnehmerinnen und Arbeitnehmern, die angewiesen werden können, bestimmte Arbeiten auszuführen. In modernen Großunternehmen lassen sich Verfügungsrechte von den Eigentumsrechten an Produktionsmitteln abtrennen.

Gesellschaftliche Machtverhältnisse

Den Kapitalismus bloß als wirtschaftliches Funktionsgerüst zu charakterisieren, würde verkennen, daß zwischen Wirtschafts- und Gesellschaftsform eine Wechselwirkung besteht. An drei Nahtstellen schlägt das wirtschaftliche Funktionsgerüst des Kapitalismus in ein gesellschaftliches Verhältnis struktureller Übermacht und Abhängigkeit um.

Erstens wird das Unternehmen gemäß BGB als ein Vermögensgegenstand definiert, der den Eigentümern der Produktionsmittel zugeordnet ist. Aus diesem Privateigentum an den ursprünglich zur Verfügung gestellten Gebäuden, Anlagen und Einrichtungen leitet man nicht nur das Dispositionsrecht über die im Verlauf des Produktionsprozesses entstehenden Güter und Produktionsmittel ab, sondern auch die Weisungsbefugnis gegenüber den »Arbeitnehmerinnen« und »Arbeitnehmern«, die dem »Arbeitgeber« nicht einzelne Arbeitsleistungen, sondern ihre Arbeitskraft zur Verfügung stellen, sowie die Entscheidungskompetenz beispielsweise über Investitionen, die Arbeitsorganisation, das Produktdesign und die Gewinnverwendung. Das Machtgefälle im unternehmerischen Entscheidungsprozeß ermöglicht die Verflüssigung der Organisation in ein virtuelles Unternehmen mit autonomen Betriebsteilen, zeitlich befristeten Projektgruppen und mobilen Arbeitsteams, die sich als autonome Einheiten empfinden und flexibel auf die Marktströmungen reagieren sollen. Das Entscheidungsmonopol im Betrieb und Unternehmen verlängert sich in ein strukturelles Machtgefälle auf dem Arbeitsmarkt. Der einzelne Arbeitnehmer, der darauf angewiesen ist, seine Arbeitskraft anzubieten, um mit dem Arbeitseinkommen seinen Lebensunterhalt zu bestreiten und deshalb nicht warten kann, steht dem Arbeitgeber nicht in einer paritätischen Verhandlungsposition gegenüber. Erst der solidarische Zusammenschluß der »abhängig Beschäftigten« könnte eine einigermaßen paritätische Verhandlungsmacht herstellen.

Zweitens erreichen die Unternehmen als Anbieter von Waren und Diensten (im Normalfall) einen höheren Organisationsgrad, als ihn die häufig atomisierten Konsumenten auf der Nachfrageseite zustande bringen. Deshalb kann auch auf den Gütermärkten eine »Übermacht im Tausch« auftreten. Eine derartige Asymmetrie verfestigt sich, wenn mit Hilfe der Werbung die Souveränität der Konsumenten außer Kraft gesetzt wird und deren Nachfragepräferenzen auf das Produktangebot manipuliert werden. Sie ist irreversibel, wenn sich marktbestimmende Anbieter zusammenschließen und Teilmärkte beherrschen, ohne von staatlichen Organen daran gehindert zu werden. Die Geschichte der Nachkriegswirtschaft in Deutschland ist eine Geschichte der Zusammenschlüsse von Großkonzernen, wie auch zur Vollendung des europäischen Binnenmarkts Anfang der neunziger Jahre die Zahl der Unternehmensfusionen überdurchschnittlich anstieg. So bildet sich eine Anbieter-Marktwirtschaft mit einer Wachstumsdynamik, die der Marktwirtschaft ursprünglich fremd ist.

Drittens wird die Anbietermacht der Unternehmen durch deren Zusammenspiel mit den Institutionen einer elastischen Geldversorgung verschärft. Das Bankensystem ist mit einer Kredit- und Geldschöpfungsmacht ausgestattet, die den innovativen Unternehmen zur Verfügung gestellt werden kann. In der herrschenden Meinung wird die Kapitalbildung zwar als Kehrseite des Konsumverzichts, nämlich des Sparens angesehen, so daß eine vorhandene Kapitalknappheit durch steigende Zinsen und eine höhere Sparneigung überwunden werden könne. Außerdem wird das Geld häufig wie ein Schleier eingeschätzt, der sich um die fundamentalen Vorgänge der Investition, der Produktion und des Konsums herumlege. In Wirklichkeit kann die Geldschöpfung der privaten Geschäftsbanken als das erste Glied einer Kette oder einer fortwährenden Spirale angesehen werden. Die Banken gewähren den Unternehmen, die nachweisen können, daß ihre Gewinnerwartungen plausibel sind, Kredite. Mit diesen Krediten können Produktionsmittel gekauft und Arbeitskräfte entlohnt werden. Nachdem die vorfinanzierte Produktion der Güter und deren Verkauf erfolgreich abgeschlossen sind, werden aus dem erzielten Überschuß die Gewinne entnommen und die Kredite zurückgezahlt. Die Übermacht der Banken wird durch das deutsche Finanzsystem noch dadurch zugespitzt, daß sie nicht nur als Kreditgeber, sondern auch über das Depotstimmrecht und die Unternehmensbeteiligungen die Geschäftsführung der Manager kontrollieren können.

Die Asymmetrie gesellschaftlicher Macht an der Nahtstelle zwischen der monetären und realen Sphäre äußert sich auch in der Funktion, die den Finanzmärkten bei der Kontrolle von Unternehmen zugewiesen wird. Private Kapitalanleger und Anlagefonds behandeln Unternehmen ausschließlich wie einen Vermögensgegenstand. Sie können die Beteiligungsmehrheit erwerben, Manager einsetzen, die ihnen genehm sind, die profitablen Unternehmenskerne ausschlachten, die Restbetriebe weiterverkaufen oder mitsamt ihren Belegschaften »verschrotten«. Selbst nationale Regierungen und Notenbanken sehen sich durch die internationalen Finanzmärkte diszipliniert, indem sie ausschließlich danach bewertet werden, ob sie eine hinreichend rigide Geldpolitik durchsetzen können, die den realen Zins über die reale Wachstumsrate des Volkseinkommens und damit das durchschnittliche Wachstum der Gewinnerwartung in den Unternehmen bzw. der Lohneinkommen anhebt.

Die Diagnose des wirtschaftlichen Funktionsgerüsts und der gesellschaftlichen Machtverhältnisse einer kapitalistischen Marktwirtschaft, insbesondere des unternehmerischen Entscheidungsmonopols auf der Grundlage des privaten Eigentums an Produktionsmitteln, der beherrschenden Anbieterposition der Unternehmen auf den Gütermärkten und der Geldschöpfungsmacht des Bankensystems bzw. der Kontrollmacht der Finanzmärkte bestätigt, daß die real existierenden Marktwirtschaften als kapitalistische Marktwirtschaften zutreffend gekennzeichnet werden, auch wenn sie durch Korrekturen am Rand sozial gebändigt worden sind.

Demokratieverträglichkeit

Mit welchem Verständnis von Demokratie ist der Kapitalismus verträglich? Der Begriff der Demokratie ist lange Zeit ausschließlich auf die Organisationsform politischer, insbesondere staatlicher Herrschaft beschränkt worden. Die Ideen der Volkssouveränität als Ursprung aller staatlichen Gewalt, der individuellen Abwehrrechte gegen staatliche Übergriffe, des Rechtsstaats, der geheimen Wahl sowie der Gleichheit aller vor dem Gesetz sind unmittelbar auf den Vollzug staatlicher Herrschaft bezogen. Doch inzwischen ist der Begriff der Demokratie über den Funktionsbereich des Staates hinaus auf einen gemeinsamen Lebensstil, auf eine Form gesellschaftlicher Integration ausgeweitet worden. Während der kulturellen Umbrüche in den westlichen Gesellschaften zu Beginn der siebziger Jahre wurde mit der »Demokratisierung aller Lebensbereiche« das Programm einer gesellschaftlichen Kultur bezeichnet, das die positiven Erfahrungen, die mit der demokratischen Staatsform gemacht wurden, in die Lebensbereiche der Partnerschaft, Familie, Schule, Kirche und auch der Wirtschaft übertragen sollte. Diese demokratische Kultur enthielt sowohl die Spielregeln der Mitwirkung, der Mehrheitsentscheidung unter Zeitdruck, des Minderheitenschutzes und einer öffentlichen Meinungs- und Willensbildung als auch die demokratischen Grundhaltungen der Verantwortung für das Ganze, der Toleranz gegenüber der Meinungsvielfalt sowie der Zivilcourage. Die Demokratieverträglichkeit des Kapitalismus kann daran abgelesen werden, in welchem Ausmaß er Menschenrechte respektiert, die als Reaktion auf jenen Leidensdruck, unter dem gesellschaftliche Gruppen im Zeitablauf standen, proklamiert worden sind.

Bürgerliche Freiheitsrechte

Die meisten Staaten der Welt haben 1993 in Wien dem »International Bill of Rights« zugestimmt. Diese Erklärung enthält die Allgemeine Erklärung der Menschenrechte von 1948, den Zivilpakt über bürgerliche und politische Rechte sowie die Vereinbarung über ökonomische, soziale und kulturelle Rechte von 1966. Für die demokratischen Verfassungen Europas sind die Freiheitsrechte grundlegend, die einen individuellen Schutz gegen Übergriffe staatlicher Entscheidungsträger bilden. Neben der Meinungs- und Handlungsfreiheit wird das Privateigentum als ein individuelles Freiheitsrecht gewährleistet. Damit stehen auch das

Eigentumsrecht an den Produktionsmitteln sowie das private Verfügungsrecht über Anlagen, Produktionsverfahren und Produkte unter dem Schutz der Verfassung.

Die modernen Verfassungen respektieren zwar die Gleichberechtigung von Mann und Frau. Doch ist mit dieser formalen Anerkennung der Anspruch der Frauen auf ein selbstbestimmtes Leben, auf den eigenen Körper, ein eigenes Einkommen und eine nicht abgeleitete soziale Sicherung noch längst nicht eingelöst. Der Kapitalismus hat von der patriarchalen Gesellschaft die Diskriminierung der Frauen übernommen und sowohl durch die Trennung der Produktionsstätte vom Wohnort als auch durch jene Arbeitsteilung, die den Männern die Erwerbsarbeit gegen Entgelt und den Frauen die unentgeltliche private Hausarbeit zuwies, verfestigt. Um die erwerbswirtschaftliche Produktivität zu steigern, wurde die Frauenarbeit zum Nulltarif in Anspruch genommen.

Als nach der deutschen Vereinigung darüber diskutiert wurde, ob eine Umweltklausel oder das Grundrecht auf eine unversehrte Umwelt in das Grundgesetz aufgenommen werden sollten, wurde deutlich, daß der Kapitalismus sich der natürlichen Umwelt bemächtigt und die Lebensgrundlagen der kommenden Generationen zum Nulltarif in Anspruch genommen hat, um die erwerbswirtschaftliche Produktivität zu steigern. Der »lange Schatten der Zukunft«, der sich sowohl in dem individuellen Grundrecht auf eine unversehrte Umwelt als auch in dem kollektiven Recht der Völker auf Entwicklung anmeldet, ist im einzelwirtschaftlichen Kalkül und in der volkswirtschaftlichen Gesamtrechnung unberücksichtigt geblieben. Auf den Kapitalismus wirken diese Grundrechte wie unverständliches Rauschen.

Wirtschaftliche und soziale Grundrechte

Im Gegensatz zu den bürgerlichen Freiheitsrechten werden die Träger, Inhalte und Adressaten wirtschaftlicher und sozialer Leistungsansprüche meistens als ziemlich diffus abgewertet. Aber aus der Einsicht, daß die bürgerlichen Freiheiten, die allen Mitgliedern der Gesellschaft formal unterschiedslos gewährt werden, von denen nicht in Anspruch genommen werden können, denen die materiellen Voraussetzungen fehlen, sind unter dem Druck der Arbeiterbewegung wirtschaftliche und soziale Grundrechte proklamiert worden. Um sie einzulösen, mußten verbindliche Absprachen, Regeln und Verfassungsnormen in Kraft gesetzt werden. So haben solidarische Sicherungssysteme die Risiken der

Arbeitslosigkeit, des Alters und der Krankheit abhängig Beschäftigter abgefedert. Tarifverträge, die zwischen Gewerkschaften und Arbeitgebern vereinbart wurden, haben die Primärverteilung der Einkommen beeinflußt, während das Betriebsverfassungsgesetz und das Gesetz über die Mitbestimmung im Unternehmen den Verfahren friedlicher Konfliktregelung einen strukturellen Rahmen gegeben haben; sie reagierten auf die Ansprüche der abhängig Beschäftigten, demokratische Leitbilder, Verfahren und Einstellungen auf die Sphäre der Wirtschaft auszudehnen. Die laufende Hilfe zum Lebensunterhalt ist mittlerweile zu einem Grundrechtsanspruch geworden, der unabhängig von der Beteiligung an der gesellschaftlich organisierten Arbeit gegenüber der Gemeinde des Wohnorts eingelöst werden kann. Um das Recht auf Erwerbsarbeit, die zum Schlüssel gesellschaftlicher Integration und persönlichen Wohlstands geworden ist, nicht zu einer Bekenntnisformel entarten zu lassen, wurde seit der Massenarbeitslosigkeit der dreißiger Jahre dem Staat die Aufgabe zugewiesen, den offenkundigen Schwankungen der privaten Nachfrage mit staatlichen Maßnahmen gegenzusteuern und die staatliche Geld- und Finanzpolitik sowie die Wechselkurs- und Sozialpolitik in den Dienst einer aktiven Wachstums- und Beschäftigungspolitik zu stellen.

Die Anerkennung wirtschaftlicher und sozialer Grundrechte wirkt sich auch auf die Vorstellungen einer gerechten Verteilung der Einkommen und Vermögen aus. Falls die Gesetze des Marktes eine tendenziell stark ausdifferenzierte Verteilung der Einkommen und Vermögen bewirken, während Menschen mit einem entwickelten demokratischen Bewußtsein eine eher ausgewogene Verteilung bevorzugen, müßte eine variable Balance zwischen diesen beiden gleichrangigen Verteilungsformen gesucht werden. Eine marktförmig ausdifferenzierte Verteilungsregel mag berechtigt sein, um das Niveau der zu verteilenden Einkommen und Vermögen zu steigern. Ebenso berechtigt ist jedoch eine demokratieförmig ausgewogene Verteilung der Einkommen und Vermögen, die allen Staatsbürgerinnen und Staatsbürgern durch die materielle Mindestsicherung die Möglichkeit einräumt, ihre bürgerlichen Freiheitsrechte in Anspruch zu nehmen.

Politische Beteiligungsrechte

Gegen eine repräsentativ verfestigte Demokratie, die sich unter Ausschluß der Öffentlichkeit im Netzwerk politischer Funktionseliten verfangen hatte, hat eine nachwachsende Generation die Forderung nach »politischer Beteiligung« erhoben. Der plebiszitäre weiße Fleck im Grundgesetz sollte ausgefüllt werden. Die repräsentativen Einrichtungen des Zentralstaates sollten sich Verfahren der direkten Demokratie und der dezentralen Willensbildung öffnen. Politische Entscheidungsprozesse sollten in die gesellschaftliche Öffentlichkeit zurückgeholt, öffentlich durchsichtig gemacht und in der ersten Person erlebbar werden. So ist mit dem Leitbild der »Demokratie als Lebensform« eine allgemeine Option verbunden, daß der kollektive Wille einer Gemeinschaft sich von unten nach oben bildet, daß jeder Mensch als Träger von Freiheitsrechten anerkannt wird und sich entfalten kann, daß Unterschiede der Rasse, der Sprache und des Geschlechts gegenüber der grundlegenden Gleichheit aller Menschen relativiert werden, daß Fairneßregeln den Umgang miteinander bestimmen, und daß an der Entscheidung über Fragen, die alle angehen, auch alle beteiligt werden.

Demokratieverträgliche Marktwirtschaften

Nachdem sich die geschichtlichen Erfahrungen sowohl struktureller Machtasymmetrien als auch kollektiver Widerstandsbewegungen, die in die Proklamation von Grund- und Menschenrechten eingemündet sind, in gesellschaftlichen Lernprozessen und politischen Reformen verkörpert haben, ist der Kapitalismus zumindest gezähmt worden. Dieser Prozeß kann trotz zahlreicher Rückschläge fortgeführt werden und darin enden, daß der Kapitalismus in demokratieverträgliche Marktwirtschaften mit einem abweichenden konzeptionellen Profil transformiert wird. Das abweichende Profil bezieht sich auf das Natur-, Geschlechter- und Leistungsverhältnis. Das neue Naturverhältnis folgt der Formel Albert Schweitzers: »Ich bin Leben, das leben will inmitten von Leben, das Leben will«. Wirtschaft und Gesellschaft sind Bestandteile des Ökosystems der Erde und nicht umgekehrt. Das neue Geschlechterverhältnis folgt den Leitbildern: »Gleichstellung und Autonomie« für Männer und Frauen. Eine Neuverteilung aller gesellschaftlich nützlichen Arbeiten würde den Männern den Einstieg in die Erziehungs- und Beziehungsarbeit und den Frauen den Einstieg in die Erwerbsarbeit erleichtern. Das neue Leistungsverhältnis besteht in einer anderen Zuordnung von gesellschaftlich nützlicher Arbeitsleistung, Arbeitseinkommen, Kapitaleinkommen und Transfereinkommen. Neben die erwerbswirtschaftliche soziale Sicherung auf der Grundlage gesellschaftlich nützlicher Arbeit tritt eine demokratische Sicherung auf der Grundlage zivilgesellschaftlicher Mitgliedschaft.

Demokratieverträgliche Marktwirtschaften haben nicht nur ein abweichendes konzeptionelles Profil. Auch ihre tragenden Strukturen sind mit denen des Kapitalismus nicht zu verwechseln. Wenn das Entscheidungsmonopol der Kapitaleigner, die Konzentration der Konzerne und die losgelöste Geldpolitik der Notenbanken gebändigt sind, wäre nicht nur der Name der Wirtschaftsform ausgewechselt. Der strukturelle Umbau könnte an der Unternehmensverfassung, an der bevorzugten Unternehmensform und an den Kooperationsformen der Notenbank abgelesen werden.

Unternehmensverfassung

Der Betrieb hat im Geltungsbereich des Grundgesetzes bereits eine Verfassung. Etwas ähnliches müßte für das Unternehmen geschaffen werden. Dabei wäre das geltende Gesellschaftsrecht auf die Beziehung der Kapitaleigner untereinander zu beschränken, um den Kapitaleinsatz zu regeln und nicht um Herrschaftsrechte über die Belegschaft zu etablieren. Die bisherigen Gesetze haben die Mitbestimmung der Arbeitnehmer bloß auf die vorhandene Gesellschaft der Kapitaleigner aufgepfropft. Denn Arbeitnehmervertreter sind lediglich in das Aufsichtsorgan des Unternehmens eingezogen. Da das Unternehmen jedoch ein sozioökonomischer Verband von Personen ist, die ihre Arbeitskraft oder ihr Kapital für den Produktionsprozeß zur Verfügung stellen, müßte eine Unternehmensverfassung auf der Existenz und Kooperation zweier Gruppen aufbauen, die das verantwortliche Handeln einer Unternehmensleitung legitimieren. Außerdem könnte die vorherrschende zweipolige Betrachtungsweise durch einen dritten Pol erweitert werden: Die Unternehmensleitung hat die Funktion, kreativ und dynamisch die Produktion auf die Nachfragesignale auszurichten sowie das Kapital und die Arbeitskräfte für eine effiziente Produktion optimal zu kombinieren, was nicht ausschließt, daß sie ihre Legitimation sowohl von den Kapitalgebern als auch von der Belegschaft empfängt und vom Vertrauen beider Gruppen getragen wird.

Darüber hinaus könnte das moderne Unternehmen, dessen Konflikte nicht mehr ausschließlich entlang den Trennlinien der Kapitaleigner und abhängig Beschäftigten verlaufen werden, als ein Vertragsnetz kollektiver Akteure rekonstruiert werden, dessen Funktionsfähigkeit davon abhängt, daß weder die Belegschaft noch die Manager und/oder Kapitaleigner die eigenen Interessen zu Lasten der anderen durchsetzen, sondern daß alle Gruppen, die im Unternehmen und in dessen Umfeld engagiert sind, kooperieren: Belegschaften, Manager und Aktionäre, Kunden, Zulieferer und Gebietskörperschaften, Gewerkschaften und Banken. Wie können abhängig Beschäftigte, die sich durch technisches Wissen qualifiziert haben, in einem solchen umfassenden Interessenausgleich ihre Interessen definieren, bündeln und offensiv vertreten? Wie können sie sich vor der Enteignung ihrer technischen Kompetenz schützen und kollektive Gegenmacht aufbauen?

Die geballte Macht der Industriebelegschaften, die sich durch ihre Betriebsräte und die Gewerkschaften vertreten sahen, wird durch die Organisationsentwicklung der Unternehmen ausgehöhlt. Dennoch verfügen auch selbstorganisierte Projektteams eines Unternehmens, dessen Mitglieder durch menschengebundenes Wissen qualifiziert sind und Schlüsselstellen der Informationsgewinnung und -weitergabe besetzen, über ein Machtpotential, das sich in der Kooperation und Vernetzung mit anderen Projektteams erheblich ausbauen läßt. Innovative und wirksame Kooperationsformen werden indessen erst noch erkundet werden müssen, damit die abhängig Beschäftigten souveräne Subjekte ihres technischen, kommunikativen und politischen Wissens bleiben und dies zur Quelle persönlicher Einkommen und Vermögen machen können.

Kleine und mittlere Unternehmen

Die organisatorische Einheit demokratieverträglicher Marktwirtschaften wird nicht der Industriekonzern sein, sondern in der Regel das kleine und mittlere Unternehmen. Deshalb käme alles darauf an, daß zukunftsorientierte Gewerkschaften die Barrieren zu solchen Unternehmen abbauen. Ein Schritt in diese Richtung besteht darin, daß sie jenes Image abbauen, das sie als Komplizen der Industriekonzerne, der Großbanken und des Zentralstaates erscheinen läßt.

Die personelle Verflechtung zwischen wirtschaftlichen und politischen Führungseliten begünstigt wirtschaftspolitische Entscheidungen, in denen tatsächlich die Interessen der exportorientierten, transnationalen Industriekonzerne Gehör finden, während die Politiker die neue Kultur der Selbständigkeit bloß beschwören. Da sich jedoch fast alle reifen Industrieländer an einer geschichtlichen Wegmarke befinden, die dem Wechsel von der Agrarwirtschaft zur Industriewirtschaft vergleichbar ist, nämlich im Übergang von einer industriellen Konsumgesellschaft zu einer kulturellen Erlebnisgesellschaft, und da nicht erwartet werden kann, daß die Industriekonzerne Vollbeschäftigung im herkömmlichen Sinn wiederherstellen, müßten an Stelle des beobachteten Exportfiebers die Binnennachfrage, um die Grundbedürfnisse der inländischen Bevölkerung zu befriedigen und die dringenden Aufgaben in den Kommunen zu erledigen, vorrangig gestärkt und an Stelle der herkömmlichen Industrieförderung die Nachfrage nach personenbezogenen kulturellen Dienstleistungen und die Bildung eines entsprechenden Humanvermögens angeregt werden. Ein derartiger Wechsel der Prioritäten ist jedoch eher darauf angewiesen, daß kleine und mittlere Unternehmen entstehen und nicht in erster Linie transnationale Konzerne expandieren.

Einbindung der Notenbank

Seitdem die Inflation weltweit mehr oder weniger eingedämmt ist, gewinnen die Produzenten und Verbraucher verläßliche Erwartungen und können langfristig sicher kalkulieren. Dennoch bleibt umstritten, in welchem Grad die Notenbanken mit der von ihnen angekündigten, aber wenig zielsicheren Politik des knappen Geldes dazu beigetragen haben. Zwar wird oft der Wert einer autonomen Notenbank herausgestellt, die parlamentarischen Entscheidungen nicht unterliegt. Es wird gar behauptet, daß Geldwertstabilität, stetiges Wachstum und ein hoher Beschäftigungsgrad umso eher erreicht würden, je unabhängiger eine Notenbank sei. In der Öffentlichkeit entsteht dann leicht der Eindruck, eine Notenbank könne sich vom Volk berufen fühlen, als neutraler Beobachter und unabhängiger Schiedsrichter andere gleichrangige wirtschaftspolitische Akteure zu belehren und abzumahnen. Dabei ist gar nicht ausgeschlossen, daß eine autonome Notenbank, die auf das Ein-Punkt-Ziel der Stabilität des Preisniveaus fixiert ist, diesen Kurs derart ehrgeizig übersteuert, daß sie Wachstums- und Beschäftigungschancen vergibt sowie Rezessionen verursacht, die vermeidbar gewesen wären.

Die Forderung nach einer »Demokratisierung der Notenbank und des Bankensystems« meint nicht, daß deren Entscheidungsmacht vom Volke ausgehen und einer parlamentarischen Kontrolle unterworfen sein soll. Es kann zunächst unterstellt werden, daß eine Notenbank als öffentliche Einrichtung in ihren Entscheidungen nicht nur ein partikuläres, sondern ein allgemeines Interesse anstrebt, das außer der Preisniveaustabilität auch qualitatives Wachstum, einen hohen Beschäftigungsgrad und eine ausgewogene Einkommens- und Vermögensverteilung enthält. Falls es keinen langfristigen Zielkonflikt zwischen Geldwertstabilität und Wachstum bzw. Vollbeschäftigung gibt, könnten die Notenbanken sich an den runden Tischen beteiligen und sich in die Bündnisse für Wachstum und Beschäftigung einbinden lassen. Wo es jedoch einen Zielkonflikt zwischen stabilem Preisniveau und Wachstum bzw. Beschäftigung gibt, müßte über Prioritäten entschieden werden. Jedenfalls sind die normativen Leitbilder, theoretischen Vorentscheidungen und praktischen Urteile einer Notenbank der politischen Öffentlichkeit darzulegen und ihr gegenüber zu begründen.

Die Notenbank sollte zu einer formellen Kooperation der wirtschafts-, finanz-, lohn- und sozialpolitischen Akteure verpflichtet werden. So ließe sich auch die Geldschöpfungsmacht des Bankensystems verstärkt in eine Wachstums- und Beschäftigungspolitik integrieren. Und die Geschäftsbanken würden sich gegenüber kleinen und mittleren innovativen Unternehmen risikofreudiger, gegenüber Industriekonzernen, öffentlichen Projekten und Prestigebauten in Entwicklungsländern risikobewußter verhalten.

Die Leistungsfähigkeit des Kapitalismus ist ohne Alternative, insofern er die individuellen Interessen, die instrumentelle technische Vernunft und die monetäre Dynamik entfesseln konnte. Recht hat er erst dann, wenn das ihm eigene strukturelle Gefälle wirtschaftlicher und gesellschaftlicher Macht in demokratische Lebens- und Arbeitsformen transformiert worden ist.

Elmar Altvater

Gewerkschaften, das große Geld und die Vernetzung mit Nicht-Regierungsorganisationen in Zeiten der Globalisierung

Selbst im Zeitalter der ökonomischen Globalisierung ist gewerkschaftliche Reformpolitik auf internationaler Ebene nahezu nicht existent. Tarifauseinandersetzungen finden in Regionen, Branchen und Betrieben statt, und die tatsächliche Globalisierung wird vor allem als ideologische Rechtfertigung für den Druck auf die Arbeitskosten in der »Standortdebatte« zur Kenntnis genommen. Nur in einigen transnationalen Konzernen ist die Arbeit von Betriebsräten grenzüberschreitend, manchmal gefördert durch die Bildung von »Euro-Betriebsräten«. In der Regel jedoch bleiben die nationalstaatlichen Institutionen Rahmen und Bezugspunkt für gewerkschaftliches Handeln. Angesichts der fortschreitenden Globalisierung der ökonomischen Verhältnisse ist dies ein schwerwiegender Mangel.

Im jüngsten »Weltarbeitsbericht« der ILO von 1997 werden einige Konsequenzen gezeigt: Infolge steigender Arbeitslosigkeit und sozialer Ausgrenzung sinken die Mitgliederzahlen der Gewerkschaften. Von 1,3 Milliarden Arbeitskräften sind weltweit nur 164 Millionen organisiert. Nur in 14 von 92 Ländern erreichen die Mitgliederzahlen die 50%-Marke. In Deutschland sind im Durchschnitt 29%, in Japan 24%, in den USA 14% und in Frankreich nur 9% der ArbeitnehmerInnnen Gewerkschaftsmitglieder. Tendenz fallend. Der Grund: Hohe Arbeitslosigkeit – die ILO spricht von ca. 700 Millionen Menschen, die weltweit arbeitslos oder prekär beschäftigt sind –, soziale Ausgrenzung und Wachstum des »informellen Sektors«, der Schattenwirtschaft und Schwarzarbeit. Hinzu kommt die Ideologie von Liberalisierung und Flexibilisierung, in deren

Wahrnehmung Gewerkschaften Fossile einer vergangenen Zeit sind, Organisationen aus jener Phase, die als »fordistisch« bezeichnet wird.

Dabei sind gewerkschaftlicher Schutz und Gestaltung gerade wegen der Globalisierungstendenzen wichtiger denn je. Transnationale Konzerne können leichter als je zuvor mit dem Kapital auch Arbeitsplätze verlagern und auf diese Weise »Standorte« gegeneinander ausspielen. Zwar gibt es keinen globalen Arbeitsmarkt, aber die Unternehmen sorgen dafür, daß die ArbeitnehmerInnen über alle nationalen und kulturellen Grenzen hinweg gegeneinander konkurrieren. In ihrem Buch »Verrat an der Arbeit« sprechen William Wolman und Anne Colamosca davon, daß mehr als drei Milliarden ArbeitnehmerInnen weltweit um knapper werdende Jobs konkurrieren. In »Freien Produktionszonen« – von der mexikanischen Nordgrenze über Südchina bis Ostsibirien – werden ArbeitnehmerInnen extrem ausgebeutet, weil Gewerkschaften dort einen schweren Stand haben. Die billigen Produkte drücken auf die Produktionskosten und Arbeitsplätze auch im westlichen Europa. China ebenso wie Indien sind dabei, das riesige Arbeitskräftereservoir von mehr als 500 Millionen Menschen von der Landwirtschaft in die Industrie- und Dienstleistungsbranchen zu kanalisieren – und dabei in den kommenden Jahren zig Millionen Menschen in die Arbeitslosigkeit »freizusetzen«. Hier entsteht der nächste Markt billiger Arbeitskraft, wenn die ehemaligen »Tigerstaaten« zu teuer geworden sein sollten.

Doch wie können Gewerkschaften auf diese historischen Herausforderungen agieren und reagieren, wenn es schon im monetär vereinten (westlichen) Europa so schwer ist, zu gemeinsamer Gewerkschaftspolitik zu finden? Zur Beantwortung fragen wir uns erstens, was unter der Globalisierung des Kapitals eigentlich zu verstehen ist, und zweitens, was dies für die Gewerkschaften und ihre Handlungsfelder bedeuten kann. »Bedenkenträgern« hat der Bundespräsident in seiner Berliner Rede im Sommer 1997 die Leviten gelesen. Dies sollte Ansporn sein, sich jene Gedanken zu machen und Bedenken zu artikulieren, auf die der Bundespräsident meint verzichten zu können.

Was ist Globalisierung des Kapitals?

Die Globalisierung des Kapitals ist mitnichten eine neue Entwickung. Man könnte in der Geschichte zurückblättern, um frühe Formen von Globalisierung aufzufinden. Die Tempelritter zum Beispiel haben schon im 12. Jahrhundert, in einer Zeit, die wir gewohnt sind, als »finsteres Mittelalter« zu etikettieren, zur Finanzierung der Kreuzzüge ein den gesamten Mittelmeerraum umfassendes »Euroschecksystem« aufgebaut. Sie haben allerdings eine Regel verletzt, die schon aus vorchristlicher Zeit stammt: Borge niemandem, der stärker ist als Du; hast Du es aber getan, sieh das Geborgte als verloren an. Sie haben ihre Kredite Fürsten und Königen gewährt, die »stärker« waren als sie. Diese vernichteten die Gläubiger, um sich ihrer Schulden zu entledigen.

Sindbad der Seefahrer hat die Grenzen der damaligen Welt mehrfach überschritten und das Unbekannte als unendlich Schönes und als ebenso Schreckliches erlebt; Scheherazades Erzählungen in Tausendundeiner Nacht bezeugen es. Sindbad war wie die späteren Entdecker und Forschungsreisenden der Neuzeit Kaufmann, der einen schönen Handelsgewinn machen wollte, und zugleich ein erlebnishungriger Abenteurer. Später ließen diese die Grenzen der »alten Welt« hinter sich, um so die »neue Welt« zu entdecken und zu erobern. Das waren zunächst vereinzelte Grenzüberschreitungen, die zu Bewußtsein brachten, daß die Erde keine Scheibe ist und das vermutete »Weltenende« keinen Ort hat. Der erste Globus von Martin Behaim, für damalige Zeiten ein Globetrotter zwischen Nürnberg und Lissabon, stammt aus dem Jahre 1491. Und ein Jahr später erreicht ein anderer Abenteurer, Christoph Columbus, jene Insel, die er Hispaniola (das heutige Haiti) nannte. Wenige Jahrzehnte später erobern Hernán Cortés das mexikanische Aztekenreich und Pizarro das Inkareich im andinen Hochland. Sie richten ein Blutbad an, um die Schätze der Neuen Welt zu plündern.

Grenzen werden von Abenteurern vereinzelt überschritten, dann aber systematisch mit logistischen Mitteln hinausgeschoben. Die Kolonisierung der Neuen Welt und der Zug »gen Westen« sind bis heute die Folie für die Ideologie der »frontier«. Diese bedeutete in Amerika (ebenso wie in Sibirien oder in Amazonien) eine Herausforderung für »harte Männer« im Kampf gegen Wildnis und Wilde und für die Ausdehnung der Zivilisation. Das ist ein Muster, das wir bis heute in der Globalisierungsdebatte finden: als »Kampf der Zivilisationen«, der nach Samuel Huntington die »neue Weltordnung« übersichtlich macht, weil es klare Freund- und Feindbilder gibt. Dieses binäre Muster war häufig gleichbedeutend mit einem Geno- oder Ethnocid, mit der Ausrottung der »Wilden« oder zumindest mit der Vernichtung ihrer Kultur.

Daß die Internationalisierung des Kapitals bislang in der Regel als Imperialismus bezeichnet wurde, hat nicht nur semantische Gründe. Denn Imperialismus ist gleichbedeutend mit der Expansion der nationalstaatlichen Grenze im Interesse des nationalen Kapitals. Gestützt auf die Macht des nationalen Staates kommt es darauf an, Verwertungsfelder zu erschließen. Lenin hat beschrieben, wohin die Konkurrenz der imperialistischen Staaten um Märkte und Anlagesphären für Kapital führt: zum imperialistischen Krieg. Das war 1916, und damals gab ihm die Geschichte Recht. Der Begriff des Imperialismus ist inzwischen aus der Mode gekommen, und nicht nur, weil die Erde aufgeteilt ist. Folglich macht es wenig Sinn, Grenzen hinauszuschieben, zumal fast alle Weltregionen auch ohne imperialistische Expansion in den kapitalistischen Verwertungszyklus einbezogen sind. Es ist eine Weltökonomie entstanden, die nichts weniger benötigt als Grenzen. Daher nützt es dem Kapital überhaupt nicht, wenn Nationalstaaten Grenzen in diese oder jene Richtung hinausschieben. Denn auch eine imperialistisch hinausgeschobene Grenze bleibt eine Grenze. Besser ist es für die Verwertung von Kapital, nationalstaatliche und physische Grenzen und obendrein alle Regeln abzuschaffen, die die Möglichkeiten der globalen Verwertungsstrategien einschränken. Globalisierung ist daher die Kehrseite der Deregulierung, wie sie seit den siebziger Jahren propagiert wird. Seit den neunziger Jahren ist der Begriff der Globalisierung in der politischen Debatte beherrschend, nicht zuletzt, weil nach 1989 der Traum von einer grenzenlosen und weitgehend deregulierten, dem neoliberalen Modell nachempfundenen Welt Wirklichkeit geworden ist. Den Begriff der Globalisierung freilich gab es selbst in den sechziger Jahren, als MacLuhan sein berühmtes Buch über das »globale Dorf« geschrieben hatte, nicht. Auch im Lexikon (z.B. im »Brockhaus«) sucht man den Begriff, der heute in aller Munde ist und in einer Reihe von Buchtiteln auftaucht, vergeblich. Selbst im Microsoft-Rechtschreibprogramm von Word 07 fehlt der Begriff. Den Programmierern eines world product war der Begriff der »Globalisierung« offenbar fremd.

Beinahe alle Konkurrenzgrenzen, die Regionen und Nationen voneinander trennten, sind verschwunden. Die Trennung bedeutete Schutz, und der ist verloren gegangen. Moderne Transport- und Kommunikationstechnologien haben die räumlichen Distanzen verkürzt. Die »Zollrunden« des GATT haben zur fast vollständigen Reduzierung der (tarifären) Handelshemmnisse geführt. Die Transportkosten sind aber auch deshalb fast zu vernachlässigen, weil das Erdöl etwa 25 Jahre nach der »Ölkrise« (real) so billig ist wie in den sechziger Jahren. Die Deregulierung der Arbeitsbeziehungen hat dafür gesorgt, daß die Lohnkosten im Transportsektor (»Zweites Schiffsregister«) kaum eine Rolle spielen.

Am Auto läßt sich das Zusammenwachsen der Märkte zum Weltmarkt besonders eindringlich zeigen, weil das Auto das Paradestück globalisierter Konsummuster und Lebensweisen geworden ist. Es ist gerade vier Jahrzehnte her, daß in Italien der Topolino (»das Mäuschen«) von Fiat das Straßenbild beherrschte, in Frankreich die »Buckelente« von Citroën, in Deutschland der »Käfer« von VW, in den USA der Straßenkreuzer und in Japan der Honda mit Kettenantrieb, weil er aus einem Motorrad entwickelt wurde. Mäuschen, Käfer, Buckelente, Straßenkreuzer und Kettenhonda konkurrierten faktisch nicht (miteinander oder gegeneinander) und hatten daher ein höchst individuelles, kulturell sehr verschiedenes, national spezifisches Aussehen. Heute kämpfen die Nachfolger um Weltmarktanteile: Punto, Polo, Twingo sind voll vergleichbar im Hinblick auf Qualität, Design, Technik, Preis. Was für das »World Car« gesagt werden kann, gilt ebensogut für den »World Wine«: den Cabernet Sauvignon aus Chile, Argentinien, Südafrika, Kalifornien, Australien, Italien und Frankreich. Vor wenigen Jahrzehnten wäre ein Weinkeller literarisch besungen worden, wenn er die Auswahl an Weinen aus aller Welt enthalten hätte, die heute im Supermarkt an der nächsten Ecke geboten wird.

Die Standards des globalen Wettbewerbs werden zum »Muß« der Wettbewerbsfähigkeit am Standort. Daher verkehrt sich der Traum der Globalisierung für viele Menschen in einen Alptraum: Höhere Leistungen, geringere Entgelte; Verletzung der Menschen- und Bürgerrechte von ArbeiterInnen Transnationaler Konzerne; größere Einkommens- und Vermögensungleichheit in jeder Gesellschaft und im Weltsystem; Rücksichtslosigkeit gegenüber der Umwelt sind dann probate Mittel, um gegenüber den Konkurrenten einen Vorsprung zu gewinnen.

Niemand hat schon in den Frühzeiten des Kapitalismus die »propagandistische Tendenz des Kapitals, den Weltmarkt herzustellen«, klarer gesehen und analysiert als Marx und Engels im »Kommunistischen

Manifest«: »Die Bourgeoisie hat durch ihre Exploitation des Weltmarkts die Produktion und Konsumtion aller Länder kosmopolitisch gestaltet... An die Stelle der alten lokalen und nationalen Selbstgenügsamkeit und Abgeschlossenheit tritt ein allseitiger Verkehr, eine allseitige Abhängigkeit der Nationen voneinander... (Die Bourgeoisie) zwingt alle Nationen, die Produktionsweise der Bourgeoisie sich anzueignen, wenn sie nicht zugrunde gehen wollen... Mit einem Wort, sie schafft sich eine Welt nach ihrem eigenen Bilde« (MEW 4: 466). Wenn also schon vor 150 Jahren scharfsinnigen Beobachtern die Globalisierung aufgefallen ist, auch wenn sie zur Bezeichnung der dargestellten Phänome den Begriff nicht verwendeten, könnte argumentiert werden, daß die Rede über Globalisierung und Internationalisierung entdramatisiert werden könnte. So meint jedenfalls der Internationale Währungsfonds im »World Economic Outlook« vom Mai 1997; aber auch Kritiker wie Hirst und Thompson oder Michael Krätke sehen in der Globalisierung der neunziger Jahre keine neue Qualität im Vergleich zu früheren Phasen kapitalistischer Entwicklung. Allerdings wird bei diesem Plädoyer für Entwarnung mehreres übersehen:

Erstens ist nach 1989 die gesamte Welt kapitalistisch geworden. Es gibt weder weiße Flecken auf der Landkarte noch rote Flächen. So kommt die Rede vom Ende der Geschichte zustande. Denn jenseits von Markt, pluralistischer Gesellschaft und parlamentarischer, formaler Demokratie sind Alternativen der gesellschaftlichen Gestaltung kaum vorstellbar. Die Entwickung kommt also zu einem gewissen Abschluß in der Uniformität des siegreichen gesellschaftlichen Prinzips über die Alternativen, die in diesem Jahrhundert, wenn auch vergeblich, versucht worden sind. Die Alternativlosigkeit ist sogar zur Ideologie geronnen, zum »eindimensionalen« Denken, zur »pensée unique« des Neoliberalismus, der ganz fundamentalistisch »keine Götter neben sich« duldet. Die Alternativlosigkeit ist von größter praktisch-politischer Bedeutung. Sie kommt in der »Konditionalität« der Hilfeleistungen von Staaten und internationalen Organisationen zum Ausdruck, also in den Bedingungen einer »good governance« (gute Staatsführung). Sie zeigt sich auch im »Rating«, d.h. in der Bewertung der Kreditwürdigkeit von Staaten durch private »rating agencies« wie Moody's oder Standard and Poor, vor denen selbst die Regierungen mächtiger Staaten Respekt haben. Denn die Abwertung im Rating hat einen Zinsaufschlag zur Folge, der teuer werden kann. Besonders klar zeigt sich die Alternativlosigkeit in den Maastricht-Kriterien, die seit Jahren die wirtschafts- und sozialpolitischen Spielräume der Länder einengen, die an der Währungsunion teilnehmen wollen.

Zweitens ist die Verflechtung zwischen den Nationen größer geworden. Dies ist ablesbar an dem bei weitem stärkeren Wachstum des Welthandels im Vergleich zur Weltproduktion. Aber nicht nur die Märkte sind zusammengerückt und die Produkte daher ähnlicher, wie am Beispiel des Autos gezeigt wurde. Auch die Produktionsprozesse sind globalisiert, aber anders als die Produkte sind sie dabei keineswegs ähnlicher geworden. Die Angleichung findet, wenn überhaupt, nur sehr langsam statt, weil die Ausnutzung der Kostenunterschiede zwischen den Weltregionen zur Strategie der transnational operierenden Konzerne gehört. Daher haben die Transnationalen Konzerne kein Interesse an sozialen und ökologischen Standards. Sie versuchen sogar, »codes of conduct« (Verhaltensmaßregeln) zu vermeiden oder, wenn sie denn erlassen sind, deren Anwendung zu kontrollieren und so zu behindern. Auch ist die Produktion der multinationalen Konzerne (1994: 5.500 Mrd US$) größer als der Welthandel (3.600 Mrd US$). Dies ist ein Zeichen dafür, daß ein großer Teil scheinbar nationaler Produktion direkt globalen Standards ausgesetzt ist. Das haben jene nicht zur Kenntnis genommen, die von der unbestreitbaren Tatsache, daß die Welthandelsanteile in vielen Ländern im Vergleich zu nationalen Anteilen gar nicht so groß sind, triumphierend folgern, die Rede von der Globalisierung sei eine schreckliche Übertreibung. Leider ist es nicht so.

Auch hat die Herstellung der Währungskonvertibilität dazu geführt, daß sich alle Währungen in Konkurrenz befinden und die schwachen Währungen dabei gezwungen werden, sich an starke Währungen »anzulehnen«. So entstehen Währungsblöcke um den US-Dollar, den Yen und die DM, die im 50. Jahr ihrer Existenz im Euro aufgeht. Im Stabilitätswettlauf der Währungen stehen monetäre Größen, etwa die Maastricht-Kriterien, im Vordergrund. Eine aktive Arbeitsmarkt- oder Beschäftigungspolitik bleibt auf der Strecke. Die größere Offenheit, d.h. das ausgedehntere Terrain, auf dem Konkurrenz stattfindet, erzwingt die Teilnahme am »Wettlauf der Besessenen« (Paul Krugman), also an der Standortkonkurrenz, in der letztlich – von kurzfristigen Erfolgen abgesehen – niemand Sieger werden kann. Das übersehen all jene, die angesichts der Globalisierung auf Optimismus machen und nur die positive, produktive Herausforderung sehen. Das ist die Globalisierung ohne Frage auch, aber leider ist das nicht ihr Hauptkennzeichen.

Ein *drittes* Charakteristikum ist die Herausbildung eines globalen Finanzsystems. Die Zinsen werden auf globalen Finanzmärkten gebildet, und sie bestimmen das Renditeniveau in Neuruppin, Ribeirao Preto und Dodgeville. Natürlich gibt es internationalen Kredit schon so lange, wie es Geld und Ansätze von Staatswesen gibt; der Templerorden hat es bewiesen. Aber ein globales Kreditsystem ist jungen Datums; dazu haben auch die modernen elektronischen Kommunikationsmedien beigetragen. Finanzdienstleistungen sind inzwischen in den Handelsbilanzen zu einem bedeutsamen Faktor geworden, der in einigen Ländern den Handel mit Waren aussticht. Im internationalen Finanzsystem werden Finanzinnovationen erzeugt, aus Wertpapieren werden neue Finanzinstrumente »abgeleitet«; Risiken, Zinshöhe und Zinsvariabilität, Währung, in der das Papier denominiert ist, Laufzeit etc. werden »entbündelt« und je nach Bedürfnis der Vertragspartner neu »zusammengesetzt«. Es entstehen die sogenannten Derivate, deren weltweiter Bestand auf über 40.000 Milliarden US-Dollar beziffert wird. An den Devisenbörsen werden täglich mehr als 1.500 Mrd. US-Dollar gehandelt. Nur ein verschwindend kleiner Teil davon dient der Zirkulation von Waren und der Finanzierung realer Investitionen. Der überwältigende »Rest« von mehr als 95% ist nichts als Spekulation. Es sind keine windigen Figuren, die da an den Börsen spekulieren, sondern seriöse Manager beispielsweise von Pensionsfonds, in die normale Bürger einzahlen, um ihre Rente für den Lebensabend zu sichern. Auf den »emerging markets« der asiatischen Tigerstaaten sollen in den neunziger Jahren an die 360 Mrd. US$ von amerikanischen Pensionsfonds angelegt worden sein, die 1997 zu einem beträchtlichen Teil und überstürzt abgezogen wurden, als die asiatische Region in die schwere Finanzkrise taumelte.

Nicht die Quantität der global gehandelten Wertpapiere ist entscheidend, sondern erstens die durch die finanzielle Bonanza gesteigerte Instabilität der Weltfinanzen. Finanzielle Krisen spitzen sich zum Finanzkrach zu – wie in Europa 1992/93, als das Europäische Währungssystem vor dem Ansturm der Währungsspekulation seinen Geist aufgeben und die Schwankungsbreiten der Kurse bis auf 15% erweitern mußte, oder wie im Falle Mexikos 1994 und Asiens 1997/98. Die zur Währungsstabilisierung jeweils bewegten Kredite der internationalen Institutionen sind von Krise zu Krise angestiegen. 1976 reichten ca. vier Mrd. US$, die der IWF kurzfristig mobilisierte, um das britische Pfund zu retten. In der mexikanischen Finanzkrise 1994/95 mußten fast 50 Mrd.

US$ bewegt werden, um die Krise einzudämmen. Inzwischen weiß man, daß die Kosten der Abwendung eines grandiosen Zusammenbruchs von Banken in Mexiko 64,7 Mrd US$, also 20% mehr kosten wird als 1994/95 angenommen wurde (Globe and Mail, 9.4.1998). In der Asien-Krise 1997/98 erreichen die Kredite an Thailand, Süd-Korea, Indonesien wesentlich mehr als 100 Mrd. US$.

Nun könnte einen dies gleichgültig lassen, wenn ein Finanzkrach auf das Finanzsystem begrenzt werden könnte. Jedoch sind die Auswirkungen auf die reale Ökonomie, d.h. auf Produktion und Beschäftigung, auf Einkommen und Lebensstandard der Menschen beträchtlich, und die in diesem Fall notwendigen staatlichen Stützungsmaßnahmen können auf viele Jahre, wenn nicht Jahrzehnte, die öffentlichen Finanzen belasten. Die Sozialisierung der Verluste zur Vermeidung des Schlimmsten eines Finanzkrachs bedeutet also, daß die Kosten von der Allgemeinheit getragen werden müssen.

Ferner sind die Finanzinnovationen eine Methode, bislang am Ort fixiertes Kapital leichter mobilisieren zu können. Dahinter verbirgt sich die im Kapitalismus generell angelegte Tendenz, sich von den sozialen Beziehungen und den stofflichen Bindungen zu lösen und Kapitalverwertung pur zu betreiben. Die »Liquidierung der Produktionsverhältnisse« im »Derivatenkapitalismus« ermöglicht gerade das Ausspielen von Standorten gegeneinander. Es ist den Unternehmen leichter geworden, vermittels der finanziellen Netzwerke Kapital von einem Ort zum anderen im globalen Raum zu transferieren. Das Kapital verliert seine »Bodenhaftung«. Der ortsgebundene Kapitalist mit einem persönlichen Verhältnis zu »seinen« Arbeitern stirbt aus. Auch dem sozialen Kompromiß zwischen Lohnarbeit und Kapital im »fordistischen« Unternehmen wird so der Boden entzogen. Die Verlagerung der Produktion ist in aller Regel keine leere Drohung mehr; die »Transaktionskosten« sind dank globalem Kreditsystem und moderner Logistik niedrig, und daher ist sie leicht wie niemals zuvor.

Der *vierte* Aspekt von Globalisierung und Internationalisierung hat mit dem inzwischen erreichten Ausmaß der Durchwühlung der Erdkruste nach Ressourcen und mit der Belastung der Sphären des Planeten durch die Produktionsaktivitäten zu tun. Auch die ökologischen Probleme haben heute globale Reichweite, die vielen Konferenzen – von der United Nations Conference on Environment and Development in Rio de Janeiro 1992 bis zur Sondergeneralversammlung der UNO im Juni 1997 oder den »Klimagipfeln« der Vertragsstaaten des Klimaprotokolls – legen davon ebenso Zeugnis ab wie die tagtäglich präsenten Warnungen vor einer weiteren Übernutzung der globalen Ökosysteme. Diesem Diskurs über Globalisierung können sich Gewerkschaften überhaupt nicht entziehen, denn hier geht es um die Zukunftsfähigkeit von Gesellschaften schlechthin, um die Solidarität zwischen den Generationen. Es ist kein Reformprojekt *denkbar*, das dieser ökologischen Dimension nicht Rechnung trägt. Aber dieses läßt sich nur *verwirklichen*, wenn Gewerkschaften mit Umweltbewegungen kooperieren.

Globalisierung ist also keineswegs bloße Ideologie oder Vorwand, um in der Standortdebatte Zugeständnisse abzupressen. Globalisierung bedeutet vor allem Entgrenzung, Deregulierung. Politische Steuerung wird zugunsten der Marktprozesse und der Marktakteure aufgegeben. Um deren Freiheit geht es vor allem, ganz nach der Leitlinie, die David Ricardo schon 1817 darlegte, und die heute in den Abkommen über den Welthandel, die intellektuellen Eigentumsrechte oder das Multilaterale Investitionsabkommen (MAI) gegen Ansprüche von Bürgern, von Arbeitnehmern, von Umweltschützern gesichert werden sollen. Diese Freiheit – »nicht eines einzelnen Individuums gegenüber einem anderen Individuum, (sondern) die Freiheit, die das Kapital genießt, den Arbeiter zu erdrücken« (Marx in der »Rede über die Frage des Freihandels«, MEW 4: 456) – entspricht ganz der neoliberalen Wirtschaftslehre und begründet deren derzeitige Dominanz als »Pensée unique«. Die kapitalistische Ökonomie wird aus den sozialen Verpflichtungen, zu denen sie im Verlauf der sozialen Kämpfe dieses Jahrhunderts gezwungen werden mußte und aus denen der moderne Sozialstaat hervorgegangen ist, entpflichtet, »entbettet«. »Was könnte die kapitalistische Produktionsweise besser charakterisieren als die Notwendigkeit, ihr durch Zwangsgesetz von Staats wegen die einfachsten Reinlichkeits- und Gesundheitsvorrichtungen aufzuherrschen?« schreibt Marx im »Kapital« (MEW 23: 505). Im Zeichen der Globalisierung, Deregulierung, Entbettung läßt der deregulierte Kapitalismus pur wieder schmutzige Verhältnisse zu. Es geht um nicht weniger, als darum, nun unter den Bedingungen der Globalisierung neue Regeln einer sozialen und ökologischen Wirtschaft zu finden.

Was bedeutet die Globalisierung für die Gewerkschaften?

Die Aufgaben der Gewerkschaften heute sind viel komplexer als unter den Bedingungen des »fordistischen Produktivitätspakts« zwischen Kapital und Arbeit, der sozial- und nationalstaatlich eingegrenzt werden konnte. Nach dem Ende des »real existierenden Sozialismus« und der »Systemkonkurrenz« fehlt ja die Herausforderung, die in den vergangenen Jahrzehnten Reformarbeit innerhalb der westlich-kapitalistischen Gesellschaften erleichtert hat. John Maynard Keynes hatte im Schlußkapitel seiner »Allgemeinen Theorie des Geldes, des Einkommens und des Zinses« schon 1936 geschrieben, daß die Arbeitslosigkeit in der großen Krise der frühen dreißiger Jahre auch deshalb zu einem Problem geworden sei, das – entgegen den Vorstellungen der wirtschaftspolitischen Orthodoxie – unbedingt politisch gelöst werden müsse, weil ein anderes System bestünde, das in den dreißiger Jahren Vollbeschäftigung zu garantieren in der Lage war.

In der verschärften Standortkonkurrenz sind die Gewerkschaften einer höchst gefährlichen Logik ausgesetzt und gezwungen, an jenem »Wettlauf der Besessenen« teilzunehmen. Man macht bei den Maßnahmen der Kostensenkung mit, bei Kampagnen zur Steigerung der Produktivität, zur Senkung der Fluktuation, zur Verbesserung der Arbeitsorganisation, zur Verbreitung der »Unternehmenskultur«, selbst bei einer Politik der Lohnspreizung und manchmal auch der Lohnsenkung, z.B. bei Eingangslöhnen. Was ist die »Gegenleistung« im Bündnis für Arbeit? Die Sicherung oder Steigerung der Beschäftigung. Doch wenn an allen Standorten dieser Welt die Kosten abgesenkt werden, sinken auch die Einkommen, mit ihnen die Nachfrage, und das Ergebnis ist eine weltweite Deflation mit verheerenden Konsequenzen für die Einkommen und Beschäftigung sowie für die in den vergangenen Jahrzehnten errichteten Institutionen der globalen Ökonomie und Gesellschaft, die alle auf Wachstum und einem gewissen Ausmaß an Inflation beruhen. Doch die Märkte expandieren nicht so, wie sie es müßten, um die in Standortkonkurrenz massenhafter und produktiver, d.h. billiger produzierten Waren wirklich aufnehmen zu können. Also wird der Druck auf die Kosten nicht geringer durch die Anstrengungen, den »Standort« zu modernisieren, sondern noch größer. Statt Wohlstand für alle kommt – wie Horst Afheldt titelte – »Wohlstand für niemand« heraus. Die vom IWF, aber auch von vielen Regierungen in Europa verlangte Flexibilisierung von Arbeitsmarkt und Löhnen, um so die Regeln der Währungsunion einhalten zu können, beschwört die historische Gefahr einer sehenden Auges erzeugten Deflation herauf.

Die Gewerkschaften sind zu einer Gratwanderung zwischen der passiven Umsetzung von Sachzwängen und der Notwendigkeit politischer Gestaltung auf supranationaler Ebene, wo die Regeln des globalen Wettbewerbs gesetzt werden, gezwungen. Auf der einen Seite müssen sie sich auf die Herstellung »systemischer Wettbewerbsfähigkeit« einlassen, also auf die Politiken der Verbesserung »weicher Standortfaktoren«, auf regionale Kooperationsbünde, Kostenbegrenzungsstrategien, auf ein Bündnis für Arbeit. Auf der anderen Seite müssen sie der Gefahr entgegentreten, daß im »Wettlauf der Besessenen« eine Spirale nach unten gedreht wird, durch die nicht nur Kosten heruntergeschraubt werden, sondern auch Preise, Einkommen und Beschäftigung. Denn in Zeiten der Globalisierung, in denen Märkte zusammenwachsen, hat alles, was am »Standort« geschieht, Rückwirkungen. Die billigen, weil überausgebeuteten Arbeitskräfte in Vietnam, Zimbabwe, Mexiko oder Rumänien, denen wesentliche Menschen-, Bürger- und Arbeitsrechte genommen sind, bringen Produkte auf den Weltmarkt, denen man die fatalen Produktionsbedingungen nicht ansieht. Bekleidungsartikel beispielsweise sind deshalb für die Konsumenten billig. Sie haben aber für die Produzenten den negativen Effekt, daß Arbeitsplätze bedroht sind, wenn nicht verschlechterte Arbeits- und Lohnbedingungen akzeptiert werden. Gegen die Verletzung von Menschen- und Bürgerrechten von ArbeitnehmerInnen in Ländern der »dritten Welt« (und der »zweiten Welt« Mittel- und Osteuropas) durch Transnationale Konzerne haben sich nicht nur Gewerkschaften, sondern auch Nicht-Regierungsorganisationen mit Menschenrechtsverpflichtungen und entwicklungspolitischen Zielen engagiert. Ein Beispiel ist die europaweite »Clean Clothes«-Kampagne, die die Arbeitsbedingungen in den Multis der Bekleidungsindustrie, die Menschenrechtsverletzungen, die ökologischen Begleitschäden und die Gefahren für die Konsumenten anprangert, um die transnational operierenden Konzerne zu einer Verhaltensänderung zu zwingen.

Dem Produkt ist nicht anzusehen, ob es durch Kinderarbeit, Zwangsarbeit oder zu menschenunwürdigen Arbeitsbedingungen erzeugt wurde, oder ob die Umwelt geschädigt worden ist. Nach den Regeln des internationalen Handels werden Produkte als »like products« gehandelt, und daher spielt im Regelwerk von GATT oder WTO der Produktionsprozeß keine oder nur eine marginale Rolle. Der berühmte Streitfall zwischen den USA und Mexiko über Thunfischfleisch in Dosen und die Art und Weise, wie der Thunfisch gefangen worden ist, hat die »Vorherrschaft des Produkts über den Prozeß« noch einmal bestätigt. Auch die Tatsache, daß in den Verhandlungen während der Uruguay-Runde zwar Eigentumsrechte fixiert worden sind, und die letzten protegierten Bereiche (Textilien und Landwirtschaft) dem Freihandelsprinzip geöffnet worden sind, aber soziale und ökologische Klauseln entweder abgelehnt oder ihre Behandlung vertagt worden ist, bestätigt das freihändlerische Grundprinzip, daß die höchst unterschiedlichen Prozesse, die die so ähnlichen Produkte hervorbringen, aus dem Regelwerk ausgenommen sind.

Wenn die Regeln so gesetzt werden, wird ein »race to the bottom« ausgelöst. Die arbeitsrechtlichen und umweltrechtlichen Standards werden weltweit gedrückt. Dort, wo die öffentliche Meinung sensibilisiert ist und Umwelt- und Menschenrechtsbewegungen sowie Gewerkschaften stark sind, kann diesem Unterbietungswettlauf Widerstand entgegengesetzt werden. Dort, wo dies nicht der Fall ist und obendrein die Möglichkeiten, durch Produktivitätssteigerungen Kosten zu senken, begrenzt sind, findet er ungebremst statt mit zerstörerischen Konsequenzen für die Natur, die Gesellschaft und viele einzelne direkt Betroffene; zumeist sind dies Frauen. Aber auch für die Konsumenten in den Industrieländern, die sich an den schönen »like products« erfreuen mögen, werden Rechte außer Kraft gesetzt, vor allem das »right to know«, d.h. das Recht, von den menschenunwürdigen und ökologisch zerstörerischen Produktionsbedingungen zu wissen. Sie müssen wissen, was sie kaufen, wenn sie beispielsweise einen Sportschuh, einen Fußball oder ein Hemd bei einer angesehenen europäischen Firma erwerben, die aber in Pakistan, Zimbabwe, in China oder auf den Philippinen unter Bedingungen hergestellt worden sind, die bei den Konsumenten möglicherweise Empörung auslösen würden.

An dieser Stelle setzt die »Clean Clothes«-Kampagne ein. Es wird der Versuch gemacht, erstens die Konsumenten über die Produktionsbedingungen aufzuklären, in manchen Fällen auch über das Produkt, wenn sich darin die ökologischen Zerstörungen nicht haben gänzlich eliminieren lassen (Giftstoffe in gefärbten Textilien beispielsweise), die beim Produktionsprozeß Verwendung fanden und bereits die Gesundheit der Arbeiterinnen und Arbeiter geschädigt haben.

Zweitens erfolgt Aufklärung über die Arbeits- und Lebensbedingungen der Menschen, die in den Produktionsprozessen der »like products« beschäftigt sind. (Und auch über diejenigen, die nicht beschäftigt werden, also über die Arbeitslosigkeit.) An dieser Stelle gibt es eine Fülle von Berührungspunkten zwischen traditionellen gewerkschaftlichen Organisationen und den Umweltschutz- und Menschenrechts-Nichtregierungsorganisationen. Die Unternehmen sollen dazu veranlaßt werden, wenigstens einem »code of conduct« zuzustimmen. Dieser ist zunächst wenig mehr als eine Art Selbstverpflichtung der Unternehmen, also weniger »hart« als staatlich oder/und international gesetztes Recht, dessen Einhaltung erzwungen werden kann (enforceable law). Die eingegangenen Selbstverpflichtungen müssen zunächst überhaupt angewandt werden. Dies ist keineswegs selbstverständlich. Noch schwieriger aber gestaltet sich die Aufgabe der Kontrolle der Einhaltung der im »code of conduct« übernommenen Verpflichtungen (monitoring). In einer Reihe von Fällen wird dies vom Unternehmen selbst besorgt, erfüllt also nicht die minimalen Ansprüche einer unabhängigen Überwachung des Verhaltens Transnationaler Konzerne im Hinblick auf Arbeitsbedingungen, Menschenrechte, Umweltschutz und Konsumentenrechte.

Dies ist ohne Zweifel eine Schwäche der Selbstverpflichtungen, die erst dann zu einer Stärke werden kann, wenn das Netzwerk von Nichtregierungsorganisationen und Gewerkschaften funktioniert. Es funktioniert dann, wenn es betroffene Arbeiter in den Weltmarktfabriken zu unterstützen vermag, und wenn es die Öffentlichkeit mobilisieren kann, so daß das Unternehmen befürchten muß, durch das Kaufverhalten von Konsumenten geschädigt zu werden. Um diesen Schaden zu vermeiden, wird es sich an die eingegangenen Verpflichtungen im »code of conduct« halten. Hier ergeben sich also Veränderungen in der Form des Rechts vom im Rechtsstaat einklagbaren Recht hin zu Verhaltensregeln, die zwar Selbstverpflichtungen darstellen, aber durch aktive Netzwerke von Gewerkschaften und NGOs mit Hilfe der Mobilisierung der Öffentlichkeit einen eher moralischen, aber dennoch wirksamen Druck auf transnationale Unternehmen ausüben können. Dabei ist freilich immer in Rechnung zu stellen, daß die Selbstverpflichtungen weniger stark sind als ökonomische Restriktionen, die Unternehmen, die auf dem Weltmarkt wettbewerbsfähig bleiben wollen, gezwungen sind einzuhalten. Hier zeigt sich der Nachteil von Selbstverpflichtungen von Unternehmen gegenüber dem einklagbaren Recht. Letzteres gilt für alle

Marktakteure, für alle Unternehmen und stellt somit eine Rahmenbedingung des internationalen Wettbewerbs für alle dar. Selbstverpflichtungen sind jeweils die eines einzelnen Unternehmens, das sie so lange einhalten wird, wie es dazu gezwungen wird und die ökonomische Situation die Einhaltung zuläßt. Geht der soziale und politische Druck des Netzwerks zurück, oder verschlechtert sich die ökonomische Situation, dürfte es um die Einhaltung des »code of conduct« schlecht bestellt sein.

Es verändert sich aber auch das Verhältnis der Gewerkschaften zu den Unternehmen. Menschen- und Bürgerrechte sind tarifvertraglich schwer zu regeln, weil sie viel allgemeinerer Natur sind. Daher ist der Kampf um Organisations- und Versammlungsfreiheit, um Meinungsfreiheit viel breiter und umfaßt viel mehr Organisationen als nur Gewerkschaften. Für diese ist aber die Realisierung dieser Freiheiten die Grundlage für Lohnauseinandersetzungen, für tarifvertragliche Regelungen. Auch die Mobilisierung der Konsumenten ist »eigentlich« keine Aufgabe der Gewerkschaften. Aber sie kann, wie im Falle der Kampagne, eine höchst wirksame Unterstützung bei der Verteidigung von Arbeits- und ArbeiterInnenrechten sein. So wird in Zeiten der Globalisierung in Zukunft die Vernetzung mit Nicht-Regierungsorganisationen für Gewerkschaften unverzichtbar sein.

Auch die »Liquidierung der Produktionsverhältnisse« und die Aufkündigung des sozialen Kompromisses der »fordistischen Ära« ist für die Gewerkschaften konsequenzenreich. Die Bewegungen auf den globalen Finanzmärkten haben ja direkte Auswirkungen auf die Konkurrenzfähigkeit von Standorten, auf die Investitionstätigkeit und die öffentlichen Haushalte. Die angeblich »virtuellen« Transfers auf den globalen Geld- und Kapitalmärkten haben reale Wirkungen. Infolge der asiatischen Finanzkrise ist eine bereits exportstarke Region gezwungen, weniger zu importieren und massiv zu exportieren, um die Schulden bedienen zu können. Die monetären Verpflichtungen sind nur einzulösen, indem die Weltwirtschaft an den Rand einer Rezession und Deflation gebracht wird – und indem die Masseneinkommen von einem bereits niedrigen Niveau noch weiter gesenkt werden.

Wie kann man aber die Knotenpunkte des finanziellen Netzes in der Welt kontrollieren? Im Rahmen der Europäischen Union ist es zwar möglich, die Größe von Tomaten und Eiern, die Krümmung der Banane und die Farbe der Äpfel festzulegen, nicht aber die finanziellen Fluchtburgen dem Reglement der übrigen europäischen Staaten zu unterwerfen. Hier sind so eklatante Politikdefizite, daß man realistisch nicht erwarten kann, daß die Gewerkschaften sie schließen könnten. Auch die Einführung einer Steuer auf internationale Kapitaltransaktionen, die von James Tobin (und von François Mitterand auf dem Weltsozialgipfel in Kopenhagen 1995) vorgeschlagen worden ist, ist nicht einfach durchsetzbar. Daß es dabei um das »Eingemachte« geht, hat ein Währungsspekulant auf den Bahamas Linda McQuaig in ihrem Buch »The Cult of Impotence. Selling the Myth of Powerlessness in the Global Economy« anvertraut: »If you inhibit cash flows, the alternative is war«. Trotz dieser Drohung gibt es keine Alternative zu einer Re-Regulierung der deregulierten Finanzmärkte.

Die Asienkrise hat gelehrt, daß ihre Wirkungsweise desaströse Folgen für die Menschen in allen Weltregionen hat. In diesem Kontext ist der Europäischen Währungsunion sogar Positives abzugewinnen. Die Währungsspekulation ist nämlich im Prinzip auf zwei Weisen zu unterbinden: durch Integration von Währungen zu einem integrierten Währungsraum oder durch Segmentation von Währungsräumen. Der erste Weg ist in Europa eingeschlagen, es käme darauf an, nun auch den zweiten Weg zu gehen, indem Währungstransaktionen durch eine Steuer so verteuert werden, daß sich kurzfristige »Roundtrips« von spekulativem Kapital nicht lohnen.

Ebenso wie die Regulierung der Weltfinanzmärkte deren Beschleunigungstendenz dämpfen soll, würde eine Energiesteuer dämpfend auf die materiale Beschleunigung im Transportsystem wirken. Die Senkung des Energieverbrauchs würde die Ökosysteme entlasten. Darüber hinaus würden die Transportkosten durch eine wirksame Energiesteuer verteuert. Es entstehen neue Konkurrenzgrenzen, die die Entwicklung regionaler Märkte gegenüber dem einheitlichen globalen Markt begünstigen. Wenn auf diese Weise die Standortkonkurrenz entzerrt würde, hätte dies sogar einen entlastenden Effekt für den Arbeitsmarkt. Dieser Effekt kann gestärkt werden, wenn im Welthandel ökologische und soziale Klauseln zur Anwendung kommen. Hier handelt es sich um ein schwieriges und vermintes Terrain. Den Freihändlern ist entgegenzuhalten, daß Standards (Klauseln) in einer zusammenwachsenden Welt unabdingbar sind, wenn mit der Ausdehnung des Warenaustausches nicht soziale und ökologische Zerstörungen ebenfalls ausgedehnt werden sollen. Das größte Problem der Lehre vom freien Handel ist darin zu sehen, daß sie lediglich Konsumenten vor Augen hat, die durch immer mehr Waren aus immer mehr Weltregionen auch die verrücktesten Bedürfnisse immer besser befriedigen können. Doch die Menschen sind nicht nur Konsumenten, sondern Produzenten, Bürger, Menschen mit dem Interesse an einer unzerstörten Natur.

Eine Basis gewerkschaftlicher Tarifpolitik ist traditionell der »Produktivitätspakt«, d.h. das Sich-Verlassen auf Produktivitätssteigerungen, die zwischen Lohnarbeit und Kapital nach einer bestimmten Regel auf der Grundlage des »fordistischen Klassenkompromisses« verteilt werden. Nun existiert die soziale und ökonomische Basis dieses Kompromisses nicht mehr. Obendrein bedeutet eine Produktivitätssteigerung immer einen vermehrten Einsatz fossiler Energieträger und verstärkten Materialdurchsatz. Beides stößt an die Grenzen der Tragfähigkeit globaler Ökosysteme, die ihre sozialen Anwälte in Umweltschutz- und entwicklungspolitischen Bewegungen (Nichtregierungsorganisationen) gefunden haben.

Hier zeigen sich Grenzen traditioneller Formen gewerkschaftlicher Politik. Einerseits bleibt die Notwendigkeit der Verteidigung von Rechten und materiellen Ansprüchen der Arbeitnehmer. Der Sozialstaat ist eine verteidigungswerte Errungenschaft nicht nur deshalb, weil er als kompensierende Instanz gegen die Risiken der Marktgesellschaft notwendig ist, sondern weil er Identitäten in einer Gesellschaft vermittelt, die auch in Zukunft von Arbeit abhängig sein wird. Den Menschen eine neue Identität, die nicht arbeitsvermittelt ist, zu geben, ist nach Hannah Arendt fast so schwierig wie die Erschaffung der Welt.

Die Politik der Arbeitszeitverkürzung kann daher nicht mehr an den Produktivitätsfortschritt gebunden werden, sie muß vielmehr auf ein neues Verhältnis von Arbeit und Nicht-Arbeit, von Erwerbsarbeit und Nicht-Erwerbsarbeit abzielen. Es steht die Herausbildung eines neuen Arbeitsparadigmas an. Dieses ist notwendig, weil schon aus ökologischen Gründen die Steigerungsfähigkeit der Arbeitsproduktivität unter dem Aspekt der Nachhaltigkeit begrenzt ist. Wenn aber ein neues Arbeitsparadigma zu entwickeln ist, können nicht mehr die Einkommen wie in der Vergangenheit des Industriekapitalismus an die Erwerbsarbeit gebunden werden. Hier taucht eine Fülle von sehr schwierigen Fragen auf, die in der Debatte um ein Minimum-, Bürger- oder soziales Grundeinkommen bereits hin- und hergewälzt worden sind – sie sollen daher nicht wiederholt werden. In den kommenden Jahrzehnten jedoch wird die Frage noch dramatisch zugespitzt werden müssen, da infolge der Altersstruktur der Bevölkerung im nächsten Jahrhundert das Verhältnis von Erwerbsarbeitern und Nicht-Erwerbsarbeitern, insbesondere wegen der sehr starken Zunahme der Alten, verändert wird. So oder so steht die Frage des erwerbsunabhängigen Einkommens auf der Tagesordnung, und daher all die schwierigen Probleme der Finanzierung und Belastung der Erwerbstätigen.

Ob es den Gewerkschaften gelingt, den Herausforderungen der Globalisierung zu begegnen, hängt nicht nur von ihnen ab. Es geht aber kein Weg daran vorbei, sie anzunehmen. Globalisierung nur als Ideologie abzutun, führt zu Vogel-Strauß-Verhalten. Die Globalisierung lediglich als Fortsetzung einer alten Tendenz zu betrachten, ohne dem qualitativ Neuen nach 1989 Rechnung zu tragen, führt in die Irre. Es geht um nicht weniger und nicht mehr als um eine Neubestimmung von Form, Substanz und Bündnissen von Politik am »Ort«. Das Beispiel der »Clean Clothes«-Kampagne um die »codes of conduct« von transnational operierenden Unternehmen hat gezeigt, daß Gewerkschaften nicht mehr allein handeln können, wenn die Menschen- und Bürgerrechte von ArbeitnehmerInnen auf dem Spiel stehen. Also ist nicht passives Anpassen des »Standorts« an die Bedingungen des globalen Raums die angemessene Antwort auf die Globalisierung, sondern das Aufgreifen aller Ansätze der aktiven Gestaltung der Regeln für die globalen Märkte. Es geht darum, in der »entgrenzten« Welt dem kapitalistischen Produktionsverhältnis neue soziale, politische und ökologische Regeln zu geben.

Jörg Huffschmid

Licht am Ende des Tunnels?

Anfänge einer europäischen Beschäftigungspolitik

Europäische Bewegung gegen deutsche Blockade

Im Juni 1997 fügten die Staats- und Regierungschefs der EU auf ihrem Gipfeltreffen in Amsterdam ein Kapitel »Beschäftigung« in den Vertrag über die Europäische Union ein. Die deutsche Bundesregierung hatte zuvor fast ein Jahr lang versucht, dies zu verhindern und darauf bestanden, daß in Amsterdam weder über Beschäftigung noch über Arbeitslosigkeit geredet werden sollte – obgleich letztere auch nach ihren eigenen ständigen Aussagen das wichtigste Problem in der Gemeinschaft ist. Ebenfalls gegen den Willen der Bundesregierung wurde im November 1997 ein europäischer Sondergipfel zur Beschäftigung in Luxemburg durchgeführt. Auf ihm verabschiedeten die Regierungen Leitlinien zur Beschäftigungspolitik und gaben den einzelnen Mitgliedsländern auf, bis zum April 1998 nationale beschäftigungspolitische Aktionsprogramme zu formulieren, die dann auf dem nächsten Gipfel zum Gegenstand gemeinsamer Beratungen gemacht werden sollen. Die deutschen Versuche, den Umgang mit Arbeitslosigkeit in Europa zur ausschließlich nationalen Angelegenheit zu erklären und aus der gemeinschaftlichen europäischen Politik herauszuhalten, sind letztlich nicht erfolgreich gewesen. Arbeitslosigkeit und Beschäftigung sind nicht nur europäische Tatsachen, sie sind auch zum europäischen Thema geworden. Dies ist eine gute Nachricht.

Die schlechte Nachricht ist, daß damit die deutsche Blockadehaltung nicht erfolglos geblieben ist. Was sie nicht verhindern konnte, hat die Bundesregierung erfolgreich in ihrem Sinne umgestaltet. In dem neuen Kapitel des EU-Vertrags gibt es keine beschäftigungspolitischen Kompetenzen für die Gemeinschaft, die »Leitlinien« vom November 1997 erschöpfen sich weitgehend in vagen Absichtserklärungen, und das von der Bundesregierung verspätet vorgelegte Aktionsprogramm ist ein Neuaufguß ihrer seit langem propagierten beschäftigungsfeindlichen Thesen, denen zufolge die mangelnde Flexibilität der Arbeitnehmer und die hohen Löhne und Sozialleistungen für die Arbeitslosigkeit verantwortlich seien. Weitere Vorstöße für eine wirksame europäische Beschäftigungspolitik werden also weiter mit Obstruktion und Widerstand von Seiten der Bundesregierung rechnen und sich dieser gegenüber durchsetzen müssen. Die Interessen hinter dieser Haltung sind so stark und das ideologische Klima, das sie stützt, ist mittlerweile so verfestigt, daß es mehr als eines Regierungswechsels bedarf, um gegen beide eine relevante europäische Offensive gegen die Arbeitslosigkeit zu führen.

Im folgenden geht es mir darum, zunächst den allgemeinen Hintergrund und die besondere deutsche Rolle bei der Herausbildung neoliberaler Wirtschaftspolitik und ihrer Durchsetzung in Europa nachzuzeichnen. Anschließend will ich zeigen, daß und wo Widerstand gegen diese Linie wirksam wird und einige zentrale Elemente einer neuen europäischen Beschäftigungspolitik darstellen. Auch die europäische Perspektive eines notwendigen wirtschaftspolitischen Kurswechsels sollte allerdings nicht den Blick darauf verstellen, daß die energische Mobilisierung hierfür zuallererst auf nationaler Ebene erfolgen muß.

Von Vollbeschäftigung zu internationaler Wettbewerbsfähigkeit – Reform und Gegenreform

Die hohe Arbeitslosigkeit in Europa ist weder das Ergebnis einer neuen Stufe des technischen Fortschritts noch einer neuen Qualität der Internationalisierung. Sie ist vielmehr darauf zurückzuführen, daß Politik und Gesellschaft auf die technologischen und weltwirtschaftlichen Veränderungen nicht angemessen reagiert haben. Dieses Versagen ist allerdings nicht auf einen bloßen Erkenntnisirrtum zurückzuführen, der, wenn aufgedeckt, schnell zu korrigieren wäre. Hinter ihm stehen Interessen. Es ist Ausdruck einer tiefgreifenden Veränderung der gesellschaftlichen Kräfteverhältnisse, eines offensiven und aggressiven gegenreformerischen Umbruchs, der die sozialstaatlich-keynesianischen Reformen der Nachkriegszeit frontal angreift und auf ihre Beseitigung zielt.

Der wesentliche Kern dieser Reformen, die unter dem Eindruck von Weltwirtschaftskrise und Weltkrieg und unter dem Einfluß eines für die Arbeiterbewegung günstigen Kräfteverhältnisses zustande gekommen waren, hatte in dem weithin unstrittigen Vorrang für Vollbeschäftigung in der nationalen Wirtschaftspolitik und einer Absicherung dieser Ausrichtung durch ein System internationaler wirtschafts- und währungspolitischer Zusammenarbeit im System von Bretton Woods bestanden. Die reformpolitische Zähmung des Kapitalismus ging mit einem kräftigen Nachkriegsaufschwung einher, der den meisten Ländern hohe Wachstumsraten der Produktion, der Beschäftigung und des Realeinkommens brachte. Vor diesem Hintergrund kam auch die europäische Integration schnell voran: Die Zollunion zwischen den sechs Gründungsmitgliedern der EWG, die erst Ende 1970 vollendet werden sollte, war schon Mitte 1968 fertig.

Die Erschöpfung dieses Nachkriegsaufschwungs ab Ende der sechziger, Anfang der siebziger Jahre setzte die wirtschafts- und gesellschaftspolitische Reformpolitik unter Druck. Sollten die Ziele Vollbeschäftigung, soziale Sicherheit und Beteiligung von ArbeitnehmerInnen in der Wirtschaft beibehalten werden, mußte die Politik die Reformen vorantreiben, beispielsweise in Richtung auf öffentliche Investitionslenkung, Sektor- und Regionalplanung, Arbeitsmarkt- und Beschäftigungspolitik. Hierzu aber fehlte es überall in Westeuropa an gesellschaftspolitischer Konzeption und an der politischen Energie, sie in gesellschaftlichen Auseinandersetzungen durchzusetzen. Ökonomisch verlegte sich die Politik darauf, statt durch Regulierung der Binnennachfrage vor allem die internationale Expansion der jeweils nationalen Unternehmen zu fördern und die gesamte Wirtschaftspolitik auf die Gewinnung internationaler Marktpositionen auszurichten. An die Stelle währungspolitischer Zusammenarbeit trat härtere internationale Konkurrenz. Die bislang geltenden Prioritäten wurden umgedreht: Die Gewinnung oder Verstärkung internationaler Wettbewerbsfähigkeit wurde zur obersten Richtschnur der Politik, an die sich alle binnenwirtschaftlichen, sozialen und gesellschaftlichen Ansprüche anzupassen haben.

Deutscher Stabilitätsfundamentalismus: Wegbereiter des Neoliberalismus in Europa

Eine wesentliche Rolle bei der Durchsetzung des wirtschaftspolitischen Kurswechsels in Europa spielte Deutschland und hier insbesondere die Deutsche Bundesbank. Sie sah und sieht ihre Aufgabe ausschließlich darin, für die Stabilität des Preisniveaus zu sorgen, was deutschen Unternehmen zu Wettbewerbsvorteilen auf dem Weltmarkt verhilft. Nach der Grundauffassung der Bundesbank funktioniert Wirtschaft dann und nur dann, wenn das Eigentum privat, die Märkte unbeschränkt offen und der Geldwert stabil ist. Um ersteres habe sich die Eigentumsverfassung, um das zweite das Kartellamt und um das dritte die Bundesbank zu kümmern. Für Wachstum, Beschäftigung, Einkommen und soziale Sicherheit sei Politik nicht zuständig, dies alles stelle sich bei offenen Märkten und stabilen Preisen von selbst ein. Die Bundesbank geht damit auf Konfrontationskurs zum – bis heute gültigen – Gesetz zur Förderung der Stabilität und des Wachstums der Wirtschaft. Während dort vier wirtschaftspolitische Ziele (Preisniveaustabilität, hohes Beschäftigungsniveau, stabiles und angemessenes Wachstum und außenwirtschaftliches Gleichgewicht) gleichberechtigt nebeneinander stehen, definiert die Bundesbank das Verhältnis um: Preisstabilität ist nicht ein Ziel unter mehreren, sondern sie wird zur *Spielregel* erklärt, die bei der Verfolgung aller Ziele zu beachten ist. Fortan ist Preisstabilität gleichbedeutend mit Stabilität schlechthin, andere Aspekte wirtschaftlicher und sozialer Stabilität – Beschäftigung, Einkommen, soziale und ökologische Stabilität – spielen in dieser Sichtweise keine Rolle mehr. Sie sind, wenn sie mit Kosten verbunden sind, sogar eher schädlich für die internationale Wettbewerbsfähigkeit und müssen zurückgedrängt werden.

Die harte deutsche Politik des knappen Geldes zur Inflationsbekämpfung ist in der Tat außerordentlich erfolgreich gewesen: Sie hat die Preissteigerungsrate des Sozialproduktes in den 15 Jahren von 1974 bis 1989 von 7,1% auf ein Drittel, nämlich 2,4%, abgesenkt. Gleichzeitig hat sie allerdings durch dieselbe Politik die Arbeitslosenquote auf das Dreifache, von 2,6% auf 7,9%, heraufgedrückt. Die Exporterfolge, die mit deutlich unter dem Niveau anderer Länder liegenden Inflationsraten verbunden waren, führten zwar zu mehrmaligen Aufwertungen der DM, die damit verbundenen Verschlechterungen der preislichen Wettbewerbsfähigkeit auf den Auslandsmärkten wurden jedoch jeweils durch neue

Runden der Kostensenkung, Rationalisierung und Geldverknappung, durch Stabilitätspolitik à la Bundesbank, kompensiert.

Die deutsche Regierung hat diesen Kurs der Bundesbank voll übernommen. Beide zusammen waren in der Lage, ihn im Laufe der achtziger Jahre schrittweise auch in den anderen Mitgliedsländern der EG durchzusetzen. Ein Meilenstein war die unkooperative deutsche Haltung gegenüber Frankreich zu Beginn der achtziger Jahre, als die französische Regierung eine expansive Politik zur Förderung von Beschäftigung steuerte, damit aber an der deutschen Zinspolitik scheiterte. Gegenüber der innereuropäischen wirtschaftspolitischen Großmacht Deutschland, deren Währung mittlerweile zur Kern- und Ankerwährung in Europa geworden war, sahen die Regierungen der anderen EG-Mitgliedsländer nur die Möglichkeit der Anpassung.

Der Rest der Geschichte ist schnell erzählt: Die fundamentalistische Verengung des Begriffes wirtschaftlicher Stabilität auf Preisstabilität ist zur Hauptlinie des Vertrags von Maastricht geworden. Da Staatsausgaben in der Inflationstheorie des Neoliberalismus prinzipiell unter Verdacht der Preistreiberei stehen – schließlich wird Geld in die Wirtschaft gebracht, dem nichts gegenübersteht, was man damit kaufen kann –, geraten staatliche Defizite und Schulden ins Kreuzfeuer dieser Doktrin. Die Kriterien für die Mitgliedschaft in der Währungsunion, auf denen die Bundesrepublik in den Verhandlungen zum Vertrag von Maastricht bestanden hat, beziehen sich daher allesamt auf die Stabilität des Geldes und des Staatshaushaltes. Sie haben die anderen Mitglieder der EU gezwungen, zur Erfüllung dieser Kriterien einen harten Kurs des knappen Geldes zu fahren und drastische Kürzungen bei den Staatsausgaben vorzunehmen, Kürzungen, die regelmäßig zu Lasten der Sozialleistungen gingen. Als Folge dieser Politik ist die Arbeitslosigkeit seit Mitte der achtziger Jahre in der EU insgesamt stark gestiegen und das Niveau der Sozialleistungen gesunken – bei steigender Produktivität und explodierenden Gewinnen.

Protest und Widerstand in Europa, Kurswechsel in Frankreich

Die deutsche Stabilitätspolitik fand in den anderen EU-Ländern Verbündete in erster Linie bei denjenigen, deren Einkommen vorwiegend aus Zinsen und Dividenden kommt, sowie bei den Finanzinstitutionen aller

Art. Sie stieß aber auf Widerstand bei denen, die für ihren Lebensunterhalt auf Einkommen aus unselbständiger Arbeit angewiesen sind und durch die Politik der rigorosen Kostensenkung auf Unternehmensseite und den ebenso rigorosen Abbau von Sozialleistungen und betrieblicher Schutzrechte mit zunehmender Unsicherheit und härterem Druck konfrontiert sind. In den meisten Ländern der EU hat es daher in den letzten Jahren Proteste, Demonstrationen und Streiks gegen eine Politik des Sozialabbaus gegeben, die von den Regierungen mit dem Hinweis auf die Zwänge von Maastricht gerechtfertigt wurde.

Auch bei den Regierungen anderer Mitgliedsländer und bei der Europäischen Kommission stößt die fundamentalistische Position der Bundesregierung und der Bundesbank mehr und mehr auf Unwillen, der bis zum Widerstand und zur Obstruktion reicht. Die Durchsetzung des Beschäftigungskapitels im EU-Vertrag, des Beschäftigungsgipfels in Luxemburg und der beschäftigungspolitischen Aktionsprogramme ist mehr Ausdruck dieses Widerstands als substantieller Kurswechsel. Wichtig ist auch, daß die deutsche Forderung keine Mehrheit fand, die Währungsunion mit einer nur kleinen Gruppe von Ländern zu beginnen, deren neoliberale Grundausrichtung über alle Zweifel erhaben war. Statt dessen mußte Deutschland eine große Währungsunion mit elf Mitgliedsländern akzeptieren und dabei auch hinnehmen, daß bei der Prüfung der Frage, ob die einzelnen Länder die Beitrittsbedingungen erfüllt haben, in einem Maße großzügig verfahren wurde, wie das noch vor zwei Jahren ausgeschlossen schien. Wenn konservative Kritiker – allen voran die deutsche Bundesbank – bemängeln, daß bei der Zulassung zur Währungsunion der Geist von Maastricht aufs äußerste strapaziert worden ist, haben sie recht. Dies signalisiert eine Veränderung des politischen Kräfteverhältnisses in der EU zu Lasten der bisherigen Dominanz der Bundesrepublik und verbessert die Chancen neuer und kraftvollerer Vorstöße für eine europäische Beschäftigungspolitik.

Am meisten können aber die Entwicklungen in Frankreich ermutigen. Dort war der Widerstand gegen eine mit dem Verweis auf Maastricht betriebene Politik des sozialen Kahlschlags besonders massiv. Wochenlange Demonstrationen und Streiks stießen bei einer Mehrheit der Bevölkerung auf Zustimmung und Sympathie. Sie veranlaßten den französischen Staatspräsidenten, das Parlament aufzulösen und Neuwahlen auszuschreiben. Doch statt der erwarteten Stärkung der konservativen Kräfte erhielt er eine Regierung aus vier Linksparteien unter Führung der sozialistischen Partei Frankreichs und ein Regierungsprogramm, das den Kampf für mehr Beschäftigung ins Zentrum der Politik stellte. Mehr noch, nachdem die neue Regierung im Amt war, begann sie ihr Programm umzusetzen und tatsächlich Beschäftigungspolitik zu betreiben:

■ Mit einer Anhebung der Mindesteinkommen wenige Wochen nach dem Amtsantritt trug sie zur Stärkung der Massenkaufkraft bei.

■ Mit einem öffentlichen Beschäftigungsprogramm geht sie gegen die in Frankreich besonders hohe Jugendarbeitslosigkeit vor und schafft 350.000 neue Arbeitsplätze im öffentlichen Sektor sowie über staatliche Subventionen weitere 350.000 Arbeitsplätze bei privaten Unternehmen.

■ Sie brachte ein Gesetz zur Verkürzung der wöchentlichen Höchstarbeitszeit von bislang 39 auf 35 Stunden auf den Weg, das im Mai 1998 endgültig verabschiedet wurde und ab dem Jahre 2000 für Unternehmen mit mehr als 20 Beschäftigten, ab 2002 für den Rest der Unternehmen gilt.

■ Auch bei der Finanzierung schlug sie neue Wege ein, indem sie die Kapitalertragssteuern heraufsetzte und insofern Umverteilung von oben nach unten betrieb, ganz im Gegensatz zur deutschen Bundesregierung, die gerade erst die Vermögensteuer abgeschafft hat.

Selbstverständlich sind damit die Beschäftigungsprobleme in Frankreich noch nicht überwunden. Die Schwierigkeiten der Umsetzung werden zunehmen, die Widerstände von seiten der Unternehmen wirksam werden, und es wird auch Versuche zur Blockierung von außen geben. Mit dem Übergang der Geldpolitik an das Europäische System der Zentralbanken am 1.1.1999 wird Frankreich keine Möglichkeit mehr haben, die eigene neue Beschäftigungspolitik geldpolitisch zu flankieren. Dennoch sind mit der französischen Wende Zeichen für einen wirtschaftspolitischen Kurswechsel in Europa gesetzt:

Vor allem ist die Entwicklung in Frankreich Ermutigung für den Widerstand von Gewerkschaften, Arbeitslosen und anderen von der Demontagepolitik betroffenen Gruppen. Sie zeigt, daß es möglich ist, auch in einem neoliberalen Umfeld Beschäftigungspolitik zu betreiben. In ähnlichem Sinne wirkt auch die französische Arbeitslosenbewegung anregend in anderen Ländern. Je mehr derartige Beispiele Schule machen, desto weniger feindlich wird das Umfeld.

Zum zweiten sollte sie zur innereuropäischen gegenseitigen Unterstützung und Vernetzung der sozialen Bewegungen gegen den Neoliberalismus und seine Politik genutzt werden. Euromärsche von Arbeitslosen, grenzüberschreitende Demonstrationen und Aktionen, gemeinsame Konferenzen und Aufrufe sind hierfür ebenso hilfreich wie die extensive Nutzung der neuen Institution der europäischen Betriebsräte, durch die sich die Beschäftigten gleicher Unternehmen aus verschiedenen Ländern kennenlernen, ihre gegenseitigen Probleme erfahren und ernst nehmen und damit auch die Grundlage für gegenseitige Unterstützung legen können.

Bausteine für eine europäische Beschäftigungspolitik

Protest und Widerstand in Mitgliedsländern der EU und der wirtschaftspolitische Kurswechsel in Frankreich haben auch zu neuer Bewegung auf europäischer Ebene geführt. Die Diskussion über europäische Beschäftigungspolitik überwindet Blockaden, kommt in Gang, und beginnt Konzepte zu entwickeln und konkrete Möglichkeiten und Instrumente zu erörtern. In dieser Diskussion halte ich folgende Punkte im Sinne von Bausteinen für eine neue Wirtschaftspolitik in Europa für besonders wichtig:

Erstens ist es notwendig, nationale Beschäftigungspolitiken *europäisch zu koordinieren* und so in die gleiche Richtung zu gehen, statt sich gegenseitig zu behindern. Formen und Akzentuierungen dieser nationalen Beschäftigungspolitiken werden entsprechend den unterschiedlichen Ausgangslagen, Interessen und Kräfteverhältnissen in den einzelnen Mitgliedsländern unterschiedlich sein. Vernünftig ist es aber, bestimmte Zielwerte gemeinsam zu bestimmen, wie z.B. die Senkung der allgemeinen Arbeitslosenquoten um 10% pro Jahr und die Halbierung der Zahl der jugendlichen Arbeitslosen in drei Jahren. Es ist auch unabweisbar, daß die Verwirklichung derart ehrgeiziger Ziele viel Geld kosten wird; sei es als unmittelbare öffentliche Beschäftigungsprogramme, sei es als Arbeitsmarktpolitik, als Ausgleichszahlungen für Arbeitszeitverkürzungen oder als Absicherung von Teilzeitarbeit. Da der europäische Haushalt mit 1,2% des EU-Sozialproduktes für derartige Finanzierungen zu klein ist, müssen hierfür in erster Linie die nationalen Haushalte herangezogen werden. Dabei erspart enge gegenseitige Abstimmung Kosten und gegenseitige Blockaden.

Zweitens ist aber auch ein *EU-finanziertes Beschäftigungsprogramm* als ein eigenständiger Beitrag der Gemeinschaft zur Verminderung der

Massenarbeitslosigkeit auf breiter Front erforderlich. Die Ansätze zum Ausbau und zur Verbesserung der europäischen Infrastruktur, wie sie z.B. im Weißbuch über »Wachstum, Wettbewerbsfähigkeit und Beschäftigung« Ende 1992 von der Kommission formuliert worden waren, könnten aufgegriffen, in ökologischer Hinsicht verbessert und umgesetzt werden. Hierbei könnte die Europäische Investitionsbank als nicht gewinnorientiertes Finanzierungsinstitut der EU eine wichtige Rolle spielen: Sie kann in großem Umfang EURO-Anleihen auf dem Kapitalmarkt aufnehmen und zur günstigen (Co-)Finanzierung von Infrastrukturprojekten an private Unternehmen, EU-Mitgliedsstaaten oder auch die Europäische Kommission weiterreichen. Etwaige Zinssubventionen müssen dabei durch anderweitige Gewinne ausgeglichen oder durch den EU-Haushalt getragen werden.

Drittens ist die Einrichtung eines *Europäischen Fonds für Beschäftigungspolitik* – analog zum Europäischen Fonds für regionale Entwicklung (EFRE) oder zum Europäischen Sozialfonds (ESF) – sinnvoll. Er sollte aus Beiträgen der Mitgliedsländer finanziert werden und als eine Art beschäftigungspolitischer Feuerwehrfonds dienen. Länder, in denen die Arbeitslosigkeit überdurchschnittlich stark steigt, erhalten schnell und unbürokratisch nach vorher festgelegten Kriterien zusätzliche Mittel für Arbeitsmarkt- und Beschäftigungspolitik und werden damit in die Lage versetzt, Anschluß an die Entwicklung in der Gemeinschaft zu halten. Ein derartiger automatischer Ausgleichsfonds würde auch den innereuropäischen sozialen Zusammenhalt spürbar verstärken und damit helfen, die weit verbreitete Zurückhaltung und Skepsis gegenüber der EU abzubauen.

Viertens kann und soll die EU *Mindeststandards* zur sozialen und rechtlichen Absicherung insbesondere von solcher Beschäftigung festlegen, die nicht in die Kategorie der traditionellen Vollarbeitsverhältnisse fällt. Derartige europaweite Regelungen betreffen beispielsweise Mindestlöhne, Urlaub, Kündigungsschutz und vor allem die Alterssicherung bei Arbeitszeitverkürzungen und Teilzeitarbeit. Hierbei kann zum Teil auf die Charta der sozialen Rechte der Arbeitnehmer von 1989 und die darauf aufbauenden Aktionsprogramme sowie auf das Weißbuch zur Sozialpolitik von 1995, teilweise auch auf Regelungen in Mitgliedsstaaten wie Dänemark und die Niederlande zurückgegriffen werden.

Auf mittlere Frist erfordert europäische Beschäftigungspolitik darüber hinaus die Neubestimmung des gesamten wirtschaftspolitischen Umfeldes in den drei zentralen Gebieten Geld-, Finanz- und Einkommenspolitik:

Die *Geldpolitik* muß aus ihrer einseitigen Antiinflationsfixierung herausgelöst werden und Verantwortung auch für Wachstum und Beschäftigung übernehmen – wie das übrigens für das amerikanische Zentralbanksystem gesetzlich festgelegt ist. Ein derartiger Kurswechsel ist zunächst durch eine politisch flexible Interpretation der Vertragsbestimmungen von Maastricht und Amsterdam möglich. Längerfristig dürfte allerdings eine Korrektur dieser Bestimmungen unumgänglich sein.

Die *Fiskalpolitik* sollte gezielt für die Förderung von umweltverträglichem Wachstum (und das heißt strukturpolitischem Umbau) und Beschäftigung eingesetzt und aus schematischen Bindungen an Kürzungsauflagen und Defizitgrenzen gelöst werden. Auf Dauer ist auch eine deutliche Steigerung des Gemeinschaftshaushaltes – von jetzt maximal 1,27% des EU-Sozialproduktes auf das Zwei- bis Dreifache dieses Prozentsatzes – erforderlich, wenn die EU in die Lage versetzt werden soll, ihren wirtschaftspolitischen Aufgaben gerecht zu werden. Eine solche Steigerung hat bis ans Ende der achtziger Jahre auch die Europäische Kommission gefordert.

Die *Einkommenspolitik* steht vor der Herausforderung, durch eine Harmonisierung der Steuervorschriften die Steuerkonkurrenz in der EU zu begrenzen und dadurch die finanzielle Handlungsfähigkeit der Mitgliedsländer wiederherzustellen. Sie wird gegenwärtig dadurch untergraben, daß wegen des steuerlichen Wettbewerbs der einzelnen Staaten die Steuereinnahmen aus Unternehmensgewinnen und Kapitalerträgen sinken. Die steuerpolitische Umverteilung von unten nach oben muß gestoppt und umgedreht werden.

Natürlich wird ein wirtschaftspolitischer Kurswechsel in diese Richtung nicht ohne harte Auseinandersetzungen zu haben sein. Er wird Gegenreaktionen hervorrufen und kann auf den Kapitalmärkten zu spekulativen Attacken und zu Absetzbewegungen führen. Sofern diese sich zu ernsthaften Störfaktoren und Hemmnissen für eine neue europäische Wirtschaftspolitik auswachsen, ist es angezeigt, Schutzmaßnahmen wie eine *Spekulationssteuer* einzuführen oder im Notfall auch wieder auf befristete *Kapitalverkehrskontrollen* zurückzugreifen, die nach Art. 73f des EU-Vertrages möglich sind, »falls Kapitalbewegungen nach oder aus dritten Ländern ... das Funktionieren der Wirtschafts- und Währungsunion schwerwiegend stören oder zu stören drohen«.

Nationale Mobilisierung für europäische Beschäftigungspolitik

Es fehlt nicht an – natürlich verbesserungsfähigen – Vorschlägen für eine beschäftigungspolitische Wende in Europa. Was vor allem fehlt, ist die politische Entschlossenheit und Kraft, für diese Vorschläge europaweit zu mobilisieren und sie gegen Widerstand durchzusetzen. Andererseits beginnt die große politische Blockadefront zu bröckeln, Alternativen werden auch real sichtbar. Sie werden allerdings nur zu einer *europäischen* Kurskorrektur führen, wenn sie in den Mitgliedsländern so stark verankert werden, daß die nationalen Regierungen sie auf europäischer Ebene vertreten und im Ministerrat entsprechende Weichenstellungen beschließen. Daher kommt es für die nächste Zeit vor allem darauf an, den Druck auf die nationalen Regierungen zu verstärken. Das hat nichts mit nationalstaatlicher Nostalgie zu tun, sondern mit der nüchternen Antwort auf die Frage nach den Ebenen, auf denen politischer Druck erzeugt werden kann. Bei allen positiven Ansätzen der innereuropäischen Vernetzung sozialer Bewegungen in verschiedenen Ländern, handelt es sich doch bislang – und wohl noch für eine lange Zeit – um vorwiegend national verankerte und begrenzte Bewegungen, deren politische Basis in den Nationalstaaten liegt und deren politischer Adressat die nationalen Regierungen und Unternehmen sind.

Was in den Mitgliedsstaaten geschieht, entscheidet über die Weichenstellung für oder gegen eine europäische Beschäftigungsunion. In dieser Hinsicht liegt natürlich eine besondere Verantwortung bei den sozialen Bewegungen und der Wirtschaftspolitik in Deutschland – wie die deutsche Politik auch eine besondere Verantwortung für die lange Blokkierung einer beschäftigungsorientierten Wirtschaftspolitik für Europa trägt. Die wirtschaftspolitische Wende in Frankreich ist dennoch gegen diese deutsche Blockade in Gang gesetzt worden. Sie ist ein politischer *Aufbruch*, der neue Perspektiven für Europa eröffnet. Eine ähnliche wirtschaftspolitische Kurskorrektur in Deutschland wäre ein beschäftigungspolitischer *Durchbruch* in Europa. Auch er wird aber nur auf der Grundlage breiter und starker sozialer Bewegungen zu haben sein.

Gegenmacht – Gestaltungsmacht

Wolfgang Däubler

Alternative Ansätze im Arbeitsrecht
Ein Blick zurück

Status quo

In den achtziger und neunziger Jahren haben wir uns darauf konzentriert, den arbeitsrechtlichen Status quo zu verteidigen. Lange Zeit waren wir dabei relativ erfolgreich, Einbrüche wie in Großbritannien oder in Spanien blieben uns zumindest bis 1996 erspart.

Gleichwohl hat eine solche Position gewichtige Nachteile. »Besserer Arbeitnehmerschutz«, der über das geltende Recht hinausgeht, wird zum Thema für Utopisten und Traumtänzer. Dies gilt sogar für Vorstellungen, die die Arbeitgeberseite nur unwesentlich belasten. Warum sollte man beispielsweise nicht flexiblen Arbeitseinsatz und stabile Beschäftigung kombinieren können? In Form des Gesamthafenbetriebs existiert seit Jahrzehnten ein künstlicher Arbeitgeber, an den sich die einzelnen Beschäftigten halten können und der sie auf die einzelnen Unternehmer verteilt. Warum sollte man nicht die Wahl zwischen Arbeitsverhältnis und Tätigkeit als kleiner Selbständiger dadurch erleichtern, daß man letztere in die Sozialversicherung einbezieht und die schuldrechtlichen Grundsätze zum Schutz des Schwächeren weiterentwickelt? Die Ära Kohl hat wenig Sensibilität für solche Überlegungen entwickelt. Wer eigene Positionen in Frage stellte, konnte sicher sein, kein Entgegenkommen auf der anderen Seite, kein konstruktives Weiter-Denken zu ernten. Die normale Reaktion lag in hämischer Freude nach dem Motto »Endlich hat's die Gewerkschaft auch begriffen«.

Detlef Hensche hat als Jurist wie als Gewerkschaftsvorsitzender nie zu jenen gehört, die ihr kleines juristisches Gärtchen bestellen und sich dabei jener Instrumente bedienen, die man auch bei der Auslegung der StVO oder des Baugesetzbuches anwendet. Das reale Leben des abhängig Beschäftigten war Ausgangspunkt für sein juristisches Nachdenken. Und das Arbeitsrecht ist keine vorgegebene, sondern eine erkämpfte Ordnung, die emanzipatorische Ansprüche in sich aufgenommen hat, deren Realisierung Aufgabe des Juristen ist. In dem Wolfgang Abendroth gewidmeten Beitrag wird dies am klarsten und deutlichsten formuliert[1] – doch war der Anspruch ersichtlich kein anderer, als es Anfang der siebziger Jahre um die rechtliche Zulässigkeit der betriebsnahen Tarifpolitik[2] oder die vertragliche Erweiterung der Mitbestimmung[3] ging.

Rechtsnormen sind keine zeitlosen mathematischen Gleichungen; ihr konkreter Inhalt und ihre praktische Umsetzung sind Gegenstand der Auseinandersetzung, in die man sich als gewerkschaftlich orientierter Jurist einmischt. Dies mag es rechtfertigen, nicht direkt in die Zukunft zu schauen, sondern gewissermaßen erst den Boden für eine erfolgreiche Rechtspolitik zu bereiten. Wer hat die historische Legitimität auf seiner Seite? Ist die Verteidigung der Tarifautonomie nur ein Problem der Verfassungsinterpretation oder auch die Erhaltung eines großen Stücks Freiheit, das den jeweiligen Obrigkeiten abgezwungen werden mußte?

Im folgenden soll es zunächst um die Jahre nach 1945 gehen, die man – ein wenig schlagwortartig – als die eines »antifaschistischen« Arbeitsrechts bezeichnen kann. Der zweite Abschnitt betrifft die »Absorption« des Neuen durch die sich etablierenden sozialpartnerschaftlichen Strukturen. Wie ist es zu erklären, daß in der Adenauer-Zeit das vorher Erreichte bisweilen offen, meist aber durch einen schleichenden Prozeß wieder abgebaut wurde? Der dritte Abschnitt betrifft die kurzen Jahre zwischen 1968 und 1974, in denen es einen »Modernisierungsschub«, aber auch eine Renaissance von Vorstellungen gab, die über die gewohnte Routine der Marktwirtschaft hinausgingen. Sie fanden keinen Niederschlag im geschriebenen Recht – gleichwohl sind sie da und dort in die Interpretation eingeflossen und können auch ein Vierteljahrhundert später die eine oder andere Anregung vermitteln.

---

[1] Hensche, Aufgaben einer handlungsorientierten Staats- und Rechtstheorie. Zur Funktion des Rechts und des fortschrittlichen Juristen, in: Hensche-Kutscha (Hrsg.), Recht und Arbeiterbewegung. Zum Gedenken an Wolfgang Abendroth, Köln 1987, S. 13ff.

[2] Hensche, Zur Zulässigkeit von Firmentarifverträgen mit verbandsangehörigen Unternehmen, RdA 1971, S. 9ff.

[3] Hensche, Erweiterung der Mitbestimmung durch privatautonome Regelung, insbesondere in Unternehmen der öffentlichen Hand, AuR 1971, S. 33ff.

Die Wiedervereinigung hätte theoretisch dazu führen können, erneut nach einem besseren Arbeitsrecht zu fragen.[4] Die historische Stunde war dem nicht günstig. Der Zusammenbruch von Politik und Wirtschaft in der DDR verschüttete auch im Westen fast jeden Ansatz, über die bisherigen Strukturen hinaus zu denken. Warum sollte das siegreiche System einzelne Elemente des besiegten übernehmen?[5] Erst in der Gegenwart bricht sich langsam die Erkenntnis Bahn, daß vielleicht nur das Schlechte über das noch Schlechtere gesiegt hat.

Der Aufbruch nach der Stunde Null

Nach 1945 knüpfte das Arbeitsrecht an die Weimarer Strukturen an. Koalitionsfreiheit, Tarifautonomie, Betriebsräte, aber auch die §§ 611ff. BGB stellten einen unbestrittenen Rahmen für den Neuaufbau dar. Gleichzeitig wollte man jedoch Fehler und Halbheiten vermeiden, die sich in der Vergangenheit gezeigt hatten. Der Arbeitnehmerschutz sollte wirksamer sein, die Mitbestimmung weitergehen, auch das Streikrecht in vollem Umfang garantiert werden.

Recht auf Arbeit

Die Rechtsentwicklung konzentrierte sich zunächst auf die in den Jahren 1946 bis 1950 beschlossenen Landesverfassungen. Soweit man nicht wie in Schleswig-Holstein, Hamburg und Niedersachsen damals auf einen Grundrechtskatalog verzichtete, sprach man sich überall für ein »Grundrecht auf Arbeit« aus. Dabei ging man schon von der Formulierung her über Art. 163 Abs. 2 der Weimarer Verfassung hinaus, der sich mit einer unverbindlichen Soll-Vorschrift begnügt hatte. Am deutlichsten wurde dies in Art. 13 Abs. 1 der Berliner Verfassung,[6] der bis heute bestimmt: »Jedermann hat das Recht auf Arbeit. Dieses Recht ist durch eine Politik der Vollbeschäftigung und Wirtschaftslenkung zu verwirkli-

---

[4] Zusammenfassende Überlegungen bei Wolter, Für ein besseres Arbeitsrecht. Rechtskritik, Rechtsgebrauch, Rechtsmethodik der Gewerkschaften, Hamburg 1986.

[5] Näher zur Erstreckung des bundesdeutschen Arbeitsrechts auf das Territorium der früheren DDR siehe Däubler, Rechtsexport. Die Einführung des bundesdeutschen Arbeitsrechts im Gebiet der früheren DDR, Frankfurt/Main u.a. 1996.

[6] Vom 1.9.1950, VOBl 1, S. 433.

chen. Wenn Arbeit nicht nachgewiesen werden kann, besteht Anspruch auf Unterhalt aus öffentlichen Mitteln.«

In ähnlicher Weise bezieht auch die Bremer Verfassung[7] die »Umsetzungsproblematik« mit ein, indem sie nicht nur in Art. 8 Abs. 1 das Recht auf Arbeit als solches gewährleistet, sondern in Art. 49 Abs. 2 den Staat verpflichtet, »geeignete Maßnahmen zu treffen, daß jeder, der auf Arbeit angewiesen ist, durch Arbeit seinen Lebensunterhalt erwerben kann«. Die übrigen Landesverfassungen begnügen sich demgegenüber mit einer »reinen« Garantie des Rechts auf Arbeit,[8] enthalten allerdings oft Wertungen, die ernst zu nehmen sich niemand so recht traut. Als Beispiel sei Art. 24 Abs. 1 der Verfassung von NRW genannt, wo es heißt: »Im Mittelpunkt des Wirtschaftslebens steht das Wohl des Menschen. Der Schutz seiner Arbeitskraft hat den Vorrang vor dem Schutz materiellen Besitzes. Jedermann hat ein Recht auf Arbeit.«

Ohne Arbeit verkümmert ersichtlich die »Arbeitskraft«. Diesen Zustand zu beseitigen, dürfte nach dieser Vorschrift eigentlich kein materielles Opfer zu hoch sein.

Betriebsverfassung

Auch im Bereich der Mitbestimmung durch Betriebsräte war Weimar keine Grenze. Am weitesten ging das Hessische Betriebsrätegesetz vom 26. Mai 1948, das nicht nur Mitbestimmungsrechte in sozialen und personellen, sondern auch in wirtschaftlichen Angelegenheiten vorsah.[9] Zu diesen zählte etwa § 52 »die Änderung des Betriebszwecks und Veränderungen in den Betriebsanlagen, die geeignet sind, die Beschäftigungsverhältnisse der Arbeitnehmer des Betriebs wesentlich umzustellen«. Genannt wurden weiter alle »Entscheidungen, die geeignet sind, durch Umstellung in dem Einkauf, der Erzeugung oder dem Absatz die Grundlage des Betriebs wesentlich zu verändern«, die »Einführung grundlegend neuer Arbeitsmethoden« sowie »wesentliche Änderungen des

[7] Vom 21.10.1947, GBl, S. 251.

[8] Siehe etwa Art. 28 Abs. 2 der Hessischen, Art. 166 der Bayerischen, Art. 45 der Saarländischen und Art. 53 der Rheinland-Pfälzischen Verfassung. Dazu auch Wipfelder, RdA 1985, S. 94. Von den in der SBZ gelegenen Ländern kannten Mecklenburg, Sachsen und Sachsen-Anhalt eine Verfassungsgarantie des Rechts auf Arbeit, während Thüringen und Brandenburg überhaupt auf einen Grundrechtskatalog verzichteten. Nachweise bei Kunz, Des Menschen Recht auf Arbeit, Berlin 1989, S. 72.

[9] GVBl Nr. 23, S. 17ff.

Betriebsumfanges bei Betriebseinschränkungen, Verschmelzungen und Betriebsstillegungen«. Kam in diesen Fällen keine Einigung mit dem Arbeitgeber zustande, so hatte gemäß § 57 des Gesetzes ein Schiedsausschuß zu entscheiden, der aus je einem von den sozialen Gegenspielern entsandten Beisitzer und einem vom Arbeitsminister ernannten neutralen Vorsitzenden bestand. Die halbe Macht schien den Betriebsräten so jedenfalls sicher – doch § 52 scheiterte zusammen mit einigen anderen Vorschriften am Veto der amerikanischen Besatzungsmacht, die die Vorschriften mit dem Vorwand ablehnte, man dürfe der Entscheidung einer künftigen deutschen Zentralgewalt über Fragen der Wirtschaftsverfassung nicht vorgreifen. Selbst als Torso blieb das Gesetz jedoch bemerkenswert, zumal es die Pflicht zur Zusammenarbeit mit dem Arbeitgeber sehr viel weniger betonte als das Betriebsrätegesetz von 1920.

In allen Ländern der vier Zonen galt das Kontrollratsgesetz Nr. 22.[10] Sein Art. 1 »gestattete« die Errichtung und Tätigkeit von Betriebsräten und ermächtigte sie zur »Wahrnehmung der beruflichen, wirtschaftlichen und sozialen Interessen der Arbeiter und Angestellten in den einzelnen Betrieben«. Von einer Unterstützung des Unternehmers bei der Erfüllung der Betriebszwecke war nicht die Rede. Funktionäre der DAF und ehemalige Mitglieder der NSDAP waren nicht wählbar; auch war die Wahlperiode auf höchstens ein Jahr beschränkt. Ähnlich wie bei den englischen Shop Stewards[11] wurde auf eine Aufzählung einzelner Mitbestimmungsrechte verzichtet. Art. 5 begnügte sich in Abs. 1 mit der Nennung bestimmter Sachgebiete, über die der Betriebsrat mit dem Unternehmer verhandeln könne, und erteilte in seinem Abs. 2 den Betriebsräten eine Generalvollmacht: Sie »bestimmen im Rahmen dieses Gesetzes ihre Aufgaben und das dabei zu befolgende Verfahren selbst«.

Der ungewohnte Spielraum wurde nur zum Teil genutzt. So ließ die Gewerkschaftsführung in der britischen Zone eine Musterbetriebsvereinbarung ausarbeiten, die als Verhandlungsgrundlage bei den Auseinandersetzungen mit den Arbeitgebern dienen sollte und die neben einer paritätischen Besetzung des Aufsichtsrats ein volles Mitbestimmungs-

---

[10] Vom 10.4.1946, abgedruckt u.a. bei Hemken, Sammlung der vom Alliierten Kontrollrat und der Amerikanischen Militärregierung erlassenen Proklamationen, Gesetze, Verordnungen, Befehle, Direktiven, Stuttgart 1946ff.

[11] Dazu Degen, Shop Stewards, Frankfurt/Main-Köln 1976.

recht bei Einstellungen und Entlassungen vorsah.[12] Streiks und andere Kampfmaßnahmen zur Durchsetzung dieser Vorstellungen wurden grundsätzlich nicht begrüßt. Dennoch kam es vom 1. April bis 31. Dezember 1947 allein im Ruhrgebiet zu 31 Arbeitsniederlegungen.[13] Bei Bode-Panzer in Hannover wurde 23 Tage,[14] bei der ebenfalls dort ansässigen Firma Schmidding fünf Monate lang für bessere Betriebsratsbefugnisse gestreikt – beide Male mit Erfolg.

Streikrecht

Die Verfassungen von Hessen,[15] Bremen,[16] Berlin,[17] Rheinland-Pfalz[18] und des Saarlandes[19] enthalten über die Weimarer Verfassung hinaus ausdrückliche Streikgarantien. Inhaltlich beschränken sie sich in keinem Fall auf gewerkschaftliche Aktionen für bessere Tarifverträge. Zum Teil wird nicht einmal verlangt, daß der Streik von der Gewerkschaft getragen ist. Art. 29 Abs. 5 der Hessischen Landesverfassung verbietet darüber hinaus ausdrücklich die Aussperrung.

Arbeitsgerichte

Einige neue Akzente wurden auch durch das Kontrollratsgesetz Nr. 21 vom 30.3.1946 geschaffen: Es sah organisatorisch völlig selbständige Arbeitsgerichte und Landesarbeitsgerichte vor. Die Zusammensetzung der einzelnen Spruchkörper, die Zuständigkeit usw. waren zwar dem ArbGG 1926 nachgebildet, doch bestand eine wichtige Besonderheit: Die Berufsrichter mußten keine Volljuristen sein.[20] Vermutlich befürchtete man, andernfalls keine ausreichende Anzahl von Personen gewinnen

---

[12] Hierzu und zum folgenden Eberhard Schmidt, Die verhinderte Neuordnung 1945-52, 2. Aufl. Frankfurt/Main 1971, S. 90ff.

[13] Dazu Kleßmann-Friedemann, Streiks und Hungermärsche im Ruhrgebiet 1946-1948, Frankfurt/Main 1977, S. 35ff. mit der Streikstatistik auf S. 39. Im folgenden Jahr nahm die Zahl dieser Arbeitsniederlegungen erheblich ab.

[14] Die erkämpfte Betriebsvereinbarung, die u.a. ein volles Mitbestimmungsrecht »bei der Aufgabe bisheriger und der Aufnahme neuer Produktionszweige« enthielt, ist auszugsweise abgedruckt bei Zachert, Betriebliche Mitbestimmung. Eine problemorientierte Einführung, Köln 1979, S. 26f.

[15] Art. 29 Abs. 4, GVBl 1946, S. 229.

[16] Art. 51 Abs. 4, GBl 1947, S. 251.

[17] Art. 18 Abs. 3, VOBl 1947, S. 209.

[18] Art. 66 Abs. 2, VOBl 1947, S. 209.

[19] Art. 56 Abs. 2, ABl 1947, S. 1077.

[20] Einzelheiten bei Wenzel JZ 1965, S. 752ff.

zu können, die dem verflossenen Regime einigermaßen distanziert gegenübergestanden hatten. Die praktische Bedeutung dieser Regelung war nicht zu vernachlässigen, da noch am 1.1.1957 immerhin 21 Prozent aller Berufsrichter keine abgeschlossene juristische Ausbildung besaßen.[21]

Montanmitbestimmung

Schließlich ist an die Montanmitbestimmung zu erinnern, die in jenen Jahren aufgrund einer Initiative der britischen Besatzungsmacht eingeführt wurde. Im Rahmen der Entflechtung waren bis Frühjahr 1948 insgesamt 24 neue Gesellschaften geschaffen worden, deren Aufsichtsräte mit fünf Arbeitnehmer- und fünf Arbeitgebervertretern sowie mit einem Vertreter der Treuhandverwaltung besetzt waren. Die Auswahl der Personen berücksichtigte – was häufig übersehen wird – auch weitere Interessen: Nur drei der Unternehmervertreter stammten wirklich aus dem Bereich der Anteilseigner, einer mußte Angehöriger der öffentlichen Hand sein, und ein weiterer wurde von der Unternehmensleitung entsandt.[22] Die Arbeitnehmerseite war in zwei innerbetriebliche und zwei von der Gewerkschaft entsandte Vertreter aufgeteilt, zu denen ein der Arbeitnehmerseite nahestehender Repräsentant der öffentlichen Hand kam. In Wahrheit lag daher eher ein »Drei-Bänke-System« vor, das es einer Koalition aus Arbeitnehmervertretern und öffentlicher Hand prinzipiell ermöglicht hätte, das Unternehmen gegen den Willen der Anteilseigner zu führen.

In anderen Teilen der Wirtschaft geschah nichts Vergleichbares. Die Landesverfassungen enthielten zwar ausdrückliche Bekenntnisse zur Mitbestimmung auf allen Ebenen, deren Wortlaut zum Teil erheblich über Art. 165 WRV hinausging.[23] Dem Gesamtzusammenhang der Texte nach war dies außerdem nicht als Aufruf zur Partnerschaft von Arbeit und Kapital gemeint, da dieselben Verfassungen weitgehende Sozialisierungsbestimmungen enthielten.[24] Auf der anderen Seite scheiterten Ver-

---

[21] Angaben ebenda, S. 753.

[22] Deppe-von Freyberg u.a., Kritik der Mitbestimmung. Partnerschaft oder Klassenkampf? Frankfurt/Main 1969, S. 87.

[23] Siehe die Übersicht bei Otto, FS Böckler, S. 412ff. und Wahsner, in: Mayer-Reich, Mitbestimmung contra Grundgesetz? Neuwied 1976, S. 96ff.

[24] Übersicht bei Däubler, in: Däubler/Sieling-Wendeling/Welkoborsky, Eigentum und Recht, Darmstadt 1976, S. 143ff.

suche, einiges davon in die Tat umzusetzen, schon an den Parlamentsmehrheiten und beschränkter gewerkschaftlicher Kampfkraft – von der »Reservewaffe« des alliierten Vetos ganz zu schweigen.

Beamtenrecht

Auch im öffentlichen Dienstrecht schienen die Uhren anders zu gehen. Art. 29 Abs. 1 der Hessischen Landesverfassung bekannte sich zu einem einheitlichen Arbeitsrecht für alle Arbeiter, Angestellten und Beamten. Letztere erhielten durch Gesetz vom 12.11.1946 einen arbeitnehmerähnlichen Status.[25] In Berlin existierten sie bis 1956 nicht mehr; die in der Vergangenheit begründeten Beamtenverhältnisse waren nach Auffassung des BVerfG[26] mit dem 8. Mai 1945 erloschen.

Im Bereich des Vereinigten Wirtschaftsgebiets galt das Gesetz vom 15. März 1949, das zwar die Beamten als Gruppe aufrechterhielt, in Abweichung von der deutschen Tradition aber nur noch von einem »Dienstverhältnis«, nicht mehr von einem »Treueverhältnis« sprach.[27] Seine praktische Bedeutung war erheblich, da es insbesondere die Beschäftigten bei Bahn und Post erfaßte.

Die Beseitigung des Neuen

Die hier beschriebenen arbeitsrechtlichen Elemente, die über Weimar hinausgingen, waren nicht von Bestand. Dies nicht deshalb, weil sie etwa wegen ihrer Radikalität aus den demokratischen Strukturen anderer westeuropäischer Länder herausgefallen wären. Im Gegenteil: Das »Recht auf Arbeit« findet sich auch in der französischen und der italienischen Verfassung, und dasselbe gilt für ein durchaus weit verstandenes Streikrecht. Selbst eine (allerdings nicht durch Ausführungsnormen »unterfütterte«) Wertentscheidung zugunsten der Mitbestimmung im Unternehmen läßt sich dort finden.[28] Erst recht fehlte eine dem deutschen

---

[25] Gesetz über die Rechtsstellung der Beamten und Angestellten im öffentlichen Dienst des Landes Groß-Hessen v. 12.11.1946, GBVBl, S. 205

[26] BVerfGE 3, S. 58ff.

[27] GVBl des Wirtschaftsrates 1949, S. 54ff.

[28] Abs. 8 der Präambel der französischen Verfassung vom 27. Oktober 1946: »Jeder Arbeiter nimmt durch seine Delegierten... an der Verwaltung der Betriebe teil.« Art. 46 der italienischen Verfassung vom 27. Dezember 1947: »Zum Zwecke der wirtschaftlichen und sozialen Hebung der Arbeit und in Übereinstimmung mit den Erfordernissen der Pro-

Beamtentum entsprechende Einrichtung. Die Gründe müssen daher woanders zu suchen sein.

Äußerlichkeiten

Das Grundgesetz ließ seiner wirtschaftsverfassungsrechtlichen Neutralität wegen zunächst das meiste bestehen. Eigentumsgarantie, Sozialisierungsermächtigung und Sozialstaatsprinzip waren flexibel genug, um unterschiedliche arbeitsrechtliche Strukturen zuzulassen. Lediglich im Beamtenrecht wurde durch Art. 33 Abs. 4 GG das »Treueverhältnis« wiederbelebt – ergänzt allerdings durch die sehr vorsichtig formulierte Bestimmung des Art. 33 Abs. 5 GG, wonach die Neuregelung des öffentlichen Dienstes nur »unter Berücksichtigung« der hergebrachten Grundsätze des Berufsbeamtentums zu erfolgen hatte.

Der tatsächliche Abbau erfolgte in einem allmählichen Prozeß durch den Gesetzgeber wie die Rechtsprechung.

Die Mitbestimmung der Betriebsräte wurde durch das BetrVG 1952 auf ein bescheidenes Maß zurückgestutzt. Zugleich wurde die im Kontrollratsgesetz Nr. 22 angelegte Autonomie beseitigt: Die Beteiligung der Betriebsräte war kein Verhandlungsgegenstand mehr, sondern vom Gesetz vorgegeben, ein entsprechender Streik wäre wegen Verstoßes gegen die betriebliche Friedenspflicht evident rechtswidrig gewesen. § 49 des Gesetzes verbot nicht nur effektive Störungen des Betriebsfriedens, sondern bereits alles, was »geeignet« war, den Betriebsfrieden zu beeinträchtigen. Dies konnte im Extremfall die Verteilung eines Flugblatts sein, über das sich der Arbeitgeber ärgerte.[29] Das BetrVG 1952 beschränkte sich auf die Privatwirtschaft und schuf erstmals eine Trennung vom öffentlichen Dienst, die bis heute fortbesteht.

Die juristische Auseinandersetzung um den sog. Zeitungsstreik bereitete den Boden für die Einfriedung des Streikrechts, die der Große Senat des BAG unter dem Vorsitz von Nipperdey 1955 vornahm.[30] Seither sind Streiks nur noch zulässig, wenn es um den Abschluß eines (besseren) Tarifvertrags geht. Politische wie sogenannte wilde Streiks sind

---

duktion erkennt die Republik den Arbeitenden das Recht zu, in den vom Gesetz bestimmten Formen und Grenzen an der Leitung der Unternehmen mitzuwirken.« Beides zitiert nach: Die Verfassungen der EG-Mitgliedstaaten, dtv-Textausgabe 1990.

[29] BAG AP Nr. 2 zu § 13 KSchG.

[30] BAG AP Nr. 1 zu Art. 9 GG Arbeitskampf.

rechtswidrig, desgleichen im Regelfall auch der von der Gewerkschaft getragene Solidaritätsstreik.[31]

Die Montanmitbestimmung blieb aufgrund der Streikdrohung der Gewerkschaften im Jahre 1951 erhalten,[32] doch war die Struktur nunmehr sehr viel stärker der Halbparität angenähert. Wie später die Biedenkopf-Kommission feststellen konnte, standen die Arbeitnehmervertreter den Investitionsvorhaben durchweg aufgeschlossen gegenüber; die Geschäfte wurden nicht durch irgendwelche Initiativen gestört, die aus dem für alle geltenden Rahmen herausgefallen wären.[33]

Das traditionelle Begründungsmuster

Wo lagen die Ursachen für diese Entwicklung? Üblich ist, zwei wichtige Veränderungen in den politischen Rahmenbedingungen zu nennen.

Die eine lag in Deutschland selbst. Das Bewußtsein der Bevölkerungsmehrheit wandelte sich in der Bundesrepublik von einer »sentimentsozialistischen« zu einer marktwirtschaftlich-antikommunistischen Haltung.[34] Der beginnende wirtschaftliche Aufschwung und Negativerfahrungen mit der »Ostzone« führten zu einer breiten Unterstützung für die Regierung Adenauer, die nach 1953 sogar über eine Zweidrittelmehrheit im Parlament verfügte. Die Rückkehr konservativer Beamter und Richter auf ihre Positionen mag als zusätzliche Verstärkung gewirkt haben. Auch in der Arbeitsrechtswissenschaft waren derartige Erscheinungen zu verzeichnen.[35]

Der zweite wichtige Faktor war die Existenz des Kalten Krieges, der auch nach Beendigung der Berliner Blockade unverändert fortdauerte. Während vorher bei den Westalliierten noch die Vorstellung verbreitet war, die Schwächung westdeutscher Konkurrenten sei nicht unbedingt von Übel, ging es nunmehr darum, ein solides Bollwerk gegen den Osten zu bauen. Allzu große Handlungsmöglichkeiten für die Arbeitnehmer und ihre Gewerkschaften hätte dies eher erschwert, standen letztere doch im Ruf, das Ziel einer anderen Gesellschaftsordnung zu verfolgen.

---

[31] Überblick bei Däubler, Das Arbeitsrecht 1, 15. Aufl., Reinbek 1998, Rn 471ff.

[32] Einzelheiten bei Eberhard Schmidt, Die verhinderte Neuordnung, S. 183ff.

[33] Siehe BT-Drucksache VI/334, S. 44ff. Weitere Angaben bei Däubler, Arbeitsrecht 1, Rn 1297ff.

[34] Dazu Deppe, Das Bewußtsein der Arbeiter. Studien zur politischen Soziologie des Arbeiterbewußtseins, Köln 1971.

[35] Dazu Wahsner KJ 1974, 369ff.

Die Realisierung zentraler gewerkschaftlicher Forderungen als entscheidende Ursache

Nach meiner Auffassung kommt ein dritter Faktor hinzu: Die Entscheidungsträger in den Gewerkschaften wollten in ihrer großen Mehrheit »keine Experimente«, sondern eine gerechte Beteiligung an der Gesellschaft des Aufbaus. Diese wurde gewährt. Alles, was darüber hinausging, war Rhetorik, nicht wirkliche Handlungsmaxime.

Wie war der »gerechte Anteil« beschaffen? Der DGB für die Britische Zone hatte 1948 Vorschläge für »sozialrechtliche Bestimmungen im Grundgesetz« und in den Landesverfassungen erarbeitet,[36] die u.a. dem Parlamentarischen Rat zugeleitet wurden. Es lohnt sich, die insgesamt 21 Forderungen der Reihe nach durchzugehen und sie mit der Realität der fünfziger Jahre zu konfrontieren (Forderungen im folgenden kursiv):

»Das Land tritt für eine zwischenstaatliche Regelung der arbeits- und sozialrechtlichen Gesetzgebung ein, die allen schaffenden Menschen ein allgemeines Mindestmaß der sozialen Rechte sichert.« Die Bundesrepublik trat 1951 der ILO bei und ratifizierte zahlreiche Übereinkommen.[37] Dasselbe tat sie mit der Europäischen Menschenrechtskonvention sowie in den sechziger Jahren mit der Europäischen Sozialcharta.

»Koalitionsfreiheit zur Wahrung und Förderung der Arbeits- und Wirtschaftsbedingungen ist für jedermann und für alle Berufe gewährleistet. Alle Maßnahmen und Abreden, die diese Freiheit einschränken oder zu behindern suchen, sind rechtswidrig.« Die Formulierung findet sich fast wörtlich in Art. 9 Abs. 3 GG wieder.

»Die Gewerkschaften sind die berufenen Vertreter der sozialen und wirtschaftlichen Interessen der Arbeiter, Angestellten und Beamten. Sie sind zur gleichberechtigten Mitbestimmung und Mitwirkung in allen sozialen, wirtschaftlichen und kulturellen Angelegenheiten und Einrichtungen berufen. In den einzelnen Betrieben üben sie Mitbestimmungs- und Mitwirkungsrechte in sozialen, personellen und wirtschaftlichen Fragen in Zusammenarbeit mit den in allen Betrieben von allen Arbeitern, Angestellten und Beamten zu wählenden Betriebsvertretungen aus. Einstellungen, Entlassungen und Versetzungen von Arbeitern und Tarifangestellten bedürfen der Zustimmung der Betriebsvertretung. In Streitfäl-

[36] Abgedruckt bei Mayer-Stuby, Die Entstehung des Grundgesetzes, Köln 1976, S. 319f.
[37] Dazu Lörcher, in: Däubler-Kittner-Lörcher, Internationale Arbeits- und Sozialordnung, 2. Aufl., Köln 1994, S. 196ff.

len entscheidet eine paritätisch besetzte Schiedsstelle unter der Leitung eines unparteiischen Vorsitzenden.« Ob man diese Forderungen in bezug auf die Gewerkschaften als realisiert ansieht, hängt davon ab, ob man den Akzent mehr auf »gleichberechtigte Mitbestimmung« oder auf »Mitwirkung« legt. Tut man letzteres, wird man sie selbst im kulturellen Bereich als realisiert ansehen, sind doch die Gewerkschaften z.B. auch in den Rundfunkräten vertreten. In den Betrieben besitzen sie zwar keine Mitbestimmungs- und Mitwirkungsrechte, doch stehen diese den »Betriebsvertretungen« zu, die zu etwa 4/5 aus Gewerkschaftsmitgliedern bestehen. Ein echtes Defizit besteht lediglich bei der Zustimmung zu Einstellungen, Entlassungen und Versetzungen – von einigen Personalvertretungsrechten abgesehen, ist dieser Zustand bis heute nicht erreicht.

»Das Streikrecht der Gewerkschaften ist gewährleistet. Wer sich an einem gewerkschaftlichen nicht-tarifwidrigen Streik beteiligt, handelt nicht rechtswidrig.« Auch diese Forderung wird zwar nicht vom Grundgesetz, wohl aber von der BAG-Rechtsprechung weitgehend realisiert. Immerhin dürfte sie den von der Gewerkschaft getragenen Solidaritätsstreik miterfassen, insoweit also ein Stückchen über die sozialpartnerschaftliche Normalität hinausgehen.[38]

»Als Gesamtvereinbarungen zur Gestaltung der Arbeitsbedingungen haben die von den Gewerkschaften abgeschlossenen Tarifverträge und die Betriebsvereinbarungen zwischen dem Arbeitgeber und der Betriebsvertretung unabdingbare Wirkung. Eine Allgemeinverbindlichkeitserklärung von Tarifverträgen ist nur mit Zustimmung der Tarifparteien zulässig. Jede Umgehung der in Tarifvertrag oder Betriebsvereinbarung festgesetzten Mindestbedingungen ist rechtswidrig. Der Tarifvertrag geht der Betriebsvereinbarung vor.« Diese Grundsätze sind durch das TVG von 1949 und das BetrVG 1952 realisiert worden.

»Das Schlichtungswesen auf freiwilliger Grundlage ist zu fördern. Zwangstarifverträge sind unzulässig.« Auch hier entspricht die Praxis den gewerkschaftlichen Forderungen.

»In Berufszweigen, in denen die tarifrechtlichen Voraussetzungen fehlen, können aus sozialen Gründen durch paritätische Ausschüsse Mindestarbeitsbedingungen festgesetzt werden. Das Nähere bestimmt das

---

[38] Zu beachten ist allerdings, daß sich das BAG bis 1985 nicht klar zum Solidaritätsstreik geäußert hatte und deshalb zahlreiche Autoren von seiner Zulässigkeit ausgingen.

Gesetz.« Dies ist realisiert durch das Gesetz über Mindestarbeitsbedingungen von 1952.[39] Es auch in der Praxis anzuwenden, scheiterte bisher am gemeinsamen Widerstand von Arbeitgeberverbänden und Gewerkschaften.

»Die Arbeitsbedingungen müssen die Gesundheit, die Freiheit, die Würde, das Familienleben und die kulturellen Ansprüche des Arbeitnehmers sichern.« Arbeitsschutz und Grundrechte am Arbeitsplatz tragen diesem Anspruch im Grundsatz Rechnung.

»Der Lohn muß der Leistung entsprechen und den angemessenen Lebensbedarf des Arbeitenden und seiner Familie decken. Für gleiche Tätigkeit und gleiche Leistung besteht Anspruch auf gleichen Lohn. Dies gilt auch für Frauen und Jugendliche.« Die Arbeitnehmer partizipierten am wirtschaftlichen Aufschwung. In den Jahren von 1950 bis 1971 verfünffachten sich die Bruttoverdienste. Stellt man auf die Nettobeträge ab und berücksichtigt auch die Inflationsrate, so ergibt sich für denselben Zeitraum ein Anstieg auf das 2 1/2-fache.[40] Wer im Jahre 1950 1.000 DM verdiente, verfügte gut 20 Jahre später bei gleicher Kaufkraft über 2.500 DM. Einen solchen wirtschaftlichen Aufstieg hatte es niemals zuvor gegeben.

»Die Vierzig-Stunden-Woche ist die regelmäßige Arbeitszeit. Wenn es das allgemeine Interesse erfordert, kann die Arbeitszeit durch Gesetz oder Tarifvertrag verlängert werden. In die Arbeitszeit fallende gesetzliche Feiertage sind mit vollem Arbeitsentgelt zu vergüten. Für jeden Arbeitnehmer ist ein bezahlter Erholungsurlaub von mindestens 12 Tagen gewährleistet.« Die Vierzig-Stunden-Woche wurde für die meisten erst in den 60er Jahren erreicht. Wichtige Schritte zur Arbeitszeitverkürzung erfolgten jedoch schon in den fünfziger Jahren. Die volle Lohnfortzahlung an Feiertagen regelte das Feiertagslohnzahlungsgesetz von 1951.[41] Der vierzehntägige Mindesturlaub wurde durch das Bundesurlaubsgesetz von 1963 zum ersten Mal bundesweit festgeschrieben.[42] Vorher galt für die meisten eine entsprechende (oder eine bessere) Regelung durch Tarifvertrag.

---

[39] BGBl I, S. 17.

[40] SOFI, Materialien zur Lebens- und Arbeitssituation der Industriearbeiter in der BRD, Frankfurt/Main 1973, S. 112.

[41] BGBl I, S. 479.

[42] BGBl I, S. 2.

»Unfallverhütung und Gesundheitsschutz sind für alle Arbeitsstätten umfassend zu regeln. Verstöße gegen die einschlägigen Vorschriften und Ausbeutung der Arbeitskraft sind als Vergehen strafbar. Befristete oder dauernde Verbote der Betätigung als Unternehmer oder verantwortliche Aufsichtspersonen können dabei ausgesprochen werden.« Das Arbeitsschutzrecht ist schon in den fünfziger Jahren auf einen ordentlichen Entwicklungsstand gebracht worden. In Extremfällen könnte man Arbeitgebern die Fortführung ihres Betriebes nach § 35 Gewerbeordnung untersagen, doch dürfte es kaum je dazu gekommen sein.

»Frauen und Jugendliche stehen im Arbeitsleben unter besonderem Schutz. Kinderarbeit ist verboten.« Realisiert u.a. durch Art. 6 Abs. 4 GG, das Mutterschutzgesetz[43] und das Jugendarbeitsschutzgesetz.[44]

»Die Freizügigkeit der Arbeitnehmer wird gewährleistet. Ausnahmen können nur im dringenden Allgemeininteresse durch Gesetz und nur auf Zeit vorgesehen werden.« Die Forderung erklärt sich nur historisch, da während des Faschismus auch eine vom Arbeitnehmer ausgesprochene Kündigung der staatlichen Zustimmung bedurfte. Schon in den fünfziger Jahren war die Freizügigkeit selbstverständlich.

»Der Erste Mai ist gesetzlicher Feiertag.« Auch dafür wurde in der Bundesrepublik sehr schnell gesorgt.[45]

»Keinem Arbeitnehmer kann ohne hinreichende sachliche Gründe das Arbeitsverhältnis gekündigt werden.« Das KSchG von 1951 realisierte in seinem Anwendungsbereich diesen Grundsatz. Ausgenommen blieben allerdings Kleinstbetriebe mit weniger als sechs Beschäftigten.

»Wer in einem Arbeitsverhältnis als Arbeiter, Angestellter oder Beamter steht, hat das Recht auf die zur Wahrnehmung staatsbürgerlicher Rechte und zur Ausübung ihm übertragener öffentlicher Ehrenämter nötige freie Zeit. Der Anspruch auf Vergütung bleibt erhalten, soweit nicht eine den Verdienstausfall ausgleichende Entschädigung gewährt wird.« Vgl. § 616 BGB und die dazu ergangene Rechtsprechung.[46]

»Für alle arbeitsrechtlichen Streitigkeiten sind paritätisch besetzte Arbeitsgerichte zuständig. Das Verfahren vor ihnen ist so zu gestalten, daß die Streitigkeiten schnell und billig erledigt werden. Die Arbeitsge-

---

[43] Vom 24. Januar 1952, BGBl I, S. 69.
[44] Vom 9.8.1960, BGBl I, S. 665.
[45] Sämtliche Feiertagsgesetze der Länder erklären den 1. Mai zum gesetzlichen Feiertag (abgedruckt in Nipperdey, Arbeitsrecht, Nr. 253 ff.)
[46] Überblick bei Däubler, Das Arbeitsrecht 2, 11. Aufl., Reinbek 1998, Rn 849f.

richte werden verwaltungsmäßig in die staatliche Arbeitsverwaltung eingegliedert.« Auch dies ist im wesentlichen durch das ArbGG 1953 realisiert worden. »Schnelle und billige« Erledigung läßt sich den Gerichten bei etwas Wohlwollen bescheinigen.

»Bis zum Erlaß einer umfassenden Reichsversicherung ist eine für das ganze Volk verbindliche Sozialversicherung zu schaffen, die den einzelnen bei Krankheit, Unfall oder Invalidität, bei Alter und unverschuldeter Arbeitslosigkeit vor Not und Sorge schützt. Die Sozialversicherung hat auch die Aufgabe, den Gesundheitszustand des Volkes durch vorbeugende Maßnahmen zu heben und Schwangeren und Wöchnerinnen jede erforderliche Hilfe zu gewähren. Die Leistungen müssen den notwendigen Lebensunterhalt sichern. Die Selbstverwaltung der Versicherten wird in allen Versicherungszweigen durchgeführt. Die Organe werden in allgemeiner, gleicher und geheimer Wahl gewählt. Das Nähere bestimmt das Gesetz.« Ob wirklich eine »Volksversicherung« im modernen Sinn gemeint war, wird man bezweifeln können. Eine einheitliche Sozialversicherung wurde nicht geschaffen, doch waren bei allen nicht nur geringfügig Erwerbstätigen die angesprochenen Risiken in angemessenem Umfang abgedeckt. Die Rentenversicherung war seit 1957 am bisherigen Lebensstandard ausgerichtet, während sie zuvor eher Zuschußfunktion hatte.[47] Auch die Selbstverwaltung wurde gewährleistet, zumal eine ausschließliche Verwaltung durch die Versicherten nicht direkt gefordert wurde.

»Auf soziale Fürsorge aus öffentlichen Mitteln hat jeder für sich und seine unterhaltsberechtigten Angehörigen Anspruch, wenn er körperlich oder geistig nicht in der Lage ist, den notwendigen Lebensunterhalt selbst zu erwerben oder aus vorhandenem Vermögen zu bestreiten oder wenn er keinen gesetzlichen oder anderweitigen Anspruch auf Lebensunterhalt hat.« Der Anspruch auf Sozialhilfe wurde durch das BSHG von 1961 realisiert. Vorher war der Anspruchscharakter insoweit relativ, als der einzelne nur verlangen konnte, nicht ohne sachlichen Grund von allgemein praktizierten Leistungen ausgeschlossen zu werden.

Die »Verlustliste« ist ersichtlich relativ bescheiden. Daran ändert sich auch nichts, wenn man die an der Spitze stehende Grundsatzforderung einbezieht, wo es heißt: *»Die Arbeit ist die persönliche Leistung des*

---

[47] Dazu Zacher, in: Blüm-Zacher (Hrsg.), 40 Jahre Sozialstaat Bundesrepublik Deutschland, Baden-Baden 1989, S. 47f.

einzelnen für die Gesellschaft. Sie darf nicht als Ware gewertet werden. Die arbeitenden Menschen stehen unter dem besonderen Schutz des Landes. Dieser Schutz hat den Vorrang vor dem Schutz materiellen Besitzes. Es sind von Staats wegen alle erforderlichen Maßnahmen zu treffen, um die Vollbeschäftigung sicherzustellen.«

Gerade im letzten Punkt war man bis zum Ende der fünfziger Jahre in bemerkenswertem Maße erfolgreich, auch ohne daß man einen Vorrang vor materiellem Besitz hätte reklamieren müssen. Der »besondere Schutz« der Arbeitskraft ließ sich unschwer mit dem Arbeitsschutzrecht identifizieren, das einen guten Ruf hatte (und hat), obwohl die Unfallzahlen um ein Mehrfaches höher lagen als heute.[48]

Schließlich bleibt die Forderung nach einem einheitlichen Arbeitsrecht, die 1948 an zweiter Stelle stand: *»Es ist für ganz Deutschland ein einheitliches, für alle Arbeiter, Angestellten und Beamten geltendes Arbeitsrecht zu schaffen, das in einem deutschen Arbeitsgesetzbuch zusammenzufassen ist.«* Die Sehnsucht nach einem einfachen, klaren und leicht zu handhabenden Gesetzbuch, das die Rätsel des Alltags löst, ist eine ebenso utopische wie noch immer lebendige Forderung. Doch niemand dachte daran, allein wegen einer solchen Frage auf Distanz zur etablierten Ordnung zu gehen. Die Forderung war weit davon entfernt, »streikfähig« zu sein.

Die Gewerkschaft bekam im Grunde, was sie wirklich wollte. Hier liegt die dritte und entscheidende Ursache für die Aussöhnung mit den Spielregeln des Adenauer-Staates.

Der Aufbruch in der Ära Brandt

Notwendige Anpassung

Die sechziger Jahre hatten auch im Arbeitsrecht einen Reformstau erzeugt. Die seit 1966 amtierende Große Koalition hatte nur das Arbeitsförderungsrecht und die Lohnfortzahlung im Krankheitsfall angepackt, daneben aber Wesentliches unerledigt gelassen. In den Jahren von 1969

---

[48] Die höchste Unfallziffer war im Jahre 1961 mit 3.187.614 zu verzeichnen, was 13,1 Unfällen pro 100 Vollarbeiter im Jahr entsprach. Heute beträgt diese Zahl 4,8. Nachweise bei Däubler, Arbeitsrecht 2, Rn 384.

bis 1974 nahm der Gesetzgeber einen Umbau vor, den später auch die christlich-liberale Regierung nicht grundsätzlich in Frage stellte.

■ Die Mitbestimmungsrechte nach dem BetrVG 1952 hatten sich als zu eng erwiesen. Deutlich wurde dies bei der Umstrukturierung von Unternehmen wie bei der Einführung neuer Techniken. Das BetrVG 1972 schuf hier Abhilfe und lockerte auch ein wenig die extrem sozialpartnerschaftliche Ausrichtung des Gesetzes von 1952. Immerhin war nunmehr die gewerkschaftliche Betätigung des einzelnen Betriebsratsmitglieds frei, und selbst über wirtschafts- und sozialpolitische Fragen durfte auf Betriebsversammlungen geredet werden, sofern ein unmittelbarer Bezug zum Betrieb gegeben war.

■ Das 1974 erlassene Gesetz über Betriebsrenten macht Anwartschaften nach zehn Jahren unverfallbar. Vorher konnte es passieren, daß ein Arbeitnehmer durch eine verhaltensbedingte Kündigung von einem Tag auf den anderen alles verlor, was er in 35 Jahren aufgebaut hatte.

■ Der gesetzliche Mindesturlaub wurde 1974 auf drei Wochen erhöht.

■ Im selben Jahr wurde das Konkursausfallgeld beschlossen, wonach ein Arbeitnehmer rückständige Lohnansprüche aus den letzten drei Monaten vor Eintritt der Insolvenz vom Arbeitsamt erstattet erhält.

■ Das Arbeitnehmerüberlassungsgesetz von 1972 beschränkt die Leiharbeit und will »Menschenhändlern« das Handwerk legen.

Die Unternehmensmitbestimmung war in der Ära Brandt nicht mehr unter Dach und Fach gebracht worden: Der Koalitionspartner FDP hatte heftig gemauert, viele renommierte Verfassungsrechtler waren mobilisiert worden, die die paritätische Mitbestimmung für verfassungswidrig erklärten. Die Folge war, daß 1976 das »Mitbestimmungsgesetz« verabschiedet wurde, das hinter der Parität weit zurückbleibt. Zwar sind Kapital und Arbeit in den Aufsichtsräten von AGs und GmbHs mit mehr als 2000 Arbeitnehmern durch eine gleiche Zahl von Personen vertreten, doch ist dies reine Kosmetik: Zur Arbeitnehmerbank zählt auch der Vertreter der leitenden Angestellten, der in der Regel die Vorstandsposition unterstützen wird. Sollte dies einmal nicht der Fall sein, bleibt das sogenannte Zweitstimmrecht des Aufsichtsratsvorsitzenden, der grundsätzlich von der Anteilseignerseite gestellt wird: Nach einem Patt findet eine weitere Abstimmung statt, bei der er eine zweite Stimme besitzt.

Ansätze über den Tag hinaus

Die »Modernisierungsleistung« insbesondere im ersten Teil der sozialliberalen Zeit darf nicht darüber hinwegtäuschen, daß es in der Gesellschaft wie in den Gewerkschaften auch Vorstellungen gab, die über ein solches Stück verbesserter Marktwirtschaft hinausreichten. Vier Punkte seien erwähnt.

- Die Aussperrung sollte verboten werden, sei es durch Gesetz, sei es durch eine revidierte BAG-Rechtsprechung. Während in der Vergangenheit die Gewerkschaften nur einmal (1963) von einer Flächenaussperrung betroffen waren, drohte nunmehr der systematische Einsatz dieses Mittels durch die Arbeitgeberseite. In der deutschen Tradition, wonach jeder Streikende und jeder Ausgesperrte von seiner Gewerkschaft eine finanzielle Unterstützung erhält, läuft dies auf eine Erpreßbarkeit der Gewerkschaft hinaus.[49]
- Das Streikverbot für Beamte wurde in beträchtlichen Teilen des öffentlichen Dienstes, insbesondere von den Lehrern, nicht mehr als zeitgemäß angesehen. Die Arbeitssituation der Arbeitnehmer und der Beamten hatte sich weithin angeglichen, Beamtenprivilegien wie die Unkündbarkeit hatten in Zeiten der Vollbeschäftigung an Bedeutung verloren. Warum sollte man nicht genau wie Beschäftigte in Schweden, Frankreich und Italien die Arbeit niederlegen können?
- Die Unternehmensmitbestimmung wollte nicht nur die Zusammensetzung des Aufsichtsrats von Großunternehmen ändern. Der Gedanke eines vom Vertrauen der Arbeitnehmerseite getragenen Arbeitsdirektors hätte sehr viel mehr bewirken können: Da sich seine Zuständigkeit auf soziale und personelle Angelegenheiten konzentriert, wären normale betriebliche Karrieren von seiner Unterstützung abhängig geworden. Loyalität wäre plötzlich in einer ganz anderen als der bisherigen Richtung notwendig gewesen; Engagement in der Gewerkschaft hätte sich karrierefördernd ausgewirkt. Dies spielte in der öffentlichen Diskussion kaum eine Rolle, wurde jedoch von klugen Arbeitgebervertretern erkannt und zu einem verfassungsrechtlichen Einwand verarbeitet: Eine solche Unternehmensverfassung nehme der Arbeitgeberseite die »Konfronta-

[49] Dazu Klaus Bertelsmann, Aussperrung. Eine Untersuchung ihrer Zulässigkeit unter besonderer Berücksichtigung ihrer geschichtlichen Entwicklung und Handhabung in der Praxis, Berlin 1979.

tionsfähigkeit«, die notwendige Voraussetzung der durch Art. 9 Abs. 3 GG garantierten Arbeitsverfassung sei.[50]

■ Einen Aufbruch zu neuen Ufern schien zunächst auch die Schulung und Fortbildung von Betriebsratsmitgliedern nach § 37 Abs. 6 und 7 BetrVG zu bringen. Das Verlassen überkommener Denkschablonen hatte die Studentenbewegung vorgemacht; in den Betriebsräten gab es viele Menschen, die die Möglichkeit gesellschaftspolitischer Alternativen wiederentdeckt hatten. Konnte man nicht auch aus der Geschichte der Arbeiterbewegung lernen, aus den Erfahrungen der Kollegen im Ausland, aus den Büchern jener Vertreter der Studentenbewegung, die die Sprache der Praxis noch nicht ganz abgelegt hatten? Für viele waren gewerkschaftliche Schulungen ein Mittel, das Funktionieren und die Veränderbarkeit der bestehenden Gesellschaft zu begreifen.

Den alternativen Ansätzen der siebziger Jahre ging es nicht anders als denen der Zeit nach 1945. Im Grunde war es sogar leichter, sie »unschädlich« zu machen, weil sie Sache einer Minderheit waren und nie eine Verankerung im geltenden Recht erfahren hatten. Wo es keine Parlamentsmehrheiten und nicht einmal solide Gewerkschaftstagsbeschlüsse gibt, bildet sich bestenfalls ein Netz von Gleichgesinnten, aber keine dauerhaft wirksame politische Kraft. Dennoch: Argumente und Konzepte können wirksam werden, solange es abhängige Arbeit gibt. Schon ein Regierungswechsel in Bonn kann neue Grundlagen und eine neue Diskussionskultur schaffen.

---

50 Zöllner-Seiter ZfA 1970, S. 97ff.

Frank Deppe

Von der Wirtschaftsdemokratie zur Standortpflege

Der Preis der neuen Sozialpartnerschaft

1.

Zum Ende des Jahrhunderts haben Bilanzen Konjunktur. Besonders pessimistisch und düster fallen in der Regel Bilanzen der Geschichte des Sozialismus im 20. Jahrhundert aus. Während die Gegner des Sozialismus sich als die »Sieger der Geschichte« feiern, prognostizieren seine Anhänger einen Weg in die »Dunkelheit«, wenn es nicht gelingt, den »entfesselten Kapitalismus« erneut zu bändigen.[1] Die »Sozialismusmodelle« im Gefolge der russischen Oktoberrevolution von 1917 und in verschiedenen Regionen der »Dritten Welt« (nach 1945) sind gescheitert. Die neunziger Jahre stehen unter dem Eindruck der »Erfolgsstory« des regenerierten US-amerikanischen Kapitalismusmodells.

Spuren der 100-jährigen Geschichte des Sozialismus werden nunmehr vor allem in den Gesellschaften und politischen Systemen der in der Europäischen Union zusammengeschlossenen 15 Staaten Westeuropas und Skandinaviens entdeckt. Hier ist der moderne Sozialismus theoretisch und praktisch entstanden; hier entwickelte er die charakteristische Form des Zusammenwirkens von politischer Massenpartei, Gewerkschaften, Genossenschaften und Kulturorganisationen; und hier bestehen auch noch starke sozialdemokratische oder sozialistische Parteien sowie – geschwächte, aber im internationalen Vergleich noch relativ starke – Gewerkschaften, die aus der Geschichte der sozialisti-

---

[1] So der Schluß des Buches von Eric Hobsbawm, Age of Extremes, London 1994, S. 585.

schen Arbeiterbewegung hervorgegangen und dieser (mehr oder weniger bewußt) verbunden sind. Der britische Historiker Donald Sassoon hat in seiner monumentalen, der Sozialdemokratie freundlich gesinnten, aber doch auch nüchternen Analyse der Geschichte der westeuropäischen Linken im 20. Jahrhundert die »Zivilisierung des Kapitalismus« als deren wichtige Leistung bezeichnet.[2] Folgewirkungen des westeuropäischen Sozialismus sind demnach auch in jenem »europäischen Gesellschaftsmodell« nachzuweisen, zu dem – nach Auffassung der EU-Kommission im »Weißbuch zur Sozialpolitik« (1994) – »Demokratie und Persönlichkeitsrechte, Tariffreiheit, Marktwirtschaft, Chancengleichheit für alle sowie soziale Sicherheit und Solidarität« zählen. Daher könnte – so z.B. Pierre Bourdieu[3] und Peter von Oertzen[4] – die strategische Orientierung auf »ein neues Sozialstaatsprojekt auf der europäischen Ebene« zum Fokus einer erneuerten europäischen Linken werden.

2.

Die »Zivilisierung« des Kapitalismus war ein Ergebnis des Klassenkampfes. Der »Klassenkompromiß« zwischen Kapital und Arbeit, der für die sog. »Golden-Age«-Periode des westlichen Kapitalismus zwischen dem Ende des Zweiten Weltkrieges und der Auflösung des Bretton-Woods-Systems (1973) Bestand hatte, war zunächst einmal Resultat des Machtzuwachses der politischen Linken und der Gewerkschaften nach 1945, der von Seiten des »Kapitals« – genauer vom Management, seinen Wirtschaftsverbänden und den konservativen und liberalen Parteien, die für die Freiheit des Privateigentums und der Märkte eintraten – anerkannt werden mußte. Dazu kam – wie schon nach dem Ende des Ersten Weltkrieges – die Furcht vor einer Radikalisierung des Klassenkampfes und einer Stärkung der Kommunisten im Westen, die – vor dem Hintergrund der Systemkonkurrenz und der Stärkung der Sowjetunion im Ergebnis des Zweiten Weltkrieges – als eine Bedrohung der »freiheitlichen Ordnung« angesehen wurde.

---

[2] Donald Sassoon, One Hundred Years of Socialism. The West European Left in the Twentieth Century, London 1997, S. 767.

[3] Pierre Bourdieu u.a., Perspektiven des Protests. Initiativen für einen europäischen Wohlfahrtsstaat, Hamburg 1997.

[4] Peter von Oertzen, Die Rolle der SPD ist erschöpft. Interview über Parteidemokratie und außerparlamentarische Bewegungen, in: Sozialismus, 6/1998, S. 4ff.

Allerdings lag nach den Erfahrungen der Weltwirtschaftskrise nach 1929, des Faschismus und des Krieges auch die Anerkennung des Staatsinterventionismus, der Vollbeschäftigungspolitik, der antizyklischen Wirtschaftspolitik und von sozialen Grundsicherungen im Interesse der Selbsterhaltung der kapitalistischen Wirtschafts- und Gesellschaftsordnung. John M. Keynes und Lord Beveridge waren schließlich keine Sozialisten, sondern Liberale, die die bürgerliche Ordnung durch den Interventions- und Wohlfahrtsstaat gegen Sozialismus und Kommunismus immunisieren wollten.

Donald Sassoon hat diese Interessenkonstellation für die Zeit nach 1945 folgendermaßen charakterisiert: »Der Wohlfahrtsstaat kann also auch als eine Antwort auf die Bedürfnisse des entwickelten Kapitalismus und besonders auf die Tatsache angesehen werden, daß der private Sektor aus sich selbst heraus unfähig ist, die Reproduktion aller Produktionsbedingungen zu gewährleisten – und dazu gehören: eine ideologisch nicht feindlich gesinnte Arbeiterschaft, die arbeitswillig ist und die nicht – aus ihren Löhnen – Vorsorge für ihre eigene Gesundheit und ihre zukünftige Alterssicherung treffen muß; eine effiziente Infrastruktur im Bereich des Transports und der Erziehung und Ausbildung; und die kostengünstige Versorgung mit Grundstoffen, wie z.B. Gas und Elektrizität. Daher stabilisiert der Wohlfahrtsstaat, während er den Lebensstandard der Arbeitnehmer verbessert, zugleich das kapitalistische System unter ökonomischen, sozialen und politischen Gesichtspunkten. Darin liegt das unentrinnbare Dilemma, mit dem die sozialistische Bewegung seit ihren Anfängen konfrontiert war: Werden die Erfolge, die als Reformen zur Verbesserung der Lebensbedingungen der Bevölkerung dem Kapitalismus abgerungen werden, zugleich den Kapitalismus selbst stabilisieren und legitimieren? Werden kurzfristige Erfolge die Voraussetzungen für die langfristige Überwindung des Systems unterminieren?«[5]

3.

Die »industrielle Demokratie« bzw. die »Wirtschaftsdemokratie« bildeten gleichsam das Kernstück gewerkschaftlicher Reformprogramme. Soziale Grund- und Bürgerrechte – z.B. das Recht auf Arbeit, Gesundheit, Schutz im Alter und eine qualifizierte Ausbildung – sollen in der

[5] D. Sassoon, a.a.O., S. 138.

Verfassung verankert werden und so das Handeln des Staates binden (»Sozialstaatsgebot«). Durch die Betriebsverfassung hingegen werden die Arbeitsbeziehungen, die Partizipations- und Kontrollrechte der Lohnabhängigen, die Rechte ihrer Interessenvertretung und der Gewerkschaften geregelt. Die Unternehmensmitbestimmung, die in der Programmatik und Politik der deutschen Gewerkschaften eine besondere Rolle spielte, war auf die Verwirklichung der »Parität« von Kapital und Arbeit bei der Leitung der Großunternehmungen und Aktiengesellschaften gerichtet.

Das Konzept der »Wirtschaftsdemokratie« (Naphtali u.a.) war – in der Weimarer Republik – das Programm einer sich als sozialistisch verstehenden Richtungsgewerkschaft. Sein Ausgangspunkt war die Kritik an der Unzulänglichkeit der (formalen) politischen Demokratie, die mit der Novemberrevolution in Deutschland errungen war. Dazu kam die Kritik der »wirtschaftlichen Autokratie«. »Naphtalis antikapitalistische Strategie ging aus von einem doppelten Ansatz des gewerkschaftlichen Kampfes: von der Notwendigkeit gewerkschaftlicher Forderungen an den Gesetzgeber hier, von der Möglichkeit der Durchsetzung demokratischer Rechte, des Aufbaus demokratischer Wirtschaftsformen durch die organisierte Arbeiterschaft dort«.[6]

Der IG Metall-Vorsitzende Otto Brenner hatte im Jahre 1961 Naphtalis Konzept der »Wirtschaftsdemokratie« als eine schrittweise Transformation aller Gebiete des sozialen Lebens charakterisiert – »und auf allen kämpft die Arbeiterbewegung um neue Rechte und mehr Demokratie. Der Ausbau wirtschaftlicher Selbstverwaltungskörper, die Förderung der öffentlichen Betriebe, der Konsumgenossenschaften und der gewerkschaftlichen Eigenbetriebe, Demokratisierung der Organe staatlicher Wirtschaftspolitik, die Ausgestaltung des kollektiven Arbeitsrechts, die sozialpolitische Selbstverwaltung, die Kräftigung der Betriebsräte und die Durchbrechung des Bildungsmonopols – all das sind Stationen auf dem Wege«.[7]

Noch Anfang der fünfziger Jahre hatte Wolfgang Abendroth die Auffassung vertreten, daß die Erweiterung der Demokratie zur Wirtschafts-

[6] Vgl. u.a. Rudolf Kuda, Das Konzept der Wirtschaftsdemokratie, in: H.O. Vetter, Hrsg., Vom Sozialistengesetz zur Mitbestimmung, Köln 1975, S. 253ff., hier S. 274.

[7] Otto Brenner, Die Mitbestimmung der Arbeitnehmer in Idee und Wirklichkeit, in: ders., Gewerkschaftliche Dynamik in unserer Zeit, Frankfurt/Main 1966, S. 101ff., hier S. 111.

demokratie eine entscheidende Bedingung sei, um – in Krisenperioden – die Liquidierung der politischen Demokratie durch die »kapitalistischen Machtgruppen« zu verhindern. »Die Geschichte der Weimarer Republik hat deutlich gezeigt, wie unkontrollierte wirtschaftliche Machtzusammenballung in der Hand großer kapitalistischer Machtgruppen im Zusammenhang unkontrollierter administrativer und militärischer Gewalt in der Hand von Schichten, die sich den Trägern der wirtschaftlichen Macht verbunden fühlen, zunächst durch fast monopolistische Verfügung über die Meinungsbildungsapparate der modernen Gesellschaft die Demokratie aushöhlt und sie dann gewaltsam sprengt, wenn in Zeiten wirtschaftlicher oder politischer Krisen die Sinnwidrigkeit des traditionellen Systems der wirtschaftlichen Machtverteilung allzu deutlich vor Augen geführt wird. Die formale Demokratie ist nur dann politisch gesichert, wenn sie durch aktive Beteiligung eines jeden am ständigen politischen Meinungsbildungsprozeß, durch lebendige Selbstverwaltung der Gesellschaft und des Staates Inhalt gewinnt«.[8]

Nach 1945 verstand sich die Einheitsgewerkschaft, der DGB, nicht länger als sozialistische Richtungsgewerkschaft. Und doch wurde beim Gründungskongreß des DGB (München 1949) die »Mitbestimmung der organisierten Arbeitnehmer in allen personellen, wirtschaftlichen und sozialen Fragen der Wirtschaftsführung und Wirtschaftsgewalt« als Teil einer Programmatik der Gesellschaftsreform («Neuordnung« von Wirtschaft, Gesellschaft und Staat) eingefordert, die Vollbeschäftigungspolitik, Wirtschaftsplanung, Überführung der Schlüsselindustrien in Gemeineigentum und die Sozialpolitik – zusammen mit der Mitbestimmung – als eine Einheit definierte. Nach den Auseinandersetzungen um die Montanmitbestimmung (1950/51) und das Betriebsverfassungsgesetz (1952) ging dieser Zusammenhang zunehmend verloren. Fortan beschränkte sich die »Mitbestimmung ... im wesentlichen darauf, eine Plattform zur besseren Durchsetzung der Arbeitnehmerinteressen im Betrieb und Unternehmen zu schaffen«.[9] Darin reflektierte sich zugleich die Niederlage, die die Gewerkschaften bis Mitte der fünfziger Jahre in den Auseinandersetzungen um die »Neuordnung« nach dem Kriege hatten hinnehmen müssen.

---

[8] Wolfgang Abendroth, Die deutschen Gewerkschaften, Heidelberg 1954, S. 96.

[9] Detlef Hensche, Zur aktuellen Mitbestimmungs-Diskussion, in: H. O. Vetter (Hrsg.), Vom Sozialistengesetz zur Mitbestimmung, a.a.O., S. 465ff., hier S. 466.

4.

Den Grundgedanken, auf dem die gewerkschaftliche Programmatik der Mitbestimmung seit ihren Anfängen beruht, rekapitulierte Otto Brenner wie folgt: »Die Forderung nach Mitbestimmung ist historisch entstanden in einer Wirtschaftsordnung, die auf dem privaten Besitz an Produktionsmitteln beruht, auf der Trennung des Arbeiters von den Produktionsmitteln und dem Produkt seiner Arbeit und auf dem damit gegebenen Übergewicht der Produktionsmittelbesitzer«.[10] Gewerkschaften sind Schutzverbände, die durch die kollektive Organisation der Interessen die Ohnmacht der Individualisierung überwinden und eine Macht gegen die Übermacht des Kapitals bilden. Als politische Bewegung kämpfen sie nicht allein für die unmittelbare Verbesserung der Arbeits- und Lebensbedingungen der abhängig Beschäftigten (Löhne und Arbeitszeit), sondern auch für die Institutionalisierung (d.h. vor allem für die gesetzliche Regelung) des Schutzes und der Gegenmacht. Der kapitalistischen Wirtschafts- und Gesellschaftsordnung sind die strukturelle Überlegenheit derjenigen Klasse, die über die Produktionsmittel verfügt, ebenso wesenseigen wie der daraus resultierende Interessengegensatz zwischen Kapital und Arbeit, der durch die Institutionalisierung sowie unmittelbaren gewerkschaftlichen Schutz und Gegenmacht nicht aufgehoben, sondern »zivilisiert« wird. Die jeweils historisch konkreten Formen der Systeme der industriellen Beziehungen und der Mitbestimmung sind daher zugleich Formen der Artikulation des jeweiligen gesellschaftlichen und politischen Kräfteverhältnisses zwischen Kapital und Arbeit.

Im Jahre 1973 faßte der DGB-Vorsitzende Heinz O. Vetter, dessen Grundsatzreferate in der Abteilung Gesellschaftspolitik unter der Leitung von Detlef Hensche ausgearbeitet wurden, die »Grundlagen der Gewerkschaftsbewegung« ganz in diesem Sinne zusammen: »Wir stehen heute wie vor hundert Jahren vor demselben Tatbestand: der sozialen Unterlegenheit und Abhängigkeit des Arbeitnehmers. Er muß seine Arbeitskraft verkaufen ... Als einzelner auf sich allein gestellt, ist er der Übermacht derer ausgeliefert, die über Kapital und Eigentum an den Produktionsmitteln verfügen. Erst solidarisch und mit Hilfe gemeinsamer Aktionen vermögen wir Unterdrückung, Abhängigkeit und Ausbeutung aufzuheben... Nur kollektiv können wir der gesellschaftlichen Übermacht der Gegenseite eigene Macht entgegenstellen... Seit ihrer Ent-

---

[10] Otto Brenner, a.a.O., S. 103.

stehung stehen die Gewerkschaften unter der doppelten Aufgabe, als Selbsthilfe- und Kampforganisationen ihren Mitgliedern Schutz vor den Folgen ihrer wirtschaftlichen und gesellschaftlichen Unterlegenheit zu gewähren sowie als politische Bewegung die gesellschaftlichen Bedingungen der Abhängigkeit und Unterprivilegierung der Arbeitnehmerschaft aufzuheben«.[11]

5.

In der zweiten Hälfte der siebziger Jahre, in der Auseinandersetzung um das »Mitbestimmungsgesetz« der damals regierenden sozialliberalen Koalition (1976), hatte sich diese Positionsbestimmung der Gewerkschaften noch einmal in der Praxis bestätigt. Die Gewerkschaften waren von der SPD-geführten Regierung enttäuscht, weil es trotz erheblichen Drucks von Seiten des DGB nicht gelungen war, eine »echte Parität« gegen den Koalitionspartner FDP durchzusetzen. Auf der anderen Seite entfachten die Unternehmerverbände eine Kampagne gegen den angeblich drohenden »Gewerkschaftsstaat«. Ihre Klage gegen das Gesetz wurde vom Bundesverfassungsgericht am 1. März 1979 abgewiesen. Der DGB war – als Protest gegen den Konfrontationskurs der Unternehmer – aus den seit 1967 bestehenden Gremien der »Konzertierten Aktion« ausgetreten.[12]

In dieser Auseinandersetzung bestätigte sich erneut, daß Kompromisse auf dem Felde der »industriellen Demokratie« Ergebnis des Klassenkampfes sind und zugleich eine historisch spezifische Konstellation der Klassenkräfte reflektieren. Die Reformen der sozialliberalen Koalition seit 1969 waren, trotz der Kritik von Seiten der Gewerkschaften, Ausdruck einer – auch international wirksamen – Verschiebung der Kräfteverhältnisse nach links. Daraus ergab sich die Politisierung der Auseinandersetzungen um die Mitbestimmung. Der Doppelcharakter solcher Reformen wurde dadurch freilich nicht aufgehoben; zumal das Konzept der paritätischen Mitbestimmung – seit dem Montanmitbestimmungsgesetz (1951) und vor allem durch die Praxis der Montanmitbestimmung – nicht als Kampfposition der Arbeiterbewegung, sondern als institutio-

---

[11] Heinz O. Vetter, Rede auf dem 3. a.o. Kongreß des DGB zur Gewerkschafts- und Satzungsreform (1973), zit. n. G. Leminsky und B. Otto, Politik und Programmatik des Deutschen Gewerkschaftsbundes, Köln 1974, S. 66.

[12] Vgl. dazu Frank Deppe u.a. (Hrsg.), Geschichte der deutschen Gewerkschaftsbewegung, 4. Auflage, Köln 1989, S. 607ff.

neller Rahmen für die vertrauensvolle Zusammenarbeit bzw. »Sozialpartnerschaft« von Kapital und Arbeit – zum Wohle des Unternehmens und des Gemeinwohls – begriffen wurde.[13] Dazu kam der § 49 Abs. 1 des Betriebsverfassungsgesetzes (1952), der auch die Tätigkeit der Betriebsräte unter das Gebot der institutionalisierten Sozialpartnerschaft »zum Wohle des Unternehmens« stellte.[14]

Auch die Gewerkschaften beriefen sich bei ihrer Forderung nach erweiterter Mitbestimmung auf die positiven Erfahrungen der Zusammenarbeit von Kapital und Arbeit auf der Grundlage des Gesetzes über die Montanmitbestimmung. So wurde immer wieder argumentiert, daß die Strukturkrisen im Bergbau (seit Anfang der sechziger Jahre) mit den Massenentlassungen und Zechenschließungen ohne die Mitbestimmung zu erheblichen sozialen Spannungen und Konflikten geführt hätten.[15] Solche Argumente ließen erkennen, daß die sozialpartnerschaftliche Praxis der Mitbestimmung zugleich ein »Weg der Integration« war: »vom Verbot, über die Duldung zur Anerkennung und zur Inkorporierung der Koalition« – so Franz Neumann schon im Jahre 1933.[16] Durch die Mitbestimmung und die politische Demokratie – so die Basisprämissen der Integrationsideologie – verändert sich der Charakter der kapitalistischen Wirtschafts- und Gesellschaftsordnung selbst. Die Verelendungstendenz ist ebenso aufgehoben wie der Klassengegensatz von Kapital und Arbeit. Über die Mitbestimmung erfolgt die Transformation des »Proletariers« zum »Wirtschaftsbürger«. Die Gewerkschaften sind nicht länger

---

[13] Ideologisch rekurrierte diese Begründung auf Positionen der katholischen Soziallehre sowie auf programmatische Positionen der Sozialdemokratie, wie sie z.B. im »Godesberger Programm« (1959) vertreten wurden.

[14] Vgl. dazu u.a. Frank Deppe u.a., Kritik der Mitbestimmung, Frankfurt/Main 1969, S. 96ff. Otto Brenner (a.a.O., S. 125) sagte über das Betriebsverfassungsgesetz von 1952 und speziell den Art. 49 Abs. 1: »Die dem Gesetzeswerk innewohnende Ideologie entspricht einer Zeit, die wir 1945 ein für allemal überwunden glaubten. Ein Textvergleich mit dem Gesetz zur Ordnung der nationalen Arbeit vom 20. Januar 1934 macht deutlich, was ich meine«. Es ist die »spezifisch nationalsozialistische Ideologie von der ›Volks- und Betriebsgemeinschaft‹, die dem Gesetz untergeschoben wird«. Vgl. auch die Rede von Peter von Oertzen zum 90. Geburtstag von Otto Brenner im November 1997 in Hannover: Zwischen Tradition und Modernisierung. Otto Brenner und die moderne deutsche Gewerkschaftsbewegung, in: Gewerkschaftliche Monatshefte, 1/1998, S. 48ff.

[15] Manche sagten es deutlicher: die Mitbestimmung verhinderte hier einen Popularitätsgewinn der Kommunisten, deren Partei zwar verboten war, die aber noch in einigen Betriebsräten – vor allem im Ruhrgebiet – vertreten waren.

[16] Zit. n. Frank Deppe, Autonomie und Integration. Materialien zur Gewerkschaftsanalyse, Marburg 1979, S. 128.

autonome Kampforganisationen, die den Kampf um Reformen als Kampf um die Veränderung der Strukturen des Kapitalismus begreifen, sondern sie sind korporative Stabilisatoren der bestehenden Ordnung. Die »befestigte Gewerkschaft« (Goetz Briefs) ist innerhalb der bestehenden – kapitalistischen und demokratischen – Ordnung anerkannt. Dafür verzichtet sie auf antikapitalistische Reformen und bekennt sich zu einer »moderaten« Lohnpolitik. Mehr noch: Sie schaltet die »Radikalen« in ihren eigenen Reihen (in der Regel die Kommunisten) aus und wird so zu einem aktiven Faktor der Systemerhaltung. In der Zeit des Kalten Krieges waren die US-amerikanischen Gewerkschaften der AFL-CIO das Modell der befestigten Gewerkschaften. In der Bundesrepublik folgte seit den siebziger Jahren die damalige IG-Chemie-Papier-Keramik diesem Vorbild. Ihre gesellschaftspolitischen Initiativen z.B. im Bereich der Umweltpolitik sind – als Ausdruck der vertrauensvollen Zusammenarbeit – meist mit den Positionen der Unternehmer abgestimmt.

Das System der Mitbestimmung in der Bundesrepublik Deutschland wurde so zu einem Grundpfeiler des »Modell Deutschland«, das namentlich die SPD und ihr Kanzler Helmut Schmidt in Europa als Vorbild propagierten. Das System der institutionalisierten Sozialpartnerschaft wurde nun als eine wesentliche Voraussetzung für die hohe Produktivität und Wettbewerbsfähigkeit der – stark exportorientierten – bundesdeutschen Wirtschaft anerkannt. Die heftigen sozialen und politischen Auseinandersetzungen der siebziger Jahre, auch die wachsende Kritik in den DGB-Gewerkschaften an der Sozialdemokratie und der von H.O. Vetter 1978 geforderte »Ausbau der autonomen Handlungsmöglichkeiten der Gewerkschaften« ließen freilich erkennen, daß die Auseinandersetzung zwischen den beiden Linien – zwischen einem integrationistischen und einem klassenautonomen Verständnis der Gewerkschaftspolitik und der »industriellen Demokratie« – auch in der Einheitsgewerkschaft selbst zu einem zentralen, heftig umkämpften Feld der Strategiedebatte geworden war.[17]

---

[17] In der Auseinandersetzung um das Mitbestimmungsgesetz veröffentlichte der DGB eine Broschüre mit dem Titel »Mitbestimmung jetzt und keine halben Sachen«, die von Detlef Hensche verfaßt war. Nach heftigen Auseinandersetzungen in der Öffentlichkeit und vor allem im DGB mußte ein Teil der zweiten Auflage eingestampft werden. In dieser Broschüre war die Mitbestimmung als »Kampfaufgabe« definiert.

6.

In den zwei Jahrzehnten nach der letzten letzten großen gesellschaftspolitischen Auseinandersetzung um die Mitbestimmung gab es keine relevanten Initiativen der DGB-Gewerkschaften für eine Novellierung des Mitbestimmungs- (1976) bzw. des Betriebsverfassungsgesetzes (nach der Novelle von 1972). Gelegentlich wird in Publikationen aus dem Ausland auf die »berühmte Mitbestimmung« in Deutschland hingewiesen. Diese erzwinge den »sozialen Dialog« und vermeide dabei Konflikte, was ein Grund für die außerordentliche Wettbewerbsfähigkeit der deutschen Wirtschaft auf dem Weltmarkt sei.[18] Die viel diskutierte EU-Richtlinie über die »Europäischen Betriebsräte« (1994) bleibt weit hinter dem gesetzlich geregelten Stand der Mitbestimmung in Deutschland zurück. Sie ist nicht für die Weiterentwicklung der »industriellen Demokratie«, sondern für die Entwicklung erster Schritte der Information und Kommunikation zwischen betrieblichen Interessenvertretungen und Gewerkschaften auf der Ebene europäischer Konzerne von Bedeutung.[19]

Zwischen den großen Handlungsfeldern gewerkschaftlicher Politik – Tarif- und Sozialpolitik, Arbeitsrecht und Mitbestimmung – ist es in diesem Zeitraum zu einer Schwerpunktverlagerung zu Lasten der Mitbestimmung gekommen. Während von einer Ausweitung der – gesetzlich und institutionell gesicherten – »industriellen Demokratie« nirgendwo die Rede ist, sind die Gewerkschaften auf den anderen Feldern in kräfteraubende Abwehrkämpfe verwickelt. Die Tarifpolitik, die noch in den frühen achtziger Jahren den Erfolg der Arbeitszeitverkürzung erkämpfte (35-Stunden-Woche), muß sich gegen Reallohnverluste stemmen. Die Erosion des Flächentarifvertrages bedeutet nicht allein den Verlust von Regelungskompetenz und Macht, sondern auch die Ausweitung von außertariflichen Niedriglohnsektoren und prekären Beschäftigungsverhältnissen.[20] Die Sozialpolitik sieht sich mit dem seit den frühen achtzi-

---

[18] So z.B. Michel Albert, Kapitalismus kontra Kapitalismus, Frankfurt/New York 1992, S. 114ff.

[19] Vgl. dazu das Schwerpunktheft der Zeitschrift Transfer. European Review of Labour and Research (Brüssel), Vol. 1, No. 2 (April 1995) sowie Thorsten Schulten, European Works Councils, FEG-Arbeitspapier Nr. 14, Marburg 1996; Hans-Wolfgang Platzer, The Europeanisation of Industrial Relations – State and Perspectives of the Academic Debate, in: Alain Lipietz u.a., Labour Markets and Employment Policy in the European Union, FEG-Studie, Nr. 10, Marburg 1997, S. 65-90.

[20] Vgl. dazu Otto König/Sybille Stamm/Michael Wendl (Hrsg.), Erosion oder Erneuerung? Krise und Reform des Flächentarifvertrages, Hamburg 1998.

ger Jahren anhaltenden Abbau des Sozialstaates konfrontiert.[21] Funktionäre der Gewerkschaften vor Ort sind seit Jahren mit Arbeitsgerichtsverfahren überlastet; und doch weiten sich – vor allem in mittleren und kleinen Betrieben – rechtsfreie und damit gewerkschaftsfreie Zonen aus. Die klassischen Schutzfunktionen der Gewerkschaften werden so mehr und mehr ausgehebelt. Die Krise der Gewerkschaften manifestiert sich u.a. in Mitgliederverlusten, schwindender Finanz- und Durchsetzungsmacht. Sie ist eine der Konsequenzen dieser strukturellen Schwäche bzw. Defensive, in die die Gewerkschaften seit den achtziger Jahren geraten sind. Chronische Auszehrung erzeugt weitere Schwäche. Die Organisationen beginnen, Überlebensstrategien zu entwickeln. Die »Organisationsreform« durch den Zusammenschluß zu Großverbänden ist die aus der Sicht der Apparate vordringliche Aufgabe. Für das programmatische Selbstverständnis hatte der DGB-Vorsitzende Schulte schon 1995 – gleichsam zum Auftakt der DGB-Programmdebatte – die Losung »Anpassen oder Untergehen« ausgegeben.[22]

In dieser Schwerpunktverlagerung zeichnet sich eine fundamentale Veränderung der Kräfteverhältnisse der Klassen ab. In der Epoche der neoliberalen Hegemonie, die Ende der siebziger Jahre begann, sind die Gewerkschaften – wie die Organisationen der traditionellen Linken insgesamt – die Verlierer. Der »Klassenkompromiß« der Golden-Age-Periode, der »nationale, keynesianische Wohlfahrtsstaat« (Bob Jessop), ist längst zerbrochen und von Seiten des Kapitals wie des Staates aufgekündigt. In dem Maße, wie die neoliberale Deregulierungspolitik die Gewerkschaften in die Defensive gedrängt hat, wird die Tagesordnung der Verhandlungen zwischen Arbeitgebern und Gewerkschaften durch die »Definitionsmacht« des Weltmarktes beherrscht (»Globalisierung«). Das Management der Transnationalen Konzerne bildet den Kern einer transnationalen Klassenformierung, die zunehmend auch die nationale Ohnmacht politischer Institutionen wie insbesondere der traditionellen Organisationen der Arbeiterbewegung offenlegt. Die wichtigste Determinante der strukturellen Schwäche der Gewerkschaften »von innen«

---

[21] Vgl. dazu u.a. Redaktion Sozialismus/Johannes Steffen/Angela Jansen, Bilanz der Ära Kohl. Sozialabbau und Umverteilung in Zahlen und Infographiken, Supplement der Zeitschrift Sozialismus 5/1998.

[22] Vgl. dazu Forum Gewerkschaften (Hrsg.), Soziale Marktwirtschaft – das Ende der Geschichte? Zur Kritik des Entwurfs für ein neues DGB-Grundsatzprogramm, Supplement der Zeitschrift Sozialismus 6/1996.

ist die ansteigende Massenarbeitslosigkeit mit den daraus resultierenden Prozessen der Entsolidarisierung im Arbeitsprozeß wie in der Gesellschaft. Diese wird ihrerseits durch die »politischen Kulturen« des Neoliberalismus sowie durch die extrem gesteigerte Diffusions- und Deutungsmacht der Medien verstärkt.

7.

Um die Mitte des Jahres 1998 verkündet der DGB, daß die »Mitbestimmung im Aufwind« sei.[23] Am 19. Mai überreichten die Vorsitzenden der gemeinsamen Kommission der Bertelsmann-Stiftung von Reinhard Mohn und der Hans-Böckler-Stiftung des DGB dem Bundespräsidenten in Bonn den Bericht »Mitbestimmung und neue Unternehmenskulturen – Bilanz und Perspektiven«. Der Kommission gehörten prominente Vertreter der Gewerkschaften (D. Schulte, K. Benz-Overhage, H. Schmoldt, M. Mönig-Raane), GBR-Vorsitzende und Arbeitsdirektoren, Vertreter der Arbeitgeberverbände und der Wissenschaft (u.a. W. Streeck, G. Fels, B. Rüthers, H. J. Warnecke) an. Der Sprecher der Böckler-Stiftung feiert den Bericht, vor allem aber den Konsens zwischen den Sozialpartnern über die Vorteile der Mitbestimmung für die deutschen Unternehmen als ein historisches Ereignis: »Wir verfügen mit der Mitbestimmung über ein hervorragendes Instrumentarium, das durch Konsensbildung die kooperative Modernisierung der Wirtschaft ermöglicht, indem es soziale Interessen in ökonomische Entscheidungen einbaut. Daneben bietet uns das duale System von Mitbestimmung und Tarifpolitik eine zukunftsfähige, institutionelle Ausgangsbasis, um, wie es im Bericht heißt, die Verbindung allgemeiner Tarifregelungen mit maßgeschneiderten betrieblichen Lösungen als Gestaltungsaufgabe aller Beteiligten anzupacken«.[24] Die wichtigste Botschaft der Mitbestimmungskommission – so der DGB-Vorsitzende Schulte – lautet: »Die Mitbestimmung hat sich bewährt. Sie ist kein Standortnachteil, sondern ein Standortvorteil, den Arbeitgeber, Gewerkschaften und die Politik gemeinsam ausbauen und stärken müssen«.[25]

Auf den ersten Blick mag es erstaunen, daß führende Vertreter der Arbeitgeber- und Wirtschaftsverbände, die seit Jahren einen Kampf ge-

---

[23] Vgl. Nikolaus Simon, Mitbestimmung im Aufwind, in: Die Mitbestimmung, 6/1998, S. 3.

[24] Ebd.

[25] Dieter Schulte, Eine Basis für den Kompromiß, in: ebd., S. 24.

gen das Tarifvertragssystem, den Sozialstaat und die Mitbestimmung führen, nunmehr die »Vorteile« der Mitbestimmung öffentlich anerkennen. Schon am Anfang des »Berichts« wird dessen allgemeines Ergebnis in einem Satz zusammengefaßt, der allerdings den vorgeblichen Sinneswandel verständlich werden läßt: »Am Ende der neunziger Jahre ist Mitbestimmung in keiner denkbaren Zukunft mehr als etwas anderes als *ein Element der einzelwirtschaftlichen Leitungs- und Entscheidungsstruktur* (»corporate governance«) von am Markt konkurrierenden Unternehmen, unter Berücksichtigung der Interessen und Bedürfnisse aller Beteiligten. In dieser Eigenschaft wird Mitbestimmung heute auch von Arbeitgeberseite nicht mehr grundsätzlich in Frage gestellt«.[26]

Voraussetzung des Konsensus ist also zunächst einmal ein fundamentaler Wandel in der politischen und strategischen Deutung des Mitbestimmungsgedankens durch die beteiligten Gewerkschafter, die dazu noch den Arbeitgebern einen Scheck auf die Zukunft ausstellen (»in keiner absehbaren Zukunft mehr«), ohne daran zu denken, daß ein Gewerkschaftskongreß einmal einer solchen Auffassung widersprechen könnte. In allen früheren Programmen der Gewerkschaften war die Mitbestimmung gerade nicht als »Element der einzelwirtschaftlichen Leitungs- und Entscheidungsstruktur«, sondern als Bestandteil eines Programms zur Demokratisierung der Gesellschaft – auf der Basis der »Wirtschaftsdemokratie« – begriffen worden. In der Präambel des DGB-Grundsatzprogramms von 1981 war daher die folgende Formulierung des Programms von 1963 unverändert übernommen worden: »Die Gewerkschaften kämpfen um die Ausweitung der Mitbestimmung der Arbeitnehmer. Damit wollen sie eine Umgestaltung von Wirtschaft und Gesellschaft einleiten, die die Arbeitnehmer an den wirtschaftlichen, sozialen und kulturellen Entscheidungen gleichberechtigt beteiligt«. Im Abschnitt über die Mitbestimmung wurde ergänzt: »Die Mitbestimmung der Arbeitnehmer muß bei allen wirtschaftlichen, sozialen und personellen Entscheidungen gesichert sein. Sie muß in privaten, öffentlichen und gemeinwirtschaftlichen Unternehmen gelten... Die Mitbestimmung im gesamtwirtschaftlichen Bereich ist zu verwirklichen. Dazu sind in Bund und Ländern sowie auf regionaler Ebene paritätisch mit Vertretern der Arbeitnehmer und der Arbeitgeber besetzte Wirtschafts- und Sozialräte zu errichten«.

---

[26] Bericht der Kommission Mitbestimmung, Gütersloh 1998, S. 7.

Nachdem die »Verbetrieblichung« der Mitbestimmung anerkannt ist, folgt eine Umdefinition ihrer Funktion. Sie schafft eine »Infrastruktur betrieblicher Kooperation«: »Die deutsche Mitbestimmung hat vor allem auch dadurch zu vertrauensvoller Zusammenarbeit zwischen Arbeitgebern und Arbeitnehmern beigetragen, daß sie die Beteiligungsrechte der Belegschaften gesetzlich absichert. Sie hat insbesondere den breiten Einsatz nicht-hierarchischer und informationsintensiver Führungsmethoden und die Entstehung kooperativer Unternehmenskulturen nachhaltig gefördert. Wo Mitbestimmung von beiden Seiten in diesem Sinn verstanden worden ist, hat sie zum Nutzen aller Beteiligten zum Unternehmenserfolg beigetragen. Die zukünftige Entwicklung der Mitbestimmung muß dem Leitbild einer kooperativen, dezentralisierten, beteiligungsorientierten und informationsintensiven Unternehmenskultur verpflichtet sein«.[27]

Die Kritik am Art. 49 Abs. 1 des Betriebsverfassungsgesetzes von 1952 (sowie am § 2 Abs. 1 der Novelle von 1972) ist damit aufgegeben. Die institutionalisierte Sozialpartnerschaft durch »vertrauensvolle Zusammenarbeit« wird nunmehr zum Leitbild der neuen Mitbestimmungspolitik erhoben. Die Kritik (z.B. von Otto Brenner) zielte nicht allein auf den Sachverhalt, daß die Pflicht zur »vertrauensvollen Zusammenarbeit zum Wohle des Unternehmens und des Gemeinwohls« eine konsequente und aktive Interessenvertretung der Arbeiter und Angestellten behindert und daher auch in einem engen Zusammenhang mit der Friedenspflicht nach § 74 Abs. 2 BetrVG steht. Sie beruhte zugleich auf einem Begriff der kapitalistischen Wirtschaft und Gesellschaft, in der die strukturelle Machtasymmetrie zwischen Kapital und Arbeit durch gesetzliche Regelungen und Mitbestimmungsrechte begrenzt werden muß. Die Anerkennung des neuen Leitbildes muß – mehr oder weniger bewußt – von der Ideologie ausgehen, daß in der heutigen Gesellschaft die Interessen von Management und Arbeitnehmern prinzipiell gleich sind.[28] Die-

[27] Ebd., S. 113.

[28] Die Frage nach den Machtbeziehungen zwischen den beteiligten Interessen wird von den beteiligten Wissenschaftlern nicht mehr im Kontext einer kritischen Gesellschafts- bzw. Kapitalismusanalyse diskutiert. Die Analyse von Verhandlungsprozessen (bargaining) sowie von policy-Netzwerken im Mehrebenensystem wird heute in der Regel auf spieltheoretische Modellannahmen begründet, die prinzipiell rationales Verhalten der beteiligten Akteure (rational choice) sowie letztlich deren Gleichrangigkeit unterstellen. Darin drückt sich schon – in den wissenschaftstheoretischen Basisprämissen – die Vorherrschaft des neoliberalen Denkens aus.

se Ideologie erweist sich nicht allein in der Konfrontation mit der alltäglichen Wirklichkeit, sondern auch in der nachfolgenden Bestimmung der Zwecke und Ziele solcher Kooperation als Anerkennung des Arbeitgeberstandpunktes.

Mitbestimmung bewährt sich vor allem in einem Prozeß »kooperativer Modernisierung«, die flexibel auf die Herausforderungen der Innovation und der Weltmarktkonkurrenz reagiert: »Heute steht sie vor der Herausforderung, mit wachsendem Kostendruck, neuen Innovationserfordernissen, verkürzten Entscheidungszeiten und anspruchsvolleren Kapitalgebern in internationaler werdenden Güter- und Kapitalmärkten zurechtzukommen. Hierzu werden sich ihre Strukturen und Verfahrensweisen vielfältig ändern müssen«.[29] Dabei wird besonders die »Praxis der Standortvereinbarungen« gelobt: »Die in zahlreichen Betrieben geschlossenen lokalen ›Bündnisse für Arbeit‹ könnten bei Flankierung durch ein entsprechendes tarifpolitisches Bündnis auf Branchen- oder gesamtwirtschaftlicher Ebene weiter an Wirksamkeit gewinnen. Auf diese Weise könnte sichergestellt werden, daß gewerkschaftliche Zugeständnisse in bezug auf eine Flexibilisierung der Löhne und Arbeitsbedingungen tatsächlich zur Sicherung und Ausweitung von Beschäftigung genutzt werden«.[30] Die Mitbestimmung kann also »durch gemeinsame Gestaltung zu einem deutschen Standortvorteil ausgebaut werden«. Allerdings verlangt der internationale Wettbewerbsdruck »mehr noch als in der Vergangenheit *maßgeschneiderte Lösungen* bei der zunehmend dezentralisierten Organisation ihrer Arbeitsbeziehungen und Entscheidungsprozesse. Als Folge ist damit zu rechnen, daß das gesetzliche Mitbestimmungsrecht weiter auf die prozedurale Regulierung dezentraler Verhandlungsprozesse, auch auf Arbeitsplatzebene, faktisch oder formal zurückgenommen wird. Zugleich verlagert sich der Schwerpunkt der Mitbestimmung mehr noch als bisher von der defensiven Sicherung und Durchsetzung von Rechten *auf die laufende Einbringung von Belegschaftsinteressen* in einen an internationaler Wettbewerbsfähigkeit orientierten Entscheidungsprozeß und die Unterstützung der Umsetzung einvernehmlich beschlossener strategischer Unternehmensentscheidungen«.[31]

---

[29] Bericht, a.a.O., S. 117.
[30] Ebd., S. 116.
[31] Ebd., S. 9/10.

Daraus folgt für das »Zusammenwirken von Mitbestimmung und Tarifautonomie«, daß »Möglichkeiten betriebsnaher Regelungen« eröffnet werden, »die in Ländern ohne Mitbestimmung nicht bestehen«. Dies wiederum ist »geeignet, den deutschen Standort zu stärken«.[32] Allerdings soll dabei der § 77 Abs. 3 BetrVG nicht außer Kraft gesetzt werden. Alle diese »Vorteile« sollen schließlich nicht durch eine Veränderung bzw. Ausweitung der gesetzlichen Grundlagen erzielt werden. Für das Aushandeln von Vereinbarungen gilt das Prinzip der »lokalen Optimierung«, die »in der einzelfallgerechten Verbreitung der sich entwikkelnden ›best practice‹ von Mitbestimmung in modernen Unternehmen eine wichtige mitbestimmungspolitische Gestaltungsaufgabe der Zukunft« ist.[33]

Der Konsens des Berichtes bezieht sich auf den Primat der Wettbewerbsfähigkeit deutscher Unternehmen. Die Gewerkschaften haben ihre alten Vorstellungen von der gesellschaftspolitischen Gestaltungs- und Umgestaltungsfunktion durch Demokratisierung aufgegeben. Sie bieten die vertrauensvolle Zusammenarbeit zum Zwecke der Wettbewerbsfähigkeit als spezifischen »Standortvorteil« der deutschen Mitbestimmung an. Sie haben in dem Bericht sogar darauf verzichtet, alle jene einzelbetrieblichen »Bündnisse für Arbeit« zu kritisieren, die durch Erpressung der Belegschaften zum Zwecke der untertariflichen Gestaltung der Arbeitszeit und der Entlohnung durchgesetzt wurden. Die »Schattenseiten« der Modernisierung werden ausgespart. Träger dieser »kooperativen Modernisierung« sollen die Betriebsräte – und nicht die Gewerkschaften – sein. Die »Verbetrieblichung« der Gewerkschaftspolitik bedeutet, daß diese sich mehr und mehr den mächtigen Betriebsratsvorsitzenden unterordnet. Der Anspruch der Gewerkschaften, gerade diese Gruppe, die traditionell eher zu kooperativen und betriebsorientierten Lösungen tendiert, in eine aktive und progressive überbetriebliche Politik (Tarif- wie Gesellschaftspolitik) einzubinden, ist aufgegeben. Dem entspricht schon seit langem der Verfall der gewerkschaftlichen Arbeit mit den Vertrauensleuten, deren gewerkschaftspolitische Stärkung im Betrieb einmal als Gegengewicht gegen die korporatistische Verselbständigungstendenz professionalisierter Betriebsräte konzipiert worden war.

---

[32] Ebd., S. 15.
[33] Ebd., S. 14.

Die Konsequenz der Umsetzung der neuen Sozialpartnerschaft bedeutet eine Stärkung des Managements und der Betriebsräte. Sie bedeutet also unvermeidlich eine Schwächung der Gewerkschaften sowie von überbetrieblichen – tarif- und gesellschaftspolitischen – Regelungen. Die Aufgabe der Gewerkschaften – vor allem ihrer »Fachkompetenz« – konzentriert sich immer mehr darauf, »intelligente Lösungen« und Verfahren für Probleme zu entwickeln, die zwischen Betriebsräten und Management – auf der Basis des Standort- und Wettbewerbskonsensus – ausgehandelt werden.[34] Darin ist der Konsens des Berichtes in der Tat »wirklichkeitsnah und pragmatisch«, wie Wolfgang Streeck[35] betont. Er reflektiert dabei allerdings weniger das alte anarchistische Ideal der »Selbstorganisation der Gesellschaft«, sondern die Hegemonie eines quasi naturalisierten (weil als unveränderlich anerkannten) neoliberalen Weltbildes.

8.

Die Hinwendung zur neuen Sozialpartnerschaft ist keineswegs eine Besonderheit der Entwicklung der deutschen Gewerkschaften in den neunziger Jahren; denn das »deutsche Modell« der Nachkriegszeit zeichnete sich gerade durch die rechtlich institutionalisierte Sozialpartnerschaft aus. Seit den frühen achtziger Jahren veränderte sich jedoch die internationale – und vor allem die europäische – Gewerkschaftslandschaft grundlegend. Als Reaktion auf die Niederlagen und die Krise vor allem jener Gewerkschaften, die sich in den siebziger Jahren durch eine außergewöhnliche Basismilitanz und programmatische Radikalität ausgezeichnet hatten, vollzogen deren Führungsgruppen eine strategische

---

[34] Organisationssoziologisch betrachtet ist es keineswegs neu, daß fundamental geschwächte Interessenverbände ihr Überleben dadurch sichern wollen, daß sie Bestandsgarantien durch den Staat bzw. durch den einstigen »Gegner« erhalten. Voraussetzung dafür ist stets, daß sie einerseits immer noch über ein gewisses Machtpotential für Interessenartikulation in der Öffentlichkeit und im politischen Raum verfügen, daß sie andererseits im Tausch für ihre Anerkennung den Verzicht auf Konflikt- und Störpotential im Organisationsbereich anbieten können. Das Beispiel der mittelalterlichen Zünfte ist nicht nur von Ralf Dahrendorf herangezogen worden, um den Niedergang von Gewerkschaften zu charakterisieren, die sich für ihre Bestandserhaltung (damit auch die der relativ privilegierten Funktionärs- und Arbeitnehmergruppen; denn die Zugehörigkeit zum Betriebsrat eines Großbetriebs, schon gar der Vorsitz eines GBR verleiht erhebliche Privilegien) mehr und mehr auf korporative Arrangements einlassen.

[35] »Wirklichkeitsnah und pragmatisch«, Interview mit Wolfgang Streeck, in: Die Mitbestimmung, 6/1998, S. 15 und S. 16.

Wende: Sie vertraten fortan einen neuen »Realismus«.[36] Dieser bedeutete zunächst einmal die Akzeptanz der Wettbewerbsfähigkeit der Unternehmen und der nationalen Volkswirtschaft als Parameter für die Begründung gewerkschaftlicher Forderungen. Im Ergebnis erhofften sie sich – auch durch »Pakte« auf der nationalen oder regionalen Ebene – eine Stabilisierung der Beschäftigungsentwicklung. »Concession Bargaining« hatten schon die US-amerikanischen Gewerkschaften in den Krisen der siebziger Jahre betrieben, um durch Zugeständnisse an die Unternehmensleitungen Betriebsschließungen und Massenentlassungen zu verhindern. Ihren Verfall konnten sie freilich so nicht aufhalten. Kim Moody, der darin eine eher ohnmächtige Antwort auf die Schwäche der Arbeiterklasse und die Niederlagen der Gewerkschaften im Prozeß der transnationalen Restrukturierung kapitalistischer, neoliberaler Hegemonie sieht, nennt nicht nur DGB-Gewerkschaften, sondern auch den britischen TUC, die französische CFDT sowie die ehemals kommunistischen Gewerkschaften Italiens und Spaniens (CGIL und »Arbeiterkommissionen«).[37]

Wodurch aber zeichnet sich die *neue* Sozialpartnerschaft aus? Die Anerkennung von Wettbewerbsfähigkeit, Innovation und Kooperation – als Basis eines klassenübergreifenden Konsenses bzw. eines neuen betrieblichen Sozialvertrages – wird von Industriesoziologen als »Abschied von der Konfliktpartnerschaft« bezeichnet oder gar normativ eingefordert. Die Konfliktpartnerschaft – als Modell der industriellen Beziehungen in der Golden-Age-Periode des Nachkriegsfordismus – war noch durch den Interessengegensatz von Kapital und Arbeit bestimmt. Der »Klassenkompromiß« dieser Epoche schuf zwar die Basis und den rechtlich-institutionellen Rahmen für kooperative Beziehungen zwischen Kapital und Arbeit auf der Ebene der Produktion wie auf der Ebene der überbetrieblichen Lohngestaltung (Tarifpolitik) und der sozialstaatlichen Regulation. Gleichwohl war damit der Interessengegensatz nicht aufgehoben. Der Charakter der Gewerkschaften als »intermediäre Organisationen« (Müller-Jentsch) bestand gerade darin, daß diese innerhalb dieser Systeme gegensätzlicher Interessen eine permanente Vermittlungs-

[36] Vgl. dazu Donald Sassoon, a.a.O., S. 733 ff.
[37] Kim Moody, Workers in a Lean World. Unions in the International Economy, London/New York 1997, S. 270.

arbeit zu leisten hatten. Der »nationale, keynesianische Wohlfahrtsstaat« war der allgemeinste Referenzpunkt solcher Vermittlungen.

Die *neue* Sozialpartnerschaft hingegen wird erst in der Folge einer grundlegenden Reorganisation des Arbeits- und Produktionsprozesses in der »dritten industriellen Revolution« möglich. Insbesondere durch Tendenzen zur Requalifizierung der Arbeit und einem entsprechenden »Human Resource Management« entfalten sich Bedingungen, in denen der Interessenausgleich auf betrieblicher Ebene nicht mehr auf der Grundlage der Auseinandersetzung zwischen gegensätzlichen Gesellschaftsprojekten von Lohnarbeit und Kapital erfolgt. Nunmehr setzten sich kooperative Problemlösungen zwischen einer fragmentierten Arbeiterklasse und dem Management durch.[38] Die neue Sozialpartnerschaft wäre so nicht allein eine politisch-strategische Antwort der Gewerkschaften auf die Niederlagen der späten siebziger und der achtziger Jahre – und die seitdem anhaltende schleichende Krise der Organisationen –,[39] sondern auch Ergebnis einer angemessenen Verarbeitung der »postfordistischen« Produktionsverhältnisse. Der Abschied vom »alten Denken« in den Gewerkschaften, den die »Modernisierer« im Zuge oftmals heftiger innergewerkschaftlicher Auseinandersetzungen eingefordert haben, erhält so eine wissenschaftliche Begründung.

Die neue Sozialpartnerschaft wird zum Bestandteil eines Programms sozialdemokratischer Parteien in Europa, das Donald Sassoon (durchaus affirmativ) als »Neorevisionismus« charakterisiert. Der alte Revisionismus Bernsteinscher Prägung hatte das Ziel einer sozialistischen Zukunft nicht aufgegeben, unterschied sich freilich von den orthodoxen Marxisten in der Aufwertung einer Politik der Reformen als Instrumenten einer schrittweisen Transformation des Kapitalismus. Nach dem Zweiten Weltkrieg erfuhr der Revisionismus eine Modifikation: Die sozialdemokratischen Parteien gaben nunmehr in der Praxis das Ziel einer über den Kapitalismus hinausweisenden sozialistischen Wirtschaft und Gesellschaft auf. Sie akzeptierten das Modell des US-amerikanischen »Konsumentenkapitalismus« und sahen ihre Aufgabe im wesentlichen

---

[38] Walter Müller-Jentsch, Theorien industrieller Beziehungen, in: Industrielle Beziehungen. Zeitschrift für Arbeit, Organisation und Management, Heft 1 /1966, S. 35-64.

[39] Selbstverständlich gibt es hier signifikante Unterschiede bei den Entwicklungspfaden zwischen den nationalen Gewerkschaftsverbänden – z.B. in den südlichen Ländern (Frankreich, Italien, Spanien) und den skandinavischen Ländern. Der allgemeine Trend hat sich jedoch bislang bestätigt.

darin, diesen durch den Wohlfahrtsstaat, soziale Bürgerrechte und »industrielle Demokratie« zu bändigen und zu humanisieren. Die Zivilisierung des Kapitalismus erforderte ein entwickeltes System des Staatsinterventionismus. Der Neorevisionismus, der sich – ausgehend von dem Wahlerfolg der britischen New Labour Party unter Tony Blair – zum Erfolgsmodell sozialdemokratischer Politik zu entwickeln scheint, hat dagegen zentrale Aspekte der neoliberalen und konservativen Kritik am traditionellen Sozialismus – vor allem des Staatsinterventionismus unter Einschluß des Wohlfahrtsstaates – akzeptiert. Er hat die historische Bindung sozialdemokratischer Politik zur Arbeiterklasse endgültig aufgegeben und steht den Gewerkschaften (zumal ihrem linken Flügel) eher feindlich gegenüber. Er vertritt ein Programm der Modernisierung und Wettbewerbsfähigkeit des Kapitalismus, der zur Koexistenz mit Prinzipien sozialer Gerechtigkeit überzeugt werden soll.[40] Die Kritik der Neorevisionisten an den konservativ-liberalen Regierungen, die sie ablösen möchten, konzentriert sich hauptsächlich auf den Vorwurf, daß – so die Labour Party schon 1990 – das konservative »Mismanagement« für die geringe und nachlassende Wettbewerbsfähigkeit des britischen Kapitalismus verantwortlich sei.[41] Das Ziel der neuen Sozialpartnerschaft, die Standortbedingungen des eigenen Unternehmens und der je nationalen Wirtschaft im internationalen Wettbewerb durch Kooperation zu verbessern, entspricht ziemlich genau der Basisphilosophie des Neorevisionismus.[42]

---

[40] Vgl. Donald Sassoon, a.a.O., S. 734ff. Sasson hebt eine weitere Spezifik des gegenwärtigen Neorevisionismus hervor: Der alte Revisionismus wurde in der Regel aus der »Tagesarbeit« der Gewerkschaften abgeleitet, er kam aus der Alltagserfahrung der Arbeiterklasse selbst. Der Neorevisionismus hingegen kommt »aus der Mitte« der modernen Gesellschaft. Viele seiner Repräsentanten – vor allem aber seine »Theoretiker« – kommen aus der New Left Tradition der siebziger Jahre. Bei den »neuen, liberalen Sozialisten, den Yuppie-Sozialisten« ist der Antietatismus stark ausgeprägt. Er bildet gleichsam die Brücke zwischen früheren linksradikalen und anarchistischen Auffassungen und der heute akzeptierten neoliberalen Ideologie (vgl. ebd., S. 736).

[41] Ebd., S. 736f.

[42] Ich verwende den Begriff hier nicht polemisch (etwa im Sinne von Rosa Luxemburgs Auseinandersetzung mit Eduard Bernstein), sondern (im Anschluß an Sassoon) deskriptiv.

9.

Der Preis für diese Anpassung ist freilich hoch. In vielen Ländern fanden und finden heftige Auseinandersetzungen in und zwischen den Gewerkschaften – verbunden mit Austritten, Ausschlüssen und Spaltungen – statt.[43] In der italienischen CGIL bildete sich eine »Opposition«, und in den spanischen Arbeiterkommissionen übt der ehemalige Ehrenpräsident Marcelino Camacho öffentlich heftige Kritik an der Linie des Vorsitzenden Guiterrez. In den USA wurde nach einer langen Periode des Niedergangs die Führung des AFL-CIO abgewählt. Die neue – eher links orientierte – Führung hat zusammen mit dem Druck von Streikbewegungen »von unten« (z.B. durch den Erfolg des UPS-Streiks 1997) zum ersten Mal seit vielen Jahren Hoffnungen auf eine »Wiedergeburt« der US-amerikanischen Arbeiterbewegung aufkeimen lassen.[44] In einigen Ländern (tendenziell auch in Frankreich) gehen soziale Bewegungen, sogar Streikbewegungen, an einem großen Teil der Gewerkschaften vorbei, weil diese Teil des Establishments geworden sind. Für die spezifischen Widerspruchskonstellationen und Konflikte im »postfordistischen« Kapitalismus mit seiner enormen sozialen Polarisierung, der Massenarbeitslosigkeit, der Armut, der ethnischen Segregation, dem Elend der Jugend usw. haben diese überhaupt keine eigenen praktisch relevanten Handlungskonzepte entwickelt.

In solchen Prozessen drückt sich zugleich eine weitere Folge der Praktizierung der *neuen* Sozialpartnerschaft aus. In dem Maße, wie sich die Gewerkschaften auf die Verbetrieblichung einlassen, geben sie zugleich jenes gesellschaftspolitische Mandat auf, das die konkrete, alltägliche Interessenvertretung (auch im Rahmen der institutionalisierten Sozialpartnerschaft) mit ihrem Wirken für die allgemeine – gleichsam universalistische – Interessenvertretung auf der überbetrieblichen Ebene und im politischen Raum immer wieder neu verknüpft hatte. Gerade angesichts der für den postfordistischen Kapitalismus charakteristischen Fragmentierung sozialer Erfahrung und der Lebensperspektiven müßte die zentrale politische Aufgabe der Gewerkschaften darin bestehen, die

---

[43] Hier kann natürlich keine systematische Aufarbeitung der Situation der internationalen Gewerkschaftsbewegung erfolgen, obwohl dies dringend notwendig wäre (vgl. viele wichtige Informationen bei Kim Moody, a.a.O.). Es geht nur darum, einige typische Konstellationen der innergewerkschaftlichen Debatten zu illustrieren.

[44] Vgl. z.B. das Schwerpunktheft der Zeitschrift Monthly Review (New York), Vol. 49, No. 3 (1997) unter dem Titel: Rising from the Ashes? Labor in the Age of ›Global‹ Capitalism.

Aggregation divergierender Interessen – von den Interessen der relativ privilegierten, traditionellen Arbeitnehmergruppen über die sog. neuen Arbeitnehmergruppen bis hin zu den von prekären Beschäftigungsverhältnissen, von Arbeitslosigkeit und Marginalisierung Betroffenen – neu zu bestimmen. Der Weg der neuen Sozialpartnerschaft birgt aber die Gefahr, daß die gewerkschaftliche Interessenvertretung mehr und mehr auf die kleiner werdende Gruppe der relativ privilegierten Arbeitnehmer in relativ gesicherten Beschäftigungsverhältnissen eingegrenzt wird. Die Reformulierung und praktische Wiederaneignung des politischen Mandats könnte allerdings nur in einer kampforientierten Auseinandersetzung mit jenen Kräften erfolgen, die die Gewinner sowohl der Entfesselung der Marktdynamik als auch der neoliberalen Politik und des Sozialabbaus sind. Letztlich geht es dabei um eine Korrektur der Verteilungsverhältnisse sowie um eine Neubestimmung und Neuverteilung von Arbeit nach Kriterien, die sich am gesellschaftlichen Bedarf und nicht an den Werten des »Shareholder-Kapitalismus« ausrichten.[45] Damit gerät allerdings die Gewerkschaftspolitik unvermeidlich in eine Konfrontation mit jenen Kräften und Institutionen, die für eine »vertrauensvolle Zusammenarbeit« zwischen Kapital und Arbeit bzw. für eine »kooperative Modernisierung« gewonnen werden sollen. Wie schwach die Politik der neuen Sozialpartnerschaft fundiert ist, läßt sich u.a. auch an dem Mißverhältnis zwischen den Kooperationsangeboten der Gewerkschaften und der Bereitschaft der Unternehmensleitungen zum »sozialen Dialog« ermessen.[46]

---

[45] Vgl. dazu Helmut Schauer, Gewerkschaften und Shareholder-Kapitalismus, in: M. Buckmiller/J. Perels (Hrsg.), Opposition als Triebkraft der Demokratie. Jürgen Seifert zum 70. Geburtstag, Hannover 1998, S. 404-417.

[46] Schließlich sei nur kurz daran erinnert, daß die Durchsetzung der Politik der neuen Sozialpartnerschaft keineswegs einen Prozeß der »schöpferischen Zerstörung« im Sinne Schumpeters eingeleitet hat, in dem – gleichsam auf den Trümmern der alten Klassengewerkschaft – die Konturen der neuen »Zivil-Gewerkschaft« erkennbar wären. Der DGB hat in den vergangenen Jahren kontinuierlich an Macht und Autorität eingebüßt. Am Ende der derzeitigen »Organisationsreform« mit der Bildung von wenigen Großorganisationen wird – so ist zu befürchten – vom DGB nicht viel mehr als eine Adresse und ein Saal für repräsentative Empfänge übrig bleiben. Dabei wäre ein politisch starker DGB eminent wichtig gewesen, um nicht nur Einfluß auf die »Organisationsreform« zu nehmen. Der »Think Tank« des DGB, die Hans-Böckler-Stiftung, hat mit gewaltigem Aufwand (und natürlich nicht willentlich) diesen auf lange Sicht irreversiblen Prozeß der »Zerstörung« intellektuell moderiert.

10.

Der britische Industriesoziologe John Kelly hat sich in einer neueren Untersuchung kritisch mit jener bei führenden Gewerkschaftern und einschlägigen Sozialwissenschaftlern seit den achtziger Jahren vertretenen Auffassung befaßt, derzufolge die Politik der sozialen Partnerschaft endgültig das traditionelle, sterbende Modell einer militanten, gewerkschaftlichen Klassenpolitik abgelöst habe. Am Beispiel der britischen TUC-Gewerkschaften zeigt er, daß die Erfolge einer moderaten Gewerkschaftspolitik hinsichtlich der Mitgliederzahlen und ihres Einflusses mager ausfallen. Auf jeden Fall haben sich keine signifikanten Veränderungen gegenüber einer traditionellen Gewerkschaftspolitik ergeben, die ihre Forderungen ggf. auch durch Arbeitskämpfe durchsetzt. Er fand allerdings heraus, daß Gewerkschaften im Maße ihrer Anpassung an die neue Sozialpartnerschaft schwächer und verwundbarer für Angriffe der Unternehmer werden. Den Grund sieht er darin, daß die Mitglieder dieser Gewerkschaften durch die neue Politik der Kooperation mehr und mehr demotiviert werden, den Forderungen der Unternehmer Widerstand entgegenzusetzen. Die Macht der Gewerkschaften – repräsentiert durch die Mitgliederbasis im Betrieb – verfällt. Anhänger einer sozialpartnerschaftlich moderaten Gewerkschaftspolitik haben die harte Ablehnung der Unternehmer gegenüber der Gewerkschaftsorganisation im Betrieb sowie gegenüber dem System der kollektiven Verhandlungen (ganz zu schweigen von sozialstaatlichen Regelungen) unterschätzt. Viele Unternehmer betrachten die Auseinandersetzung mit den Gewerkschaften nach wie vor als einen gesellschaftspolitischen Machtkampf, in dem deren Schwächung oder gar Eliminierung als eine unabdingbare Voraussetzung für die Wiederherstellung einzelwirtschaftlicher Profitabilität, insgesamt für die Vorherrschaft des Marktes gegenüber dem Staat, des Kapitals gegenüber der organisierten Lohnarbeit angesehen wird.

Im Gegensatz zur herrschenden Meinung, daß die Gewerkschaften in harten Arbeitskämpfen heute nur verlieren können, versucht Kelly zu zeigen, daß Gewerkschaften mit einer militanten Orientierung durch Streiks und andere Aktionen sowohl ihre Mitgliederzahlen, als auch ihren Einfluß und ihre innere Kohärenz verbessert haben. Das Ergebnis seiner Untersuchung lautet: »Eine kämpferische Gewerkschaftspolitik umschließt die Anerkennung des Interessengegensatzes zwischen lohnabhängig Arbeitenden und Unternehmern. Die verschiedenen Aktionen der Gewerkschaften – insbesondere der Streik – sind der schließliche Ausdruck dieses Gegensatzes. Eine kämpferische Gewerkschaftspolitik verteidigt daher das Streikrecht und bemüht sich darum, die Bereitschaft und die Fähigkeit ihrer Mitglieder zum Arbeitskampf zu erhalten und zu entwickeln. Das Überleben einer Gewerkschaftspolitik ohne diese Attribute hängt letztlich von den Unternehmern und vom Staat ab. Eine kämpferische Gewerkschaftspolitik hingegen baut auf das einzig zuverlässige Fundament: vor allem ihre Mitglieder und deren Handlungsbereitschaft«.[47]

[47] John Kelly, Union Militancy and Social Partnership, in: Peter Ackers et al. (Eds.), The New Workplace and Trade Unionism, London and New York 1996, S. 77-109, hier S. 102.

Henner Wolter

Politik und Verfassung

Die jüngste Rechtsprechung des Bundesverfassungsgerichts zur Koalitionsfreiheit – eine Reformchance

Politik

Die neoliberale, angebotsorientierte Politik des »System Kohl« hat binnen weniger Jahre einen qualitativen Wandel der industriellen Beziehungen, eine Systemveränderung,[1] bewirkt. Es hat massiv umverteilt – vor allem zugunsten der Banken und Finanzmärkte. Diese hatten und haben immer neue Rekorde bei Jahresabschlüssen und Wertpapierkursen zu vermelden. Seiner Klientel hat das System Kohl also zu deren Zufriedenheit gedient – zu Lasten von Millionen Menschen, deren Arbeits- und Lebensbedingungen, deren Zukunftschancen sich nachhaltig und langfristig verschlechtert haben. Steuer- und Finanzpolitik, Arbeitsrechts- und Sozialabbau haben dies bewirkt. Vor allem Massenarbeitslosigkeit ist der – jedenfalls billigend in Kauf genommene – Hebel zur Durchsetzung dieser Politik. Der eine altbackene Phraseologie der Arbeiterbewegung persiflierende »Kampf gegen Arbeitslosigkeit« der Bundesregierung hat sie tatsächlich immer nur vergrößert. Wie andere »Kämpfe« und »Reformen« der Bundesregierung ist auch dieser neben Dienst an der Klientel nicht zuletzt ideologische Maskerade, politischer

[1] Die weiland schärfsten Kritiker der »Systemveränderer« sind nun »selber welche« (»Die schärfsten Kritiker der Elche ...«) – mit dem Unterschied, daß sie das ökonomische und soziale System praktisch, nicht bloß theoretisch, und nicht nach »links«, sondern nach »rechts« verändert haben.

Legitimierungs- und Begründungsversuch gegenüber den Opfern dieser »Kämpfe«.[2] Viele der durch das AFRG im SGB III normierten arbeitsmarktpolitischen Instrumente[3] sollen arbeitslose Arbeitnehmer und Arbeitnehmerinnen so »parken«, daß sie nicht in der Arbeitslosenstatistik erscheinen – jedenfalls bis zur Bundestagswahl nicht. Es geht um Schönrechnen der Arbeitslosenstatistik. Vor allem bekämpft das Gesetz anstelle der Arbeitslosigkeit die Arbeitslosen, maskiert als »Leistungsmißbrauch« und »illegale Beschäftigung«.

Die politisch-ideologische Maskerade hat Tradition im System Kohl: Das arbeitsrechtliche Beschäftigungsförderungsgesetz von 1985 erleichterte auch die Befristung von Arbeitsverhältnissen. Der Abbau arbeitsrechtlicher Standards wurde mit der Blümschen Formel »besser befristet beschäftigt als unbefristet arbeitslos« in Arbeitsrechtsfortschritt umgemünzt. Eine Alternative wie diese läßt nur die Wahl zwischen Schlechterem und Schlechtestem, sie unterdrückt a priori das Bessere – die unbefristete Beschäftigung. Die neoliberale ideologische Fixierung ist immer dieselbe, sie ist dogmatisch und fetischisiert wie kaum eine andere: Allein der Markt ist der Heilsbringer, Arbeitsrecht ist Investitionshindernis, und Investitionen schaffen Arbeitsplätze – Versatzstück einer ohrenbetäubenden »Standort-Deutschland«-Litanei.[4]

Dem »Kampf gegen Leistungsmißbrauch« liegt dasselbe Muster zugrunde wie dem »Kampf gegen Arbeitslosigkeit« und anderen »Kämpfen« der Bundesregierung: Sie werden nur noch innerhalb der »Klasse« geführt. Die Maskerade wird zugunsten derjenigen veranstaltet, die davon profitieren, werden sie doch gleichsam unsichtbar; daß die Massenarmut vieler mit dem Reichtum weniger zu tun hat, daß jene auf diesem beruht – dieser Zusammenhang wird möglichst unterdrückt.

---

[2] Da diese politisch-ideologische Maskierung wie auch zahlreiche andere sehr erfolgreich waren und sind und viele sie für die einzig relevanten Fragen und Antworten nahmen und nehmen, sind die hier gesagten Wahrheiten ungeachtet ihrer Trivialität erneut zu benennen.

[3] Arbeitsförderungs-Reformgesetz vom 24.3.1997, BGBl. I S. 594; das SGB III ist schon wieder geändert worden; vgl. Bader, AuR 1997, S. 381; B. Gaul, NJW 1997, S. 1465 sowie NJW 1998, S. 644; B. Preis, NZA 1998, S. 449.

[4] Ein weiteres Versatzstück ist die ebenso schrille Spardiskussion, insbesondere über die öffentlichen Haushalte – als ob Sparen durch Leistungs- und Arbeitsplatzabbau einziges Mittel zum Ausgleich des Staatshaushalts und ein ausgeglichener Haushalt einziges Staatsziel wären, neben dem z.B. Vollbeschäftigung und sozialstaatliche Politik keinerlei Bestand hätten.

Kurzum: Umverteilung zu Lasten der abhängig Beschäftigten, Massenarbeitslosigkeit, Weltmarktkonkurrenz mit unübersehbaren Tendenzen zum Sozialdumping, Wertewandel aufgrund von Individualisierung und corporate identity anstelle von Solidarität (von Klassenbewußtsein ganz zu schweigen) – es steht derzeit nicht gut um die Handlungs- und Erfolgsbedingungen von Gewerkschaften hierzulande, mögen sie sich den neuen »Herausforderungen« noch so stellen, mögen sie noch so konsequent alte Strategien revidieren.[5] Soweit es die Politik ist, die durch ihr Tun und Lassen diese Marginalisierung bewirkt – was scheint da näher zu liegen als der Gang zum Bundesverfassungsgericht? Weiß man anders sich eines übermächtigen Gegners nicht zu erwehren, dann ist sein politisches Tun eben nicht bloß verwerflich, sondern auch verfassungswidrig, und Karlsruhe soll und muß es richten – so ließen sich auf das BVerfG zielende gewerkschaftliche Initiativen der achtziger Jahre persiflieren. Das BVerfG hat die Beschwerden der achtiger in den neunziger Jahren beschieden. Es hat gerichtet, in mindestens sechs Entscheidungen seines Ersten Senats zwischen 1991 und 1996 zur Koalitionsfreiheit (Art. 9 Abs. 3 GG). Um diese Entscheidungen geht es hier.

Vorangestellt sei der zusammenfassende Befund dieser jüngsten Rechtsprechung. Er fällt widersprüchlich aus, enthält Negatives und Positives. Positiv scheint mir, daß diese Rechtsprechung Illusionen nimmt, Gewerkschaften auf die eigene Kraft verweist. Das BVerfG ist keine Ersatz-Bundesregierung. Politik, auch bezogen auf Arbeits- und Wirtschaftsbedingungen, ist deren Sache, vor allem ist sie Sache des Gesetzgebers. Der, wie das BVerfG nicht müde wird zu betonen, weite Handlungsspielraum des Gesetzgebers bei der Gestaltung der Arbeits- und Wirtschaftsbedingungen eröffnet Chancen für politisches Handeln der Gewerkschaften in günstigeren Zeiten. Überwiegend negativ sind die Resultate der Rechtsprechung vom Standpunkt der an das BVerfG herangetragenen Begehren. Die Verfassungsbeschwerden wurden bis auf

[5] An solche Binsenweisheiten gerade in diesem Band zu erinnern, heißt Eulen nach Athen tragen. Kaum jemand hat so wie Detlef Hensche diese Politik kritisiert – scharfsinnig und profund, grundsätzliche, zugleich machbare Alternativen gefordert, ideologische Manipulationen entschleiert, an Wahrheiten erinnert, die in Vergessenheit zu geraten drohen, und auf gewerkschaftlichen Grundprinzipien beharrt. Kaum jemand anderes als Detlef Hensche hat aber auch so frühzeitig und kritisch Gewerkschaften unbequeme Wahrheiten gesagt und insistiert, daß sie sich Neuem produktiv und praktisch zu stellen haben.

zwei zurückgewiesen. Die beiden erfolgreichen Verfassungsbeschwerden zum Einsatz von Beamten als Streikbrecher[6] und zur gewerkschaftlichen Werbung während der Arbeitszeit[7] waren dies bloß aus formellen Gründen. Im einen Fall fehlte die gesetzliche Grundlage, im anderen hatte das BAG die verfassungsrechtliche Grundlage verkannt. Wird ein Gesetz erlassen, das Beamte zum Streikbruch verpflichtet, geht dies verfassungsrechtlich vermutlich ebenso in Ordnung, wie wenn das Bundesarbeitsgericht die Abmahnung des Betriebsratsvorsitzenden, der während der Arbeitszeit für seine Gewerkschaft geworben hatte, bestätigt, solange das Gericht gewerkschaftliche Werbung nur dem Schutzbereich des Art. 9 Abs. 3 GG unterstellt. Ein nicht zu unterschätzender Ertrag der Rechtsprechung des BVerfG ist schließlich ein verfassungsrechtsdogmatischer, liegt in der Präzisierung einiger Denk- und Argumentationsfiguren: der grundrechtlichen Schutzpflichten,[8] der Wesentlichkeitstheorie,[9] der Abgrenzung der Kompetenzen der staatlichen Gewalten voneinander, insbesondere der der Gesetzgebung von denen der Rechtsprechung.[10] Der nicht zuletzt aus methodischer Sicht begrüßenswerte, überfällige Abschied von der verquasten und systemfremden Kernbereichslehre bei Art. 9 Abs. 3 GG scheint hingegen – wie könnte es anders sein – nicht sämtliche Unklarheiten ausgeräumt zu haben.[11] Die verfassungsrechtsdogmatischen Aspekte können hier bestenfalls gestreift werden. Festzuhalten bleibt, daß methodische Präzisierung dazu beiträgt, Verfassungs- und Verfassungsgerichtsillusionen zu nehmen und das Rechtssystem berechenbarer zu machen.

---

[6] Vgl. dazu S. 105 dieses Beitrags (»Beamte...«).
[7] Vgl. dazu S. 110 dieses Beitrags (»Gewerkschaftliche Werbung...«).
[8] Vgl. hierzu BVerfGE 92, S. 24 (46 m.w.N.).
[9] BVerfGE 84, S. 212 (226f.) sowie 88, S. 103 (115 f.); Überblick bei Pieroth/Schlink, Grundrechte, 13. Aufl. 1997, Rn 264ff.
[10] Vgl. die Nachweise aus der Rspr. des BVerfG in der vorhergehenden Fn; vgl. auch BVerfGE 81, S. 242 (256); 89, S. 214 (234).
[11] BVerfGE 93, S. 352 (358ff.); Schleusener, ZTR 1998, S. 104 meint, es spreche auch nach dieser Entscheidung nichts gegen die Beibehaltung des Begriffs.

Verfassung – die Entscheidungen des BVerfG zur Koalitionsfreiheit von 1991 bis 1996

Überblick

Der zuständige Erste Senat des BVerfG hat zwischen Juni 1991 und April 1996 sechs Senatsentscheidungen und einige Kammerentscheidungen[12] getroffen. Hinzu kommen jüngst die beiden Beschlüsse zur sog. Kleinbetriebsklausel des § 23 KSchG vom Januar 1998.[13] Dort spielte Art. 9 Abs. 3 GG zwar keine Rolle, gleichwohl sind die Beschlüsse für unser Thema relevant.

Allen sechs Senatsentscheidungen, über die zu berichten ist, lagen Verfassungsbeschwerden zugrunde. Fünfmal beschwerten sich Gewerkschaften, einmal ein Arbeitgeber. Die Verfassungsbeschwerden der DGB-Gewerkschaften DPG, ÖTV, IG Metall, NGG,[14] erneut ÖTV und GEW richteten sich in drei Fällen gegen Urteile des Bundesarbeitsgerichts, in weiteren drei Fällen unmittelbar gegen Gesetze. Diese Verfassungsbeschwerden wurden bei zwei Verfahren durch Normenkontrollanträge von Landesregierungen flankiert, in dem Verfahren gegen § 116 AFG überdies von der Bundestagsfraktion der SPD.

Gegenstände der verfassungsgerichtlichen Verfahren waren die heiße[15] und die kalte[16] Aussperrung sowie der Einsatz von Beamten als Streikbrecher[17] aus dem Arbeitskampfrecht; das Verbot gewerkschaftlicher Werbung im Betrieb während der Arbeitszeit als ein Aspekt der individuellen Koalitionsbetätigung;[18] das Verhältnis der Tarifautonomie zum Gesetz: der noch nicht betätigten Tarifautonomie in der Entscheidung zum zweiten Schiffsregister,[19] der in Tarifverträgen schon betätigten in dem Beschluß zur Hochschulbefristung;[20] in diesem Kontext die Eingriffsbefugnisse des Gesetzgebers in die Tarifautonomie.

---

[12] Die Kammerbeschlüsse finden sich in AP Nr. 77 zu Art. 9 GG sowie in AP Nr. 11 zu Art. 100 GG.

[13] BVerfG NZA 1998, S. 469 ff.

[14] Beschwerdeführer war hier der abgemahnte Betriebsratsvorsitzende, der ein Flugblatt der Gewerkschaft NGG während der Arbeitszeit verteilt hatte. Die Verfassungsbeschwerde wurde von der Gewerkschaft gestützt.

[15] BVerfGE 84, S. 212.

[16] BVerfGE 92, S. 365.

[17] BVerfGE 88, S. 103.

[18] BVerfGE 93, S. 352.

[19] BVerfGE 92, S. 26.

[20] BVerfGE 94, S. 268.

Zwischen Eingang der Verfahren beim BVerfG und Entscheidung lagen minimal vier,[21] maximal ca. 9° Jahre.[22] Schon diese vom BVerfG beliebig bestimmbare »Verweildauer« zeigt, daß das Gericht als Politikforum sich nicht eignet. Jedenfalls ist es allein das BVerfG, das Politik mit dem Faktor Zeit machen kann und auch zu machen scheint.[23]

Der Aussperrungsbeschluß

Gleich die erste der Entscheidungen des BVerfG, über die zu berichten ist,[24] weist Besonderheiten auf: Beschwerdeführer war nicht wie in allen anderen Verfahren eine Gewerkschaft, sondern ein Arbeitgeber, ein Tochterunternehmen des WAZ-Konzerns. Die Beschwerde richtete sich gegen das Aussperrungsurteil des BAG aus dem Jahre 1985, Nachzügler der Aussperrungsurteile von 1980, deren Streitgegenstand Streik und Aussperrung in der Druckindustrie 1978 um den RTS-Tarifvertrag gebildet hatten. Jene Urteile waren nicht Gegenstand von Verfassungsbeschwerden geworden. Zwischen dem Arbeitskampf und der Entscheidung des BVerfG lagen also 13 Jahre, dazwischen (1980 bzw. 1985) war die Aussperrungsrechtsprechung des BAG ergangen. Sie hatte Aussperrungen nur noch als suspendierende Abwehraussperrungen zugelassen, sie qualitativ durch das Verhältnismäßigkeitsprinzip, quantitativ durch sog. Aussperrungsquoten als Antwort auf gewerkschaftliche Teilstreiks begrenzt. Die Aussperrungsentscheidung des BVerfG ist

---

[21] BVerfGE 93, S. 352 zur Werbung im Betrieb; Beschluß des BVerfG vom 14.11.1995 auf Verfassungsbeschwerde gegen das Urteil des BAG vom 13.11.1991.

[22] BVerfGE 94, S. 268, vom 24.4.1996 zur Verfassungsbeschwerde der Gewerkschaften ÖTV und GEW gegen das Hochschulfristvertragsgesetz vom 14.7.1985. Die jüngst veröffentlichten Entscheidungen zur Kleinbetriebsklausel des § 23 Abs. 1 S. 2 und S. 3 KSchG vom 27.1.1998 – veröffentlicht z. B. in NZA 1998, S. 469ff., tragen zum Teil sogar Aktenzeichen aus dem Jahre 1987. Das heißt, der Aussetzungs- und Vorlagebeschluß des Arbeitsgerichts in der konkreten Normenkontrolle nach Art. 100 GG, der dem einen Verfahren zugrunde lag, ist dem BVerfG 1987 zugegangen. Die »Verweildauer« betrug in diesem Fall zwischen zehn und elf Jahren. Da das Verfahren so lange beim BVerfG lag, hatte das Gericht eine zum Entscheidungszeitpunkt ca. eineinhalb Jahre überholte Fassung des § 23 KSchG am GG zu messen; vgl. hierzu auch Anm. von Buschmann, ArbuR 1998, S. 210 sowie Düwell, ArbuR 1998, S. 150.

[23] Immerhin nicht auszuschließen als Grund für die überaus lange Dauer des Verfahrens zu § 116 AFG (9 Jahre!) ist erst ein halbwegs erfolgreicher Arbeitskampf der IG Metall abgewartet worden ist, um den Erfolg als Argument für die Verfassungsmäßigkeit des § 116 zu nehmen. So kam es denn auch - die Entscheidung erging 2-3 Monate nach dem Streik der IG Metall in Bayern. Das BVerfG verweist darauf, daß dieser Arbeitskampf als Erfolg gewertet werde (BVerfGE 92, S. 400).

[24] BVerfGE 84, S. 212, Beschluß vom 26.6.1991.

die einzige im Kontext der Koalitionsfreiheit, deren Wurzel in einem der nicht eben seltenen Konflikte in der Druckindustrie liegt. Die Verfassungsbeschwerde des Tochterunternehmens des WAZ-Konzerns, der ZVW-Satztechnik GmbH, wurde zurückgewiesen. Die Aussperrungsrechtsprechung des BAG verletze die Koalitionsfreiheit der Beschwerdeführerin nicht.

Beamte – Pflicht zum Streikbruch statt Streikrecht?

Der Beschluß vom Februar 1993[25] erging auf Verfassungsbeschwerde der DPG gegen das Urteil des BAG vom September 1985. Im Arbeitskampf 1980 der DPG hatte die Deutsche Bundespost Beamte zum Streikbruch verpflichtet. Die dagegen erhobene Unterlassungsklage der DPG hatte das BAG zurückgewiesen. Unter Berufung auf hergebrachte Grundsätze des Berufsbeamtentums (Art. 33 Abs. 5 GG) versagt die herrschende Meinung Beamten das Streikrecht;[26] dafür hat die Bundespost sie zum Streikbruch zu verpflichten versucht. Die Unterlassungsklage der Gewerkschaft verlor sie vor dem LAG und BAG.[27] Dagegen richtete sich ihre Verfassungsbeschwerde.

Das BVerfG hat die Verfassungsbeschwerde mit Beschluß vom März 1993 als begründet erachtet. Die Bundespost zähle zur mittelbaren Staatsverwaltung. Im Verhältnis Staat-Bürger bedürften die wesentlichen Fragen des formellen Gesetzes. Die Zwangsverpflichtung von Beamten als Streikbrecher sei eine solche regelungsbedürftige Frage. Der Staat sei bei Reaktionen auf Streikmaßnahmen in der Doppelrolle als öffentliche Verwaltung und als tariffähiger Arbeitgeber. »Soll mit Hilfe des Beamtenrechts auch der Staat in seiner Eigenschaft als Arbeitgeber mit besonderen Kampfmitteln gegenüber den Gewerkschaften ausgestattet werden, so muß dies in einem offenen, durch entsprechende Verfahrensgarantien flankierten Gesetzgebungsverfahren ausdrücklich geregelt werden. Welche Regelungen Art. 9 Abs. 3 GG im einzelnen zuläßt, bedarf hier keiner Entscheidung.«[28] Ein solches Gesetz fehlte. Das Beamtenrecht sieht Regelungen zum Streikbruch nicht vor. Deshalb war

---

[25] BVerfGE 88, S. 103.

[26] Vgl. Jarass/Pieroth, GG, 4. Aufl. 1997, Art. 9, Rn 38a m.w.N.; BVerwGE 91, S. 200ff.; Jachmann, ZBR 1994, S. 165 (176f.); Pfohl, ZBR 1996, S. 90.

[27] Ebenso der Parallelprozeß eines Beamten vor dem BVerwG, NJW 1984, S. 2713.

[28] BVerfGE 88, S. 103 (116).

die DPG in ihrer Koalitionsfreiheit verletzt. Gleichgültig wäre allerdings der Inhalt einer – künftigen, zu erlassenden – gesetzlichen Regelung. Hätte eine solche schon bestanden und den Beamteneinsatz als Streikbrecher vorgesehen, spricht viel dafür, daß die Verfassungsbeschwerde der DPG erfolglos geblieben wäre.

Das partielle »Ausflaggen« deutschen Arbeitsrechts auf deutschen Handelsschiffen durch das 2. Schiffsregister

Zu berichten ist nun von dem Urteil des BVerfG vom 10.1.1995[29] auf die Verfassungsbeschwerde der ÖTV und den Normenkontrollantrag von Bremen und Schleswig-Holstein gegen das »Gesetz zur Einführung eines zusätzlichen Registers für Seeschiffe unter der Bundesflagge im internationalen Verkehr in das Flaggenrechtsgesetz« von 1989.

Um dem Trend zum Ausflaggen entgegenzuwirken, sollten die Wettbewerbsbedingungen deutscher Handelsschiffe gegenüber der internationalen Konkurrenz durch Billigflaggen verbessert werden, indem die Betriebskosten durch Personalkosteneinsparungen gesenkt werden. Da auf Schiffen unter deutscher Flagge grundsätzlich deutsches Arbeitsrecht, deutsches Tarifvertragsrecht und deutsche Tarifverträge – auch für ausländische Seeleute – gelten, die Grund für die hohen Personalkosten seien, sollte diese Rechtsgeltung z.T. ausgeschlossen, jedenfalls begrenzt werden; dann – so die Annahme der Bundesregierung – würden die Reeder weiter unter deutscher Flagge fahren. § 21 Flaggenrechtsgesetz erlaubt demgemäß, deutsches individuelles und kollektives Arbeitsrecht auf unproblematische Weise zu derogieren. Das BVerfG hat dies im allgemeinen als verfassungsrechtlich zulässig erachtet, im Kern mit einer Begründung, die an die Blümsche Alternative von Schlechterem und Schlechtestem erinnert: »Der deutsche Gesetzgeber steht deswegen vor der Alternative, den deutschen Grundrechtsstandard entweder ungeschmälert zu wahren, ihm damit aber im Bereich der Hochseeschiffahrt praktisch das Anwendungsfeld zu entziehen, oder ihm ein Anwendungsfeld zu erhalten, dann aber eine Minderung des Grundrechtsstandards in Kauf zu nehmen. Unter diesen Umständen ist es dem Gesetzgeber von Verfassung wegen nicht verwehrt, den zweiten Weg zu wählen und Positionen von Koalitionen aufzugeben, die sich in

---

[29] BVerfGE 92, S. 26; vgl. dazu u. a. Tomuschat, IPRax 1996, S. 83.

der internationalen Rechtswirklichkeit ohnehin nicht behaupten ließen.«[30] Anders formuliert: etwas Sozialdumping und reduzierter Grundrechtsschutz sind immer noch besser als gänzliche »Rechtsflucht«.[31] Jedenfalls hält das BVerfG das Bessere jenseits dieser Alternative von Schlechtem und Schlechtestem noch für erwähnenswert: eine weitere Subventionierung der deutschen Handelsflotte. Diese koste aber 100 Millionen DM jährlich, eine Haushaltsbelastung, die der Gesetzgeber nicht auf sich zu nehmen brauche – jedenfalls nicht zugunsten der Koalitionsfreiheit. Der Gewerkschaft unzumutbar und damit eine Verletzung ihrer Koalitionsfreiheit sei lediglich die Klausel des § 21 Flaggenrechtsgesetz, nach der Seeleute in deutsche Tarifverträge nur einbezogen werden, wenn dies ausdrücklich vereinbart ist, anders als dies die zwingende und unmittelbare Wirkung des Tarifvertrages in § 4 Abs. 1 TVG vorsieht.

Weiter stellt das BVerfG fest: staatliche Schutzpflichten seien nicht verletzt. Die Grundrechte des GG wehren nicht nur staatliche Eingriffe in Freiheiten ab, sondern verpflichteten den Staat auch, Freiheitssphären zu schützen (Schutzpflicht). Bei Eingriffen gilt u.a. das Übermaßverbot, bei staatlichen Handlungspflichten spiegelbildich das sog. Untermaßverbot.[32] Bei Wahrung dieses »objektiven Gehalts der Grundrechte«[33] komme dem Gesetzgeber aber ein sehr weiter Spielraum zu. Denn zum einen gelte es, konfligierende Grundrechtspositionen auszugleichen: Nicht nur Seeleute, auch die Reeder sind Grundrechtsberechtigte, auch ihre Grundrechte sind zu wahren. Überdies kann die gesetzgeberische Aufgabe auf die unterschiedlichste Weise erfüllt werden. Das BVerfG ist weder Gesetzgeber noch Ersatzgesetzgeber. Das Gewaltenteilungsprinzip des GG hindert die dritte Gewalt, jenseits der ihr zugewiesenen Kontroll- und Verwerfungsaufgaben (Art. 92ff. GG) in den originären Bereich des Gesetzgebers überzugreifen. Das BVerfG formuliert dies immer wieder pointiert, zuletzt in der Entscheidung zu § 23 KSchG (Kleinbetriebsklausel): »Dem Gesetzgeber, der diese kollidierenden Grundrechtspositionen (in Erfüllung der ihm aus den Grundrechten obliegenden Schutzpflichten) zu einem gerechten Ausgleich bringen will, ist ein weiter Ge-

---

30 BVerfGE 92, S. 42.

31 Tomuschats bange Hoffnung, daß das Urteil nicht das Modell für künftige Verkürzungen von Grundrechtspositionen abgeben möge, die durch den Druck ökonomischer Fakten erzwungen werden könnten (IPRax 1996, S. 87), gibt zu denken.

32 BVerfGE 88, S. 203 (254) m.w.N.; BVerfGE 92, S. 46.

33 Vgl. hierzu Jarass/Pieroth, a.a.O., Vorbemerkung vor Art. 1, Rn 4.

staltungsfreiraum eingeräumt. Die *Einschätzung* der für die Konfliktlage maßgeblichen ökonomischen und sozialen Rahmenbedingungen liegt in seiner *politischen* Verantwortung, ebenso die *Vorausschau* auf die künftige Entwicklung und die Wirkung seiner Regelung. Dasselbe gilt für die *Bewertung*[34] der Interessenlage, d.h. die Gewichtung der einander entgegenstehenden Belange und die Bestimmung ihrer Schutzbedürftigkeit.«[35] Mit anderen Worten: Der Gesetzgeber hat die alleinige politische Verantwortung, er kann jede Politik machen, solange sie nicht völlig unsinnig, willkürlich oder einseitig ist – eine neoliberale wie eine nachfrageorientierte; er kann Vollbeschäftigungspolitik ebenso betreiben, wie er dem Entstehen und der Vertiefung von Massenarbeitslosigkeit tatenlos zusehen, diese sogar fördern kann. Kaum jemals sind die Grenzen zur Verfassungswidrigkeit erreicht oder überschritten.[36] Die herrschende Wirtschaftsdoktrin des Neoliberalismus, der die Bundesregierung anhängt, mag man wie hier für falsch und rückwärtsgewandt, für asozial halten. Sie war und ist die derzeit herrschende Lehre und wird schon deshalb vom BVerfG nicht als evident sachwidrig verworfen werden. Der »mainstream« kann zum Zeitpunkt, zu dem das BVerfG entscheidet, nie absurd oder abwegig sein, es bestenfalls später, im Rückblick gewesen sein. Dann hat aber das BVerfG längst entschieden. Bei Eingriffen in die Tarifautonomie, wie durch § 21 Flaggenrechtsgesetz geschehen, ist allerdings gewisse Vorsicht geboten, wie das Urteil das BVerfG zeigt. Daß auch dies nicht Anlaß zu übertriebenen Befürchtungen oder Hoffnungen geben muß, bleibt zu zeigen.[37]

Die kalte Aussperrung nach § 116 n.F. AFG

Waren die ersten beiden Entscheidungen des BVerfG, von denen berichtet wurde, auf Verfassungsbeschwerden gegen Urteile des BAG er-

---

[34] Sämtliche Hervorhebungen vom Verf.

[35] BVerfG NZA 1998, S. 471.

[36] Dies hat das BVerfG in einer sehr frühen Entscheidung aus dem Jahre 1954 bei allerdings völlig anderen politischen Konstellationen im sog. Investitionshilfeurteil (BVerfGE 4, S. 7) betont, später, so etwa im Mitbestimmungsurteil (BVerfGE 50, S. 290), erneut bekräftigt: Das GG habe sich nicht für ein bestimmtes Wirtschaftssystem entschieden. Die »wirtschaftspolitische Neutralität des GG« ermögliche dem Gesetzgeber, die ihm jeweils sachgemäß erscheinende Wirtschaftspolitik zu verfolgen, sofern er dabei das Grundgesetz beachtet (BVerfGE 4, S. 18). Die einzelnen Grundrechte ließen sich nicht zu einem »Ordnungs- und Schutzzusammenhang der Grundrechte« überhöhen. Maßgebend sei nur das je einzelne Grundrecht (BVerfGE 50, S. 337f.).

[37] Vgl. S. 111 dieses Beitrags (»Die Befristung ...«).

gangen, richtete sich die Verfassungsbeschwerde hier wie in dem Verfahren zu § 21 Flaggenrechtsgesetz gegen ein Gesetz: den neugefaßten § 116 AFG.[38] Beschwerdeführerin war die IG Metall, auch hier flankiert von Landesregierungen – in diesem Fall Hamburgs, Bremens, des Saarlands und Nordrhein-Westfalens sowie der Bundestagsfraktion der SPD – die Verfahren der abstrakten Normenkontrolle eingeleitet hatten.

Das Urteil des BVerfG datiert vom 4.7.1995; es ist zum »Gesetz zur Sicherung der Neutralität der Bundesanstalt für Arbeit bei Arbeitskämpfen« (eine weitere Maskerade des Gesetzgebers schon im Titel des Gesetzes) vom 15.5.1986 ergangen. Problem war die Zahlung von Kurzarbeitergeld an kalt Ausgesperrte bei bezirklichen Tarifkonflikten aufgrund der regionalisierten Tarifstrukturen der Metall- und Elektroindustrie in Anbetracht der erheblichen Verflechtungen der Zulieferer mit den Endproduzenten.[39]

Das BVerfG hat befunden, die gesetzliche Neuregelung verletze die IG Metall in ihrer Koalitionsfreiheit »jedenfalls derzeit« nicht und sei auch im übrigen mit dem GG vereinbar, zum Teil jedoch nur nach verfassungskonformer Auslegung.[40] Beide Tarifparteien genössen den Schutz des Art. 9 Abs. 3 GG gleichermaßen. Dieser Schutz erfordere koordinierende Regelungen, wie stets bei Konflikten zwischen Zivilrechtssubjekten, auf der Ebene der »Gesellschaft«. Bei dieser Ausgestaltung habe der Gesetzgeber einen weiten Handlungsspielraum. Das GG verlange keine Optimierung der Kampfbedingungen der Koalitionen. Dies sei grundsätzlich den Tarifparteien überlassen. Die Tarifautonomie müsse aber als Bereich gewahrt werden. Die Tarifparteien müßten ihre Angelegenheiten selbst und ohne staatlichen Einfluß regeln können.[41] Jedenfalls sei der Gesetzgeber aber nicht gehindert, die Rahmenbedingungen von Arbeitskämpfen zu ändern, etwa aus Gründen des Gemeinwohls oder um eine gestörte Parität wieder herzustellen. Funktionsfähig

---

[38] BVerfGE 92, S. 365; vgl. dazu z. B. Däubler, AiB 1995, S. 598 sowie Rüfner, RdA 1997, S. 130.

[39] Vgl. auch die Darstellung in BVerfGE 92, S. 373f.; es geht um das Problem der reduzierten »Fertigungstiefen« und der damit in Verbindung stehenden just-in-time-Produktion und einer auf diesen Faktor abgestimmten Arbeitskampftaktik, die als »Minimax-Streiktaktik« oder als »Stellvertreterstreik« in der Öffentlichkeit glossiert worden ist.

[40] BVerfGE 92, S. 393.

[41] BVerfGE 92, S. 394f.

sei die Tarifautonomie nur, solange Parität zwischen den Tarifparteien bestehe.[42]

Dies klingt vielversprechend, legt es doch nahe, Parität sei festzustellen, zu messen. Indes: »Konkrete Maßstäbe, nach denen das Kräftegleichgewicht der Tarifvertragsparteien beurteilt werden könnte, lassen sich aus Art. 9 Abs. 3 GG nicht entnehmen«.[43] Den Gesetzgeber treffe nicht die verfassungsrechtliche, sondern nur die politische Verantwortung für eine zutreffende Erfassung und Bewertung der maßgebenden Faktoren. Das BVerfG könne sich nicht durch seine Einschätzung an die Stelle des Gesetzgebers setzen.[44]

Immerhin räumt das BVerfG ein, daß die Neuregelung die Kampffähigkeit der IG Metall beeinträchtigt hat. Gleichwohl: Eine verfassungswidrige Störung der Tarifautonomie sei, so das BVerfG wörtlich, »(noch) nicht feststellbar«.[45] Alles andere sei zur Zeit nicht belegbare Prognose. Offen läßt das BVerfG, welches Maß an Betroffenheit der IG Metall »Beleg für die Prognose« der verfassungswidrigen Störung der Tarifautonomie hätte sein können – etwa das finanzielle oder organisatorische Auseinanderbrechen der Gewerkschaft aufgrund kalter Aussperrung? Welchen Sinn hätte dann aber noch eine Verfassungsbeschwerde gehabt; wer hätte sie erheben können; wann wäre über sie entschieden worden, und hätte sie sich nicht erledigt?[46]

Gewerkschaftliche Werbung im Betrieb

Erneut geht es um eine Verfassungsbeschwerde gegen ein klageabweisendes Urteil des BAG. Ein freigestellter Betriebsratsvorsitzender hatte einem Arbeitskollegen während dessen Arbeitszeit ein Flugblatt der Gewerkschaft NGG mit einem Überblick über die gewerkschaftlichen Leistungen und einem Beitrittsformular ausgehändigt, war daraufhin abgemahnt worden und begehrte die Entfernung der Abmahnung aus der Personalakte. Das BAG hatte die Klage abgewiesen: Der Arbeitneh-

---

[42] a.a.O., S. 395.
[43] BVerfGE ebd.
[44] BVerfGE, aaO, S. 396.
[45] BVerfGE, aaO, S. 400.
[46] Dieses Dilemma erinnert an die »gewöhnliche Hexenprobe«, die E.T.A. Hoffmann in »Klein Zaches genannt Zinnober« erwähnt. Die der Hexerei Beschuldigte wurde ins Wasser geworfen. Ertrank sie nicht, war die Hexerei erwiesen, und sie wurde verbrannt. Ertrank sie, war sie nicht schuldig.

mer habe seine arbeitsvertraglichen Pflichten verletzt. Die Tätigkeit sei nicht vom Kernbereich des Art. 9 Abs. 3 GG erfaßt, weil sie nicht unerläßlich für den Bestand der Gewerkschaft gewesen sei.

Die Verfassungsbeschwerde erwies sich als begründet. Das BVerfG nimmt Abschied von der Vorstellung eines verfassungsrechtlich geschützten, bloßen Kernbereichs und setzt die allgemeine Schutzbereichs-Dogmatik an dessen Stelle. Das BAG, das der bisherigen Lehre des BVerfG folgte und mit ihrer Hilfe befunden hatte, daß die Abmahnung nicht aus der Personalakte zu entfernen sei, hat, so das BVerfG, Art. 9 Abs. 3 GG verkannt.[47] Für Mitgliederwerbung auch während der Arbeitszeit besteht Grundrechtsschutz. Damit ist die Sache an das BAG zurückverwiesen worden. »Wie der Streitfall zu entscheiden ist, gibt das Grundgesetz nicht vor. Die Auslegung des Arbeitsvertrages ist Sache der Arbeitsgerichte. (...) In diesem Zusammenhang sind die grundrechtlich geschützten Positionen beider Vertragspartner zu berücksichtigen.«[48] Wenn also das BAG nur Art. 9 Abs. 3 GG in seine Abwägung der beiderseitigen arbeitsvertraglichen Rechte und Pflichten einfließen läßt, mag es durchaus zu dem selben Ergebnis gelangen wie ohne Rücksicht darauf. Es darf sich bloß den »Blick auf das Grundrecht nicht verstellen«.[49]

Die Befristung von Arbeitsverhältnissen im akademischen Mittelbau nach dem Hochschulfristvertragsgesetz (HFVG)

Auch diese Entscheidung[50] ist auf Verfassungsbeschwerde der unmittelbar durch Gesetz betroffenen Gewerkschaften, in diesem Fall der ÖTV und der GEW, ergangen. Das HFVG, die §§ 57a-57f HRG, erleichtert für Angehörige des akademischen Mittelbaus an Hochschulen und Forschungseinrichtungen den Abschluß befristeter Arbeitsverträge. Laut Sonderregelung (SR) 2y BAT darf ein zeitbefristetes Arbeitsverhältnis nur bei sachlichem Grund vereinbart werden. § 57a Satz 2 HRG bestimmt aber neuerdings: »Die arbeitsrechtlichen Vorschriften und Grund-

---

[47] Womit das BVerfG implizit einräumt, auch es habe Art. 9 Abs. 3 GG verkannt.

[48] BVerfGE 93, S. 361.

[49] Vgl. BVerGE 82, S. 272 (281) zur Problematik der Einbeziehung von Grundrechten des Art. 5 GG in die fachgerichtliche Entscheidung.

[50] BVerfGE 94, S. 268, Beschluß vom 24.4.1996 gegen Vorschriften des Gesetzes über befristete Arbeitsverträge mit wissenschaftlichem Personal an Hochschulen und Forschungseinrichtungen vom 14.06.1985 (HFVG), die als §§ 57a-57f ins Hochschulrahmengesetz (HRG) eingeführt worden sind.

sätze über befristete Arbeitsverträge sind nur insoweit anzuwenden, als sie den Vorschriften dieses Gesetzes nicht widersprechen.« Für die wissenschaftlichen Mitarbeiter wird der BAT also außer Kraft gesetzt. Das BVerfG stellt lapidar fest, daß aufgrund des § 57a Satz 2 HRG abweichende tarifvertragliche Regelungen von den Koalitionen auch künftig nicht mehr getroffen werden können.[51]

Die schon bei der Problematik der Verpflichtung von Beamten zur Streikbrecherarbeit bemerkte Doppelrolle als Hoheitsträger und »tariffähiger Arbeitergeber«[52] spielt der Staat auch hier: Die öffentlichen Arbeitgeber hatten für wissenschaftliches Personal eine tarifvertragliche Sonderregelung zur Befristung der Arbeitsverträge gefordert, die aber nicht zustande gekommen war.[53] Nunmehr verfügte der Bund das als Gesetz, was er als Tarifvertrag nicht hatte vereinbaren können.

Vergleicht man unter dem Aspekt des Art. 9 Abs. 3 GG diese Regelung mit der zum zweiten Schiffsregister sowie zum Beamteneinsatz als Streikbrecher, ist festzustellen: Die Frage des Beamteneinsatzes als Streikbrecher ist eine arbeitskampfrechtliche bzw. dienstrechtliche Frage. Die Rechtsverhältnisse der Beamtinnen und Beamten werden durch Gesetz, nicht durch Tarifvertrag geregelt. Streikbruch wirkt sich auf das Kräfteverhältnis der Tarifvertragsparteien bei Verhandlungen bezüglich der Arbeiter und Angestellten des öffentlichen Dienstes aus, ist aber selbst kein Problem der Tarifautonomie. In der Entscheidung zum zweiten Schiffsregister war die Tarifautonomie nicht schon durch Abschluß von Tarifverträgen bestätigt. Mit § 57a Satz 2 HRG greift der Gesetzgeber indes in abgeschlossene Tarifverträge, in die bereits realisierte Tarifautonomie ein, verhängt überdies ein Tarifverbot für alle Zukunft. Zu Recht stellt das BVerfG fest, daß der verfassungsrechtliche Schutz der

---

[51] BVerfGE 94, S. 284.

[52] Siehe oben sowie BVerfGE 88, S. 116.

[53] Zur Vorgeschichte vgl. ausführlich Nagel, Fristverträge an Hochschulen und Forschungseinrichtungen, 1986, Einleitung, Rn 6ff. sowie ders., RdA 1997, S. 351 (352f.). Nagel verweist darauf, daß das Problem von den öffentlichen Arbeitgebern selbst geschaffen worden sei, weil wissenschaftliche Mitarbeiter bewußt nicht als Beamte, sondern als Arbeitnehmer eingestellt wurden und damit in den BAT »hineinrutschten«. Die Gründe lagen darin, daß die höhere Bezahlung nach C 1 vermieden und die persönliche Zuordnung zu einem Professor sichergestellt werden sollte. Als eine Reihe von wissenschaftlichen Mitarbeitern erfolgreich Entfristungsklagen führte, forderten die öffentlichen Arbeitgeber die Änderung des BAT. Eine tarifvertragliche Änderung scheiterte an den Gewerkschaften.

Tarifautonomie bei bestehenden tarifvertraglichen Regelungen stärker ist als in Bereichen, die die Koalitionen ungeregelt gelassen haben.[54] Überdies fällt ins Gewicht, daß das Gesetz gleichsam in eigener Sache ergangen ist, noch dazu, nachdem eine tarifliche Regelung nicht hatte durchgesetzt werden können. Ein stärkerer Eingriff in die Tarifautonomie mit Ausnahme womöglich der Zwangsschlichtung scheint kaum vorstellbar.

Das BVerfG rechtfertigt diesen Eingriff mit der Wissenschaftsfreiheit (Art. 5 Abs. 3 GG) als objektiver Wertentscheidung, nicht als Grundrecht.[55] Sie verpflichte den Staat dazu, freie Wissenschaft und ihre Vermittlung an die folgenden Generationen durch personelle, finanzielle und organisatorische Mittel zu ermöglichen und zu fördern.[56] Hier ist nicht der Ort für eine vertiefende Betrachtung und Kritik dieser problematischen Entscheidung des BVerfG;[57] nur soviel: Die Wissenschaftsfreiheit des »akademischen Nachwuchses«[58] ist zum Zeitpunkt keiner Entscheidung des BVerfG als subjektives Grundrecht je individualisierbar, vielmehr stets nur auf zukünftigen, auf irgendeinen irgendwann irgendeine freie Wissenschaft betreibenden Nachwuchs beziehbar. Es gibt daher keine Grundrechtsberechtigten, die ihre Wissenschaftsfreiheit in einem Verfahren vor dem BVerfG geltend machen könnten. Zugunsten dieses abstrakten »akademischen Nachwuchses« ist Art. 5 Abs. 3 GG daher auch nicht als (subjektives) Grundrecht denkbar, sondern bloß als »objektive Wertentscheidung«. Eingegriffen wird durch das Gesetz jedoch in die Arbeitsverträge der jetzt akademisch Tätigen. Diese sind Träger der Wissenschaftsfreiheit, in diesem Fall als subjektives Recht, als Abwehrrecht. Die »objektive Wertentscheidung« zugunsten eines unbestimmten akademischen Nachwuchses soll also ohne weiteres die Wissenschaftsfreiheit als subjektives Abwehrrecht verdrängen, derogieren können.[59] Mehr noch: Namens der objektiven Wertentscheidung darf

---

[54] BVerfGE 94, S. 285. Zu verwandten Problemen der Verhältnisse von Tarifvertrag, Gesetz und Grundrechten vgl. Dieterich, FS Schaub, 1998, S. 117ff.

[55] Vgl. BVerfGE 94, S. 285; zu den Grundrechten als objektiven Wertentscheidungen vgl. zusammenfassend Pieroth/Schlink, Grundrechte, 13. Aufl. 1997, Rn 82.

[56] BVerfGE, ebd.

[57] Ausführliche Kritik bei Hammer, PersR 1997, S. 104; vgl. auch Nagel, RdA, a.a.O. (Fn 53).

[58] BVerfGE 94, S. 286.

[59] Ähnlich auch Hammer, a.a.O., S. 109 f. sowie Nagel, RdA 1997, S. 351.

obendrein in die Koalitionsfreiheit in ihrer am stärksten geschützten Form, der des abgeschlossenen Tarifvertrages, eingegriffen werden, und zwar dadurch, daß der Gesetzgeber im eigenen Interesse ein Abschlußverbot pro futuro verhängt. Das Resultat setzt Maßstäbe für die »Eingriffsfestigkeit« der Koalitionsfreiheit nach Abschied von der Kernbereichslehre: Sie ist sehr gering – zu was, wenn nicht zum »Schutz anderer Rechtsgüter«,[60] greift der Gesetzgeber ein?

Zusammenfassung und Schlußfolgerungen

Erstens: Art. 9 Abs. 3 GG macht zum Kräfteverhältnis zwischen des Koalitionen keine Vorgaben. Es muß lediglich Parität gewahrt werden, damit die Tarifautonomie funktionsfähig bleibt. Eine *verfassungswidrige* Paritätsstörung wird sich aber kaum je feststellen lassen. Verfassungswidrig wäre sie bestenfalls, wenn die davon betroffene Arbeitnehmerkoalition vernichtet oder existenziell gefährdet wäre. Dies könnte aber vom BVerfG nicht kompensiert werden. Das verfassungsrechtliche Problem ist und bleibt damit bloß ein theoretisches. Es ist, folgt man dem BVerfG, nicht nur verfassungsrechtlich, sondern vor allem praktisch nahezu ausgeschlossen, Prognosen so zu belegen, daß sie für ein Verfahren vor dem BVerfG entscheidungserheblich werden.

Zweitens: Hinzu kommt, daß laut BVerfG beide Koalitionen und deren Mitglieder Grundrechtsträger sind und gleichermaßen (quantitativ? qualitativ? formell materiell?) auch Berechtigte des Grundrechts der Koalitionsfreiheit als Abwehrrecht sein sollen. Aus der Schutzfunktion der Grundrechte als objektiver Wertentscheidung sollen sich grundsätzlich keine Verpflichtungen des Gesetzgebers zum Tätigwerden ableiten lassen.

Drittens: Hat der Gesetzgeber eingegriffen, werden die Eingriffe sich fast immer verfassungsrechtlich rechtfertigen lassen. Der Gesetzgeber darf zum Schutz »anderer Rechtsgüter«[61] bzw. zur Wahrung »verfassungsrechtlich geschützter Rechtsgüter«,[62] soweit erforderlich, sogar im eigenen Interesse eingreifen – noch dazu in abgeschlossene Tarif-

---

[60] BVerfGE 93, S. 359; s. dazu noch sogleich.

[61] BVerfGE 93, S. 359; vgl. dazu auch Rüfner, RdA 1997, S. 132.

[62] So heißt es stattdessen bei BVerfGE 92, S. 41 und 94, S. 284, was zur erwünschten Präzisierung nicht gerade beiträgt.

verträge. Das BVerfG wird ihn daran nicht hindern. Andere, sei es Rechtsgüter, sei es verfassungsrechtlich geschützte Rechtsgüter, werden sich unschwer finden lassen, auch solche aus dem Grundrechtekatalog. Dazu reicht ihre Form als »objektive Wertentscheidung«; ein Eingriff in das Grundrecht irgendeines Grundrechtsberechtigten muß nicht stattgefunden haben. Umgekehrt ist der Haushaltsgesetzgeber nicht verpflichtet, zum Schutz der Koalitionsfreiheit 100 Millionen DM jährlich an Subventionen einzustellen.[63]

Der Gesetzgeber wird vom BVerfG also grundsätzlich weder zum Handeln überhaupt noch zu einem anderen Handeln, als er es für richtig befunden hat, gezwungen. Alles dies ist bloß eine politische, keine Rechtsfrage.

Der unüberprüfbare gesetzgeberische Spielraum bezieht sich auf die Einschätzung und sämtliche Prognosen der ökonomischen und sozialen Rahmenbedingungen und schließt die Gewichtung der konfligierenden Interessen, damit ihre Bevorzugung oder Benachteiligung ein. Solange der Gesetzgeber nicht handelt, wird sein Spielraum an die Fachgerichte gleichsam weitergereicht. Der Rechtsprechung eignet damit eine ähnlich weite Freiheit, wie das BVerfG sie dem Gesetzgeber zubilligt.

Viertens: Es ist daher jede nicht völlig sachwidrige Politik und im Grundsatz auch das Unterlassen fast jeder sachgemäßen Politik verfassungsmäßig. Auch neoliberale Wirtschafts- und Sozialpolitik ist, schon weil sie herrschende Strömung ist, natürlich sachgemäß und kann daher nicht verfassungswidrig sein. Das BVerfG hat auf das Gewaltenteilungsprinzip zu achten und achtet darauf.

Fünftens: Die beträchtliche, verfassungsrechtlich indes gebotene Zurückhaltung des BVerfG birgt neben Gefahren auch Chancen – für Gewerkschaften. Aktuell mögen die Nachteile überwiegen. Bei der allfälligen Abarbeitung des Reformstaus, bei endlich ergriffenen wirklichen Maßnahmen zur Eindämmung, gar (man wagt es kaum auszusprechen!) Beseitigung der Massenarbeitslosigkeit wird das BVerfG dieselbe Zurückhaltung walten lassen, wie es sie gegenüber der neoliberalen Bundesregierung und Parlamentsmehrheit der achtziger und neunziger Jahre an den Tag gelegt hat – hoffentlich. Eine mutigere Rechtsprechung muß das Verdikt der Verfassungswidrigkeit nicht mehr scheuen.

---

[63] S. oben S. 106 dieses Beitrags (»Ausflaggen«).

Aktualität der Gesellschaftsreform

Rudolf Dreßler

Der Sozialstaat deutscher Prägung

Eine Antwort auf Amerika?

Einer jüngst veröffentlichten UNESCO-Studie zufolge orientieren sich heute die Zwölfjährigen zu einem beträchtlichen Teil an Filmfiguren wie »Rambo« oder »Terminator«. Quer durch alle Bevölkerungsschichten sei dies der Fall, heißt es. Sie orientieren sich an Schöpfungen der Bewußtseinsindustrie, an Idolen, also im Sinne des Wortes an Trugbildern, die so zu charakterisieren sind: durch Befehl-und-Gehorsam-Schablonen geprägt, stets isoliert handelnd, ohne Unrechtsbewußtsein, antisozial. Zu den weiteren Ergebnissen dieser Studie zählt, daß jene, Jungen häufiger als Mädchen, die in sozialen Brennpunkten und unter krisenhaften Bedingungen heranwachsen, ihre spezifische Lebenswirklichkeit und die durch Idole wie den »Rambo« und den »Terminator« verfaßte Erfahrung kaum noch auseinanderzuhalten vermögen.

Die heute Zwölfjährigen werden im Jahr 2004 18 Jahre alt sein, also ihren Bundeswehrdienst oder den Zivildienst abzuleisten haben, sofern sie männlichen Geschlechts sind; sie werden arbeiten oder arbeitslos sein, lernen oder studieren, und zwei Jahre später sollen sie anläßlich der Bundestagswahl zum ersten Mal darüber entscheiden, wie es mit in unserem Land politisch und sozial weitergehen wird. Viel Zeit bleibt bis dahin nicht mehr.

Für die Zukunft unseres Sozialstaats, eines Rechtsstaats, der soziale Integration und Versöhnung zum Ziel hat, könnten die Befunde der UNESCO von außerordentlicher Bedeutung sein. Denn sie lassen den Schluß zu, daß dem Sozialstaat die Anhängerschaft wie Schnee in der Sonne wegschmelzen könnte. Dabei hat der Sozialstaat keinen einzigen Sympathisanten zu verschenken, weil er ohne politische Mehrheit politisch nicht zu halten sein wird.

Ich schreibe dies nicht nieder, um eine kulturpolitisch gezielte Kritik an US-amerikanischen Lebensstilen zu formulieren. Dafür gibt es Berufenere – etwa den leider viel zu früh verstorbenen US-Historiker Christopher Lasch oder Robert Reich, den früheren Arbeitsminister der USA. Aber eigentümlich ist schon, daß so wenige über einen Prozeß nachdenken und sprechen, bei dem soziales Bewußtsein, Verantwortungsgefühl und Engagement für andere durch die genannten sowie weitere destruktive Idole und deren beherrschenden Einfluß ersetzt werden.

Damit keine Mißverständnisse entstehen: Die »Rambos« und die »Terminatoren« bilden nicht die einzige negative Einflußgröße auf den Sozialstaat, vielleicht nicht einmal die bedeutendste. Aber da wir auf seiten der politischen Linken dazu neigen, angesichts kritischer Entwicklungen stärker auf die sogenannten objektiven, historischen Gründe zu schauen, aber die in den Persönlichkeiten liegenden Bedingungen zu vernachlässigen, sind mir die vorangestellten Hinweise wichtig.

Wie sehen andere negative Einflußgrößen aus? Worin bestehen sie?

Unsere soziale Ordnung leidet darunter, daß das historisch gewordene, tariflich und/oder gesetzlich sozial gut abgesicherte Arbeitsverhältnis einer Vollzeitstelle durch millionenfache ungesicherte, prekäre Arbeit mächtige Konkurrenz bekommen hat.

Ein ehernes ökonomisches Gesetz, das fortwährend die Verwandlung vorhandener Arbeit und aller neuen, zusätzlichen Arbeit in schlecht bezahlte und sozial schlechter gesicherte forderte, vermag ich gleichwohl nicht zu erkennen. Der Sozialstaat hat hier einen Gestaltungsauftrag.

Das in Deutschland traditionell gut entwickelte Bewußtsein der beruflichen Fähigkeiten und des Könnens im Betrieb, also der Arbeitsstolz, werde, so wird gesagt, mehr und mehr durch eine variable Einstellung ersetzt, die es möglich machen soll, mal hier, mal da und unter wechselnden Anforderungen, aber grundsätzlich individuell zufrieden, eingesetzt zu werden.

Eine sächsisch-bayerische »Zukunftskommission« über »Erwerbstätigkeit und Arbeitslosigkeit in Deutschland« hat zwei Jahre geforscht. Die »Leipziger Volkszeitung« hat über deren Ergebnisse folgendermaßen berichtet: »Mehr Arbeit wird es in Deutschland auf absehbare Zeit nicht geben. Mehr Geld ist auch nicht zu verteilen. Also: die vielen Arbeitswilligen müssen sich die wenige Arbeit teilen. Und: viele werden Arbeit annehmen müssen, die heute als unzumutbar gilt, weil sie schlecht bezahlt ist. Sachsens Ministerpräsident Kurt Biedenkopf nickt zu diesen Thesen zustimmend mit dem Kopf.«

Der Kommissionsvorsitzende Professor Miegel nennt der Zeitung zufolge künftige Arbeit »flockig«. »Flockig« ist demnach mehr Teilzeitarbeit ohne Lohnausgleich, mehr personennahe kleine Dienste in bisher unüblichen niedrigen Einkommensgruppen. Die »Leipziger Volkszeitung« erinnert in diesem Zusammenhang recht sarkastisch daran, daß Landesvater Biedenkopf schon einmal von den »Schuhputzern auf dem Flughafen von Chicago schwärmte«, weil er diese offenkundig auf deutschen Flughäfen vermißt.

Das alles gehört zusammen: Der zerstörerische Angriff der Bewußtseinsindustrie, die Erosion historischer Bedingungen von Arbeit, schlechte Bezahlung und die individuelle Heimatlosigkeit während der Arbeit. Man kann, wenn man will, in den USA studieren, was sich in einer Gesellschaft abspielt, in der diese Faktoren bestimmend zu werden beginnen. Sarkastisch geschrieben: Den »working poor« soll es in den kalten Wohnungen warm werden, wenn Camerons Film »Titanic« über die Mattscheibe flimmert und die Zuschauer erleben, wie kalt und mörderisch das Wasser 1912 im Nordatlantik sein konnte.

Ich habe diesen ökonomisch-gesellschaftlichen Weg zunächst hinzunehmen, weil er ein anderes Land trifft und prägt. Ich bezweifle aber, ob man noch von einer freiheitlichen Gesellschaft sprechen kann, wenn diese Aspekte voll wirksam sein würden.

Was bedeutet es konkret, von sogenannten personennahen kleinen Diensten oder von »Teilzeitarbeit ohne Lohnausgleich« leben zu müssen? Heißt das, solche Arbeit sei materiell existenzsichernd? Oder bedeutet solche Arbeit, daß jeder, der sie annimmt, mindestens zwei Beschäftigungsverhältnisse ausüben muß, damit die Existenz materiell gesichert ist? Oder ist damit gemeint, daß solche Arbeit nur in Kombination mit einer kontinuierlich empfangenen staatlichen Unterstützung eine Existenz sichert? Wer zahlt diese Unterstützung? Welche Steuern müssen von wem aufgebracht oder um welchen Satz erhöht werden, damit die kontinuierliche Zahlung durch die Staatskasse gesichert ist? Und was folgt daraus für die Alterssicherung? Armut im Alter? Ein relativ gesichertes Auskommen? Sicherung von Lebensstandard oder Verzicht auf materielle Sicherheit?

Wie wird das Bewußtsein dieser Menschen beschaffen sein? Würde auf sie zutreffen, was Maxim Gorki vor fast hundert Jahren schrieb: »Innerlich haltlos, verbraucht und zerschlagen, liebäugelt er bald mit dem Sozialismus, bald schmeichelt er dem Kapital...«?

Wie produktiv wird eine solche Gesellschaft im Schnitt sein? Wie soll sie die Produktivität überhaupt steigern, wenn eine Mehrheit dauerhaft von den guten, den hochbezahlten und mit Aufstiegschancen verbundenen Jobs ferngehalten wird? Wie organisiert eine derartige Gesellschaft sozialen Frieden? Oder steckt in dieser Sicht nicht der Verzicht auf sozialen Frieden? Erfüllt die eingangs erwähnte Bewußtseinsindustrie hier, genau hier, ihren eigentlichen Zweck?

Der kluge Warnfried Dettling hat jüngst in der taz geschrieben: »Die Gesellschaft zerfällt immer mehr in Minderheiten. Es entstehen neue kulturelle Muster, Axiome und Trennlinien, und sie verlaufen mitten durch die einzelnen Individuen.« Was folgt daraus? Chaos? Eine grundlegende Unberechenbarkeit, wie Dettling vermutet?

All diese Fragen sind nicht gelöst. Die Promotoren einer neuen Ordnung in den sozialen Beziehungen beantworten sie jedenfalls nicht. Sie sagen: Das kommt so! Basta. Beweisen können sie natürlich gar nichts. Sie verlängern lediglich Gegenwartstrends in die Zukunft. Wenn diese Extrapolationen stets richtig gewesen wären, müßte heute in jedem zweiten deutschen Landkreis ein Kernkraftwerk stehen, weil man noch vor wenigen Jahrzehnten heilige wirtschaftswissenschaftliche Eide geschworen hat, daß Wachstum und Energieverbrauch eng aneinander gekoppelt seien.

Die Herrschaften verschweigen, daß sie ein hochspekulatives Geschäft betreiben. Ein schwindsüchtiger, von Schulden erdrückter japanischer Immobilienfonds ist demgegenüber geradezu solide und verläßlich.

Denn ob die Arbeit tatsächlich langfristig diesen oder jenen Weg nimmt, uns gar ausgeht oder nicht, wissen wir nicht. Es kann eintreten, was konservative Wachstums- und Beschäftigungspessimisten vorhersagen. Aber wahrscheinlich ist, daß sie sich täuschen. Daß nämlich wie bisher nach jedem breiten und tiefen ökonomischen Strukturbruch auch künftig neue Arbeitsplätze in alten Bereichen entstehen und neue erst recht in Bereichen, an die niemand dachte; daß für Märkte existenzsichernde Arbeitsplätze entstehen, die niemand zuvor für möglich hielt. Wie oft ist die deutsche Textilindustrie in den vergangenen 25 Jahren als todkrank beschrieben, als dem Untergang geweiht dargestellt worden? Sie lebt immer noch. Sie behauptet sich, angepaßt, hochproduktiv, variabal, kundennah. Es hieß, tragbare Telephone, PC-Gehäuse, sogar die Automobilproduktion und anderes würden dahin wandern, wo die Löhne tief und die Gewerkschaften zahm seien. Das sei unausweichlich. Und die

Wirklichkeit? All das wird nach wie vor in Deutschland produziert. Der lebendige Kapitalismus war stets zäher und überraschender, als seine konservativen Skeptiker wahrhaben wollten.

Der Unterschied zu den Zeitläuften, in denen die Jahrgänge politisch reiften, zu denen Detlef Hensche gehört, ist freilich beträchtlich. Zur Charakterisierung will ich einige Zeilen aus einer Rede Harry S. Trumans zitieren, die, so wird berichtet, der spätere Bundespräsident Gustav W. Heinemann viele Jahre mit sich trug. Truman sagte am 21. August 1951, übrigens vor der American Legion, mit Blick auf die antikommunistische Hysterie in seinem Land: »Es gibt bereits heute Menschen, die nicht mehr wagen, einen neuen Gedanken zu denken. Wie viele von ihnen fürchten bereits, sich über ein strittiges Problem frei auszusprechen? Wie viele von ihnen fühlen, daß man in allen Dingen und zu allen Gelegenheiten auf Nummer sicher gehen muß? Verleumdung, Lügen, seelischer Meuchelmord – alle diese Dinge sind eine Bedrohung jedes einzelnen Bürgers...«

Auch damals ging es um Freiheit – und um die Chance, gesellschaftspolitisch etwas zu wagen, das quer zur gesellschaftlichen Wirklichkeit lag. Konservativer, antikommunistischer Mief, Enge des Denkens, der Wunsch nach helleren, wahrhaftigeren Zuständen waren die Beweggründe während der fünfziger und sechziger Jahre für junge Frauen und Männer, auf der Linken politisch aktiv zu werden.

Wie selbstverständlich setzten sie dabei auf den Sozialstaat, oder das, was sie damals so nannten – mit einem starken Akzent auf der Forderung nach sicher verankerter Wirtschafts-Demokratie; mit der Forderung nach Mitentscheidung und Mitverantwortung auf den wichtigen Ebenen der Wirtschaft.

Man wußte zudem, mit wem man es zu tun hatte. Mit Grundig und Borgward, mit Beitz und anderen. Adam Smith's »unsichtbare Hand« des Marktes hatte Namen und Adressen. Und heute? Wer weiß schon, wer hinter den Kürzeln steckt, die in den Börsennotierungen Furore machen. Man ist ja fast dankbar, daß eine hochnäsig-dumme Peanuts-Bemerkung Anonymität zerstört und ein treudeutsches Banker-Beamten-Gesicht in die Öffentlichkeit gezoomt wird.

Ich will diese Zeit nicht romantisch verklären oder überhöhen. Es war auch eine schreckliche, dumpfe Zeit, in der den für soziale Gerechtigkeit und die Einhaltung von Bürgerrechten (!) Engagierten politisch Nahestehende oft genug wie einsame Lichter in einem Meer von Dunkelheit erschienen, um ein Bild aus Diether Possers Buch »Anwalt im Kalten Krieg« aufzugreifen. Aber unbestreitbar ist, daß die Opposition damals neben ihren Idolen auch Ideale in den Köpfen hatte.

Vielen war bewußt, daß das Grundgesetz keine Religion bieten will. Es war andererseits klar, daß das Grundgesetz nicht neutral, also bar jeder Regung über den Verhältnissen schwebt; der Dame mit den verbundenen Augen auf den Eingangsportalen der Gerichte vergleichbar. Es war damals klar: die Verfassung schaut hin, nimmt Anteil, treibt an, fordert heraus, bietet sichere Orientierung. Sie will Gegensätze so überwinden, daß daraus Versöhnung entstehen kann. Oder wie Professor Ernst Benda mit Blick auf die Sozialstaatsklausel des Grundgesetzes später einmal schrieb: Diese sei eine Norm, »die den sich ändernden Verhältnissen gerecht werden kann, ohne hierbei die Orientierung auf das Ziel zu verlieren. Bewirkt werden soll ein möglichst hohes Maß an sozialer Gerechtigkeit«.

Der antikommunistische Mief hat sich weitgehend verzogen. Die Zeit ist nicht mehr so dumpf und eng. Aber weniger gefahrenvoll ist sie auch nicht. Auftrag und Chancen des Grundgesetzes gelten nach wie vor.

Kommen Grundgesetz und Sozialstaat noch klar mit den neuen »Rahmenbedingungen«? Oder werden sie unter der Wucht der ideologischen Angriffe des Neoliberalismus am Ende zusammenbrechen? Angriffe, die auch die Vorstellungen, wie die Gesellschaft sein soll, die moralischen und ethischen Positionen nicht unberührt lassen. Dieser Streitpunkt ist nicht entschieden. Mir kommt es zunächst darauf an, eine politische Mehrheit im Parlament zustande zu bekommen, die den Sozialstaat erhalten will. Das ist schwierig genug.

Das wichtigste in der gegenwärtigen Sozialstaatsdebatte besteht darin, auszusprechen, was ist. Der Sozialstaat deutscher Prägung ist keine öffentliche Wohlfahrt. Die von Politikern der F.D.P. genährte Vorstellung, der deutsche Staat sitze wie ein selbstherrlicher Fürst an den Schalthebeln einer molochartigen Wohlfahrtsbürokratie, um durch Zuteilung von mehr oder weniger Milliarden Mark über Glück und Elend der Millionen zu entscheiden, ist Unfug, ist ideologischer Krampf. Das ist nicht der deutsche Sozialstaat, und so funktioniert er auch nicht. Das ist lediglich eine verzerrte Spiegelung des Sozialstaats im Bewußtsein von Politikern, die des Sozialstaats überdrüssig sind, weil sie ihn nicht benötigen. Weil sie sich nicht vorzustellen vermögen, daß sie ihn je existenziell nötig haben könnten.

Sozialstaat ist auch keine Caritas, so wichtig Caritas, die Fähigkeit, mitleiden zu können und dann zu helfen, im Einzelfall ist. Caritas ist im Vergleich zum Sozialstaat preiswert. Ihr liegt kein Rechtsanspruch zugrunde; nicht mal ein Gesetz oder ein Kabinettsbeschluß, der für öffentliche Wohlfahrt zwingend wäre. Der Preis der Caritas scheint der Grund dafür zu sein, daß die Sozialpolitik der CDU/CSU allmählich einen karitativen Trend bekommt.

Unser Sozialstaat ist die feste Verbindung zwischen den Rechten und Ansprüchen des Einzelnen auf der einen und den Rechten der Gesellschaft auf der anderen Seite. Rechte des Einzelnen: Das sind Rechtsansprüche, die er gegen Staat und Gesellschaft einschließlich der gesetzlichen Sicherungssysteme hat. Diese Rechtsansprüche sind geschützt. Sie genießen, sofern sie sich gegen allgemein akzeptierte Sozialsysteme richten, den Schutz des Grundgesetzes. Sie genießen, sofern sie sich auf kontinuierliche Beitragsleistungen gründen, den Eigentumsschutz des Grundgesetzes. Und sie genießen, sofern diese Ansprüche in einer individuellen materiellen Notlage geltend gemacht werden, ebenfalls den Schutz des Grundgesetzes. Denn niemand soll in unserem Land zugrunde gehen, weil ihm ein Dach über dem Kopf fehlt, weil er friert oder hungert.

Andererseits hat die Gesellschaft den Anspruch, diese geschützten Systeme so zu gestalten, daß sie möglichst vielen Nutzen bringen, und daß Einnahmen und Ausgaben in einem vernünftigen Verhältnis gehalten werden. Auch dafür bietet das Grundgesetz einen Anker.

Der Gesetzgeber hat nach höchstrichterlicher Auffassung viel Gestaltungsspielraum in sozialen Fragen. Er muß jedoch verläßlich abwägen. Er darf seine Möglichkeiten nicht nutzen, um Menschen gegeneinander zu hetzen oder aufzubringen. Konsens ist für unser Grundgesetz die Maxime. Das ist das Gegenteil von »Rambo«, von Befehl und Gehorsam und auch das Gegenteil isolierten, antisozialen Handelns.

Ich finde, der Sozialstaat ist ein Geschenk an uns. Er sichert nicht nur Lebens- und Überlebenschancen: Er ist auch Produktivkraft, weil er den Einzelnen notwendige Sicherheit verleiht. Daher hat er sich keineswegs überlebt. Schließlich ist er Bedingung, damit die Menschen rasend schnell ablaufende Veränderungen und tiefe Brüche bewältigen können. Ohne Sozialstaat, ohne Rechtsansprüche, ohne soziale Sicherheit wird eine fortwährend in Veränderung befindliche Gesellschaft sich selber zur Gefahr. So wie ein Rad ohne Achse die Spur nicht halten kann.

Mich wundert immer aufs neue, wie wenig Zuversicht wir Bürger in die realisierten Rechtsansprüche und in die Möglichkeiten setzen, die sich uns noch bieten. Das erinnert mich an eine Karikatur des unvergessenen Kurt Halbritter. Der hatte, als während der siebziger Jahre allerorten Verfassungsfeinde vermutet wurden, im »Vorwärts« einen staatlichen Verfassungsschützer gezeichnet und diesem zur Prüfung ein Grundgesetz in die Hände und folgenden Satz in den Mund gelegt: »Da stehen ja Sachen drin...«

Ursula Engelen-Kefer

Plädoyer für die Revitalisierung der Politik

Gewerkschaftspolitik gegen die Spaltung

Bei hohem Niveau unserer wirtschaftlichen Leistungsfähigkeit nimmt die soziale Spaltung in der Gesellschaft zu. Die Gewinne der Konzerne explodieren, die Börse boomt. Gleichzeitig steigen die Zahlen der Insolvenzen und der Arbeitslosen. Die Nettoeinkommen der Arbeitnehmer stagnieren nominal und sinken real. Die Lohnquote ist hinter das Niveau der frühen sechziger Jahre zurückgefallen. Einer wachsenden Zahl von Vermögensmillionären steht eine dramatisch gestiegene Zahl an Sozialhilfeempfängern gegenüber. Diese Fakten machen die wachsende Spaltung in unserer Gesellschaft deutlich. Dies ist nicht zwangsläufige Folge der Globalisierung, vielmehr Ausdruck und Ergebnis einer verfehlten Politik, die dem neoklassischen Credo verpflichtet ist. Die Auffassung, der Sozialstaat sei zu teuer, setzte sich in den achtziger Jahren durch. Forderungen nach Deregulierung des Arbeitsmarktes und der Zurückführung von Sozialleistungen bestimmten die öffentliche Diskussion. Doch ein Blick auf die Resultat zeigt: Die Politik des Sozialabbaus ist in Deutschland wie im übrigen Europa vollständig gescheitert.

Der Markt alleine ist nicht in der Lage, für »Arbeit für alle«, soziale Gerechtigkeit und eine gleichberechtigte Teilhabe aller am gesellschaftlichen Leben zu sorgen. Dies ist weder seine Funktion noch seine Aufgabe. Damit die für die Gewerkschaften wichtigen Ziele – Arbeit, soziale Gerechtigkeit, Demokratie – wiederhergestellt, erhalten und dauerhaft gesichert werden, ist der aktive und steuernde Eingriff des Sozialstaates unverzichtbar. Dieser Sozialstaat ist eben soziales Gegenprinzip und zugleich politisches Korrektiv zu einer kapitalistischen Marktwirtschaft, in der sich die gesellschaftliche Entwicklung nach den Zwängen privater Kapitalverwertung und wirtschaftlicher Konkurrenzprinzipien im Interesse weniger ausrichtet. Für den Sozialstaat einzutreten, heißt deshalb, bereit zu sein, sich mit jenen auseinanderzusetzen, die auf eine Rekapitalisierung unserer Lebensverhältnisse setzen, weil sie davon profitieren.

Deshalb ist auf eine Revitalisierung des Politischen zu setzen – aus politischen, moralischen und ökonomischen Gründen. Die Unterwerfung der Politik unter die Primate der Ökonomie taugt nicht zur Problemlösung. Die Therapie, mittels fortgesetzten Sozial- und Lohndumpings die Konkurrenzfähigkeit des eigenen Wirtschaftsstandortes auf Kosten der Handelspartner zu stärken, ist perspektivlos. Der damit ausgelöste Kostensenkungswettlauf kann von niemandem gewonnen werden. Deshalb muß immer wieder an die Weltwirtschaftskrise Ende der zwanziger Jahre erinnert werden. Damals hat eine verfehlte Wirtschaftspolitik, die die wichtigste Ursache für die Massenarbeitslosigkeit in zu hohen Löhnen sah und eine drastische Sparpolitik zu Lasten der Schwachen betrieb, den Faschisten in den Sattel geholfen.

Bei der Zurückweisung der Politik des Ökonomisierung werden wir nur erfolgreich sein, wenn wir konkrete Alternativen vorlegen und durchsetzen. Deshalb brauchen wir sozialstaatliche Antworten vor allem auf die Massenarbeitslosigkeit. Sie ist die zentrale Ursache für die zunehmende Spaltung der Einkommensverhältnisse, sie ist Hauptgrund für den Bezug von Sozialhilfe, sie ist der Wegbereiter wachsender Armut. Das Ziel ist klar: Wir wollen nicht Arbeit um jeden Preis. Wir wollen sozial geschützte, vernünftig entlohnte und gesellschaftlich sinnvolle Arbeit. Dieses Ziel verfolgen wir, weil »mit Arbeit die Menschen nicht nur die Mittel und Dienste produzieren, die sie zum Leben brauchen, sondern auch ihre Lebensumstände bestimmen.« In dieser Bestimmung aus dem Grundsatzprogramm der Sozialdemokratischen Partei ist zweierlei angelegt: Wenn die Menschen ihre Lebensumstände in und durch die Arbeit bestimmen, dann ist Sorge dafür zu tragen, daß niemand vom Arbeitsprozeß ausgeschlossen werden darf. Und wenn darauf hingewiesen wird, daß Arbeit dazu dient, die zum Leben notwendigen Mittel bereitzustellen, dann wird aus dem Ziel »Arbeit« das Mittel, der Produktionsfaktor und die Produktivkraft. Dies zwingt zu der Schlußfolgerung: Wenn als Folge der Produktivitätsentwicklung der gesellschaftliche Reichtum mit weniger menschlicher Arbeit hergestellt werden kann, dann ist es nicht Folge von Sachgesetzlichkeiten, daß diese gestiegene Produktivkraft im Ergebnis dazu führt, daß zunehmend mehr Menschen ausgegrenzt werden, Armut wächst und Hoffnungslosigkeit Platz greift. Die Produktivität selbst kann dafür nicht verantwortlich sein. Die Ursache dafür ist vielmehr in einer Politik zu suchen, die einer gesellschaftlich sinnvollen Nutzung dieses Fortschritts im Wege steht.

Deshalb muß sozialpolitisch nachgeholfen werden. Hier sind die Gewerkschaften gefordert. Ohne ihr aktives Handeln droht eine Spirale nach unten in Gang zu kommen. Sie sind als Gestaltungskraft gefordert, sie müssen Sorge tragen, daß die Weichen am Übergang ins nächste Jahrtausend nicht zurück ins letzte Jahrhundert gestellt werden. Sie sind gefordert als Tarifvertragspartei: Ihre Aufgabe muß es sein, sowohl die vorhandenen Spielräume für Einkommenszuwächse zu nutzen, wie die notwendigen Arbeitszeitverkürzungen durchzusetzen – beides ist gleichzeitig möglich und nötig. Verteilungspolitisch neutral bleiben diese Forderungen, solange sie im Volumen den durch die Entwicklung der Produktivität gegebenen Spielraum ausschöpfen. Ob die Forderungen darauf beschränkt werden müssen, ist zu diskutieren. Die Gewinneinkommen sind in den letzten Jahren kontinuierlich zu Lasten der Arbeitseinkommen gestiegen. Deshalb ist sehr wohl auch über eine Umverteilung zugunsten von Arbeit und damit zu Lasten der Kapitaleinkommen nachzudenken. Für die Verteilungsrelationen kann dabei vernachlässigt werden, ob diese Umverteilung durch Einkommenssteigerungen oder durch Arbeitszeitverkürzungen (bei Lohnausgleich) herbeigeführt werden, für die Beschäftigungswirkungen hingegen nicht. An der Frage der Arbeitszeitpolitik jedenfalls zeigt sich die Ernsthaftigkeit einer Politik gegen die Massenarbeitslosigkeit und die Fähigkeit, Solidarität konkret werden zu lassen.

Arbeitszeitverkürzung kann als Lackmustest für die Glaubwürdigkeit einer Politik gegen Massenarbeitslosigkeit dienen. Wer über das Schicksal der Arbeitslosen klagt und sich Arbeitszeitverkürzungen verweigert, ist als Heuchler entlarvt. Dabei sind Arbeitsverkürzungen keine defensiven Strategien zur Mangelverwaltung, sondern offensive Strategien zur ökologisch sinnvollen und sozial verantwortlichen Nutzung des Produktivitätsfortschritts. Das Teilen von Arbeit ist jedenfalls ein zentrales Element einer Offensive gegen die Spaltung. Dabei ist das gesamte Spektrum mit allen Formen der Arbeitszeitverkürzung zu nutzen. Alle Vorschläge zur Verkürzung der Lebensarbeitszeit, zur Wochenarbeitszeitverkürzung, für mehr Teilzeitarbeit sind hinsichtlich ihrer Beschäftigungswirksamkeit zu prüfen und umzusetzen. Durch eine differenzierte Handhabung des Einkommensausgleichs können sowohl die Akzeptanz wie die Durchsetzungschancen für diese Form der Wohlstandsvermehrung erhöht werden.

Ohne umfassende Arbeitszeitverkürzung ist ein Abbau der Arbeitslosigkeit nicht denkbar, und ohne eine nachhaltige Rückführung der Arbeitslosenzahlen ist die Zukunft des bundesdeutschen Sozialstaates bedroht. Der erfolgreiche Kampf gegen die Massenarbeitslosigkeit ist zur Stabilisierung der Sozialversicherungssysteme notwendig, aber auf Dauer noch nicht hinreichend. Die Gewerkschaften sind vielmehr dazu aufgerufen, die Idee der Solidarität neu zu beleben und Reformen der Sozialversicherung selbst voranzutreiben.

Bei diesen Reformen geht es darum, die präventiven Elemente in den einzelnen Systemen zu stärken, die Bemühungen um Integration ins Erwerbsleben zu erhöhen und für eine systemgerechte Finanzierung sozialstaatlicher Aufgaben zu sorgen. In den letzten annähernd zwei Jahrzehnten war die Privatisierung gesellschaftlicher Risiken Ziel der Regierungspolitik. Dies mag im Interesse der privaten Versicherungswirtschaft sein, es dient aber nicht dem Leitbild einer solidarischen Gesellschaft.

Um die Option für eine solidarische Zukunft zu sichern, ist daran festzuhalten, daß Altersrente als Lohn für Lebensarbeit gezahlt und nicht als Almosen gewährt wird. Wir wollen, daß die aus dem aktiven Erwerbsleben Ausgeschiedenen am Wohlstandszuwachs verbindlich partizipieren. Deshalb setzen wir auch zukünftig auf die Solidarität der Beschäftigten.

Das von ihnen erwirtschaftete Sozialprodukt ist die einzige Quelle, aus der die Sozialtransfers finanziert werden können. Die Gewerkschaften halten an der beitragsfinanzierten und dynamischen Rente fest, sie muß allerdings reformiert werden – um eine eigenständige Alterssicherung für Frauen. Ihre Finanzierungsgrundlage ist durch Transfer versicherungsfremder Leistungen in die Steuersysteme zu stabilisieren. Zudem ist die beitragsbezogene gesetzliche Rente zu ergänzen durch eine steuerfinanzierte bedarfsorientierte Mindestsicherung. Damit ist den veränderten Bedingungen der Arbeit – vor allem in Folge der Verkürzung und Umverteilung der Arbeitszeiten – Rechnung zu tragen und Armut im Alter zu verhindern.

Gesundheit darf keine Frage von Einkommen und Vermögen werden. Voraussetzung dafür bleibt die solidarische Krankenversicherung. Nur sie stellt den Zugang aller Versicherten zu Gesundheitsdienstleistungen und zur medizinisch notwendigen Versorgung im Krankheitsfall unabhängig von der jeweiligen individuellen Leistungsfähigkeit sicher.

Die von Arbeitslosigkeit betroffenen Arbeitnehmer müssen die Möglichkeit zur Arbeitssuche haben, ohne sofortige Herabstufung und Verarmung. Deshalb sind die solidarisch zu finanzierenden Leistungen bei Arbeitslosigkeit so zu bemessen, daß sie dieser Zielsetzung dienen.

Arbeit, soziale Gerechtigkeit und Demokratie – dieser Dreiklang muß wieder verstärkt angestimmt werden. Der Sozialstaat hat in diesem Lande Verfassungsrang. Dem Menschenrecht auf Arbeit ist Geltung zu verschaffen. Der sozialen Gerechtigkeit ist zum Durchbruch zu verhelfen. Der Sozialstaat ist zu modernisieren und nicht zu demolieren. Erfolgreich werden wir sein, wenn wir uns daran erinnern, daß Solidarität entscheidend war, um die Dunkelheit des Vergangenen hinter uns zu lassen, und entscheidend dafür ist, eine soziale Zukunft zu bauen. Möglich ist sie. Es ist nicht gottgewollt, daß die Gesellschaft der Zukunft nur nach den Gesetzen von Markt und Profit gesteuert wird. Um dies zu verhindern und um die Option für eine solidarische Zukunft zu erhalten, müssen wir uns einmischen.

Michael Müller

Vom New Deal zur Zukunftsfähigkeit
Für ein Bündnis von Arbeit und Umwelt

1.

»Es geht auf keinen Fall so weiter, wenn es so weitergeht« – dieser Satz von Erich Kästner ist fast schon eine Binsenweisheit: Wachstum und Erwerbsarbeit, die beiden Säulen für Wohlstand und Zusammenhalt in der Gesellschaft, sind schwer ins Wanken geraten. Soziale und ökologische Grenzen werden sichtbar. Wir leben in einer Zeit tiefgreifender Umbrüche und unsicherer Perspektiven. Doch Ursachen und Tragweite der Umwälzungen werden bis heute nicht hinreichend gesehen.

Die weit verbreitete Sprach- und Interpretationskrise erinnert an Hugo von Hofmannsthals Beschreibung des Fin de siècle im »Brief des Lord Chandos«: »Die abstrakten Worte, deren sich doch die Zunge naturgemäß bedienen muß, um irgendwelches Urteil an den Tag zu geben, zerfielen mir im Munde wie modrige Pilze.« Kommen am Ende unseres »Jahrhunderts der Extreme« (Eric Hobsbawm), in dem es nicht nur Wohlstand und Freiheit, sondern auch unfaßliche Formen von Inhumanität und Barbarei gegeben hat, die dunklen Seiten der Geschichte in neuen Formen zurück? Denn erneut zeigt sich die Ambivalenz der Moderne zwischen Fortschritt und Rückschritt. Die Rückkehr des Kapitalismus pur verlangt nach neuen Antworten.

Nach der Selbstauflösung der Sowjetunion ließ John LeCarré seine Romanfigur George Smiley auf die Frage, was sich nun für die »Sieger« geändert habe, sagen: »Ja, wir haben gewonnen. Vielleicht aber haben die anderen auch nur verloren. Vielleicht beginnen die Probleme erst jetzt, wo die Fesseln der Ost-West-Konfrontation abgestreift sind.«

Immer deutlicher wird: Massendemokratie schließt Massenarbeitslosigkeit nicht aus. Ein ungezügelter Markt vernichtet unersetzliche Lebensgrundlagen. Die demokratische Staatsbürgergesellschaft ist nicht gefeit gegen Nationalismus und Fundamentalismus. Diese innere Ambivalenz der Gesellschaft kann der Markt nicht regeln, dafür ist in der Demokratie die Politik zuständig. Wenn sie versagt, droht, wie Eric Dunning befürchtet, der »Decivilization downswing«.

Doch in unserer Gesellschaft findet eine Auseinandersetzung der Ideologie von vorgestern gegen die Konzepte von gestern statt. Statt den Sozialstaat zu reformieren und fortzuentwickeln und damit die Grundlage für einen neuen Konsens zu schaffen, hinterläßt der nur mühsam mit der Vorsilbe »neo« verbrämte Wirtschaftsliberalismus tiefe Spuren in Politik und Gesellschaft. In einer Zangenbewegung mit der Globalisierung kündigt er den – wenn auch ungleichen – Vertrag zwischen Kapital und Arbeit auf, der nach 1945 den westlichen Industriestaaten politische Stabilität und materiellen Wohlstand gebracht hat.

Der Sozialstaat war ein schmerzlich erkämpfter Zivilisationsschritt – auch als Konsequenz aus den beiden Jahrhundertkatastrophen Weltwirtschaftskrise und Weltkrieg. US-Präsident Franklin D. Roosevelt hatte dafür 1933 mit dem New Deal die entscheidenden Weichen gestellt. Seine Grundlagen waren die Überwindung des Laissez faire durch die Verbindung von Wirtschafts- und Sozialpolitik. Mit diesem Fortschritt brach in den achtziger Jahren die konservative Revolution des US-Präsidenten Ronald Reagan. Er rief in seiner Antrittsrede den Beginn einer neuen Ära aus, die sich in Inhalt und Zielsetzung an der Zeit vor dem New Deal orientierte.

Auch in Deutschland verkündeten die Jünger des Marktradikalismus das Ende des »sozialdemokratischen Jahrhunderts« und meinten damit die sozialstaatliche Verbindung von Wachstum und Arbeitsgesellschaft, die in den vergangenen Jahrzehnten – allerdings auf Kosten von Natur und Dritter Welt – Fortschritt, Wohlstand und Demokratie gebracht hatte.

Diese Ideologie sorgte für viel Elend und Rückschritt. Die Enttäuschungen sind groß, die Zeit verlangt nach einem Wechsel. Aber der kann nicht ein einfaches Zurück zu früheren Konzepten sein. Die sozialen Bewegungen sind auch deshalb in die Defensive geraten, weil es unbestritten einen großen Modernisierungsbedarf gibt, der Erneuerung und Veränderung erfordert.

Denn das Wirtschaftswachstum schafft keine ausreichenden Arbeitsplätze. Die Produktivität übersteigt die Nachfrage. Hohe Überkapazitäten führen zu zunehmender Monopolisierung und Kapitalintensität. Das Finanzkapital dominiert über die Realwirtschaft. In der Folge werden die Arbeitsplätze auf die gleiche Weise vernichtet, wie die Umwelt zerstört wird: durch Auszehrung. Das Kapital, der dritte Produktionsfaktor, saugt mit seiner ungezügelten Expansion die beiden anderen, Arbeit und Umwelt, gleichsam aus. Arbeitsplatzvernichtung, Umweltzerstörung und Ausgrenzung verbinden sich zu einem dichten Problembündel.

Nach dem Ende des großen Nach- und Aufholbedarfs und forciert durch den Einsatz der Informationstechnologien verläuft dieser Prozeß heute synchron: Die Arbeit wird von der Technik übernommen, die Umweltzerstörung schreitet scheinbar unaufhaltsam voran. Was werden die nächsten Folgen sein: Die Zerstörung des Marktes, der Gesellschaften, der Demokratie? Ein neuer Zivilisationsschritt ist notwendig: ein dauerhafter Gesellschaftsvertrag zwischen Arbeit, Natur und Kapital.

2.

Wir stehen am Beginn einer neuen Epoche, die neue Antworten erfordert. Das ist eine gewaltige Herausforderung – vor allem an die soziale und ökologische Reformbewegung in unserem Land. Sie muß sich auf gemeinsame Ziele verständigen und ein neues Leitbild von Fortschritt in sozialer und ökologischer Verantwortung mehrheitsfähig machen.

Diese Aufgabe ist nicht leicht, denn es handelt sich nicht nur um eine krisenhafte Entwicklung innerhalb unseres Zivilisationsmodells, die mit einigen Korrekturen zu beseitigen wäre. Vielmehr sind wir mit einer tiefen Krise des Zivilisationsmodells selbst konfrontiert, nicht zuletzt, weil uns die jahrhundertealte Naturvergessenheit einholt.

Zuerst müssen wir erklären, was ist – wie nach dem »schwarzen Freitag« an der New Yorker Börse, der in Wahrheit vom 26. bis 29. Oktober 1929 dauerte. Kurze Zeit später wurde John Maynard Keynes von der Wirtschaftskammer Madrid eingeladen, um über die Ursachen der Depression zu reden. Doch zur großen Überraschung handelte Keynes diese Fragen nur lapidar ab. Wichtiger war ihm die Botschaft, daß es sich in Wahrheit um die Geburtsschmerzen einer völlig neuen Epoche handele. Er sprach von einer drohenden technologischen Arbeitslosigkeit und Verdrängung der Menschen. Alles andere, so Keynes, wäre »eine unsinnige und irrige Deutung dessen, was uns widerfährt«.

Auch heute geht es um eine grundlegende Weichenstellung: Entweder die Zukunft wird zu einer partnerschaftlichen und solidarischen Einen-Welt oder sie wird zum egoistischen Einen-Weltmarkt, in dem das Gleichgewicht immer mehr gefährdet ist – nicht nur zwischen Wirtschaft, Ökologie und Sozialem, sondern auch in der Ökonomie selbst.

Die Globalisierung verschmilzt die Welt zu einem einzigen System von Märkten ohne Regeln und Koordinierung. Ihre Motoren sind die Vernetzung der Informations- und Kommunikationstechnologien sowie billige und schnelle Transportmöglichkeiten, die durch ihre universale Nutzung die bisherige Ordnung von Zeit und Raum auflösen. Alles wird »Rund-um-die-Uhr« und »Rund-um-die-Welt« verfügbar.

Damit wird eine bedrohliche Scheidelinie deutlich: Entweder wird die Globalisierung weiter einseitig von privaten Verwertungsinteressen vorangetrieben, die Arbeitslosigkeit, Ausgrenzung und Umweltzerstörung verschärfen. Oder Politik und Zivilgesellschaft können die Weichen für eine solidarische, eine soziale und ökologische Weltinnenpolitik stellen.

Richtig ist: Es gibt keinen linearen Prozeß von Fortschritt. Theodor Adorno beschrieb 1968 die Trends des Spätkapitalismus: »Die falsche Identität zwischen der Einrichtung der Welt und ihren Bewohnern läuft durch die totale Expansion von Wirtschaft und Technik auf die Bestätigung von Verhältnissen hinaus, nach deren Nutznießern man fast vergeblich forscht. Die Verselbständigung des Systems gegenüber allen, selbst gegenüber den Verfügenden, hat einen Grenzwert erreicht.« Folgerichtig ist für Norbert Elias die europäische Zivilisation »nicht nur die Speerspitze von Kultur und Zivilisation«. Sie kann auch »late barbarians« hervorbringen.

Mit der Durchökonomisierung der Welt machen die großen Kapitaleinheiten mobil für eine globale Ordnung ohne soziale und ökologische Rücksichtnahme. Der virtuelle Weltstaat »Finanzkapital« unterspült Demokratie und Nationalstaat. Kein Bereich soll sich dem Diktat von Deregulierung und Privatisierung entziehen können.

Die globalen Finanzmärkte dominieren die Politik. Sie setzen die Regeln, die Nationen können sich kaum noch bewegen. Die globalen Trends pressen die Gesellschaften in das Korsett ökonomischer Verwertung. In der Turbogesellschaft geht es weniger gerecht und weniger demokratisch zu. Mit der Massenarbeitslosigkeit bricht die Gesellschaft auseinander in eine hochverdienende Elite, einen Kranz von »Randjobs« und eine wachsende Zahl von Ausgegrenzten.

Der Status der Menschen wird von Macht, Konsum und Geld bestimmt. Die grundlegende Tendenz ist in allen Gesellschaften auf eine internationalisierte Welt ausgerichtet, deren Mode, Konsum und Lebensstile, Ideologie, Unterhaltung und Meinungsmache von einer oberen Mittelschicht geprägt wird, die einem Prozeß globaler ökonomischer Gleichmacherei unterliegt. Die einkommensstarken Schichten sind überall in denselben Hotels, tragen dieselbe Armani-Kleidung, suchen dieselbe Unterhaltung oder machen Urlaub in denselben In-Orten, während für die unteren Schichten immer häufiger nur McDonald's und Aldi bleiben.

Damit nehmen die Bindungen zur eigenen Gesellschaft ab und geht der Zusammenhalt verloren. An die Stelle des sozialen und politischen Menschen tritt der nur noch private Mensch. Die Gesellschaft verliert ihren gemeinsamen Boden von Geschichte und Erfahrung. Die von Ralf Dahrendorf beschriebene Zunahme individueller materieller Optionen bei einem gleichzeitigen Verlust an gesellschaftlichen Wertbindungen nimmt eine neue Qualität und Schärfe an. Es kommt zu einer »anschlußlosen Individualisierung« (K. P Japp), die sich gegen die Gesellschaft richtet, statt Freiheit, Entfaltung und Fortschritt als Teil der Gesellschaft zu sehen.

In der Turboökonomie kehren die sozialen Fragen in die Industrieländer zurück, die dort scheinbar überwunden waren. Sie schaffen auch hier eine neue Schichtung zwischen Arm und Reich und verbinden sich mit den ökologischen Herausforderungen, der menschenverursachten Veränderung der Klimazonen, der Ozonausdünnung, dem Artensterben oder der Vergiftung von Böden und Gewässern.

Die Warnungen nehmen zu: Jiddah, der heilige Krieg der Ausgegrenzten, kann die andere Seite der heutigen Globalisierung werden. Denn, so Benjamin Barber, »die ungezügelten Marktkräfte hebeln die Demokratie aus«.

Mit dem total werdenden Neokapitalismus drohen die Vorhersagen von Adorno und Elias Realität zu werden. Kommt es zu einem Kontinuitätsbruch der europäischen Moderne? Max Horkheimer befürchtete bereits Ende der fünfziger Jahre, daß sich die europäische Idee nicht fortsetzen werde: »Um den europäischen Glauben zu erfüllen, ist die bloße Abschaffung der alten Privilegien nicht genug.« Alfred Döblin beschrieb die Folgen in einer bösen Vision: »Es verstrich kein Jahrzehnt, da hatten die Regierungen den Industriekörpern Platz gemacht. Scheinparlamente liefen neben ihnen her.« Außergewöhnliche Zeiten verlangen auch heute außergewöhnliche Antworten. Europas Zivilisation würde zerbrechen, wenn wir die Zukunft allein Markt und Kapital überlassen. Was hält dann die Gesellschaft noch zusammen? Wilhelm Heitmeyer prophezeit Desintegration und die Ausbreitung neuer Gewalt – noch schneller, härter und unkalkulierbarer.

3.

Die sozialen Reformbewegungen müssen auf die Herausforderungen unserer Zeit eine gemeinsame Antwort geben.

Erstens auf das *Demokratieproblem:* Die Globalisierung hat mit der weltweiten Integration der Finanzmärkte, der universalen Vernetzung der Informationstechnologien, billigen Transportmöglichkeiten und der wachsenden Macht multinationaler Unternehmen eine neue Qualität angenommen. Sie lösen die Institutionen der Demokratie auf. Die Globalisierung ist zuerst eine Herausforderung an die Demokratie.

Zweitens auf die *Krise der Erwerbsarbeit:* Über 10 Millionen Menschen suchen in Deutschland einen gesicherten Arbeitsplatz – fast 5 Millionen sind bei der BfA in Nürnberg registriert, 2,6 Millionen gehören zur »stillen Reserve«, 1,1 Millionen Menschen sind in Bildungs- oder Arbeitsbeschaffungsmaßnahmen. Über 5,3 Millionen Menschen sind heute nicht sozialversicherungspflichtig in 520/620-DM-Jobs tätig. Die neoklassischen Allheilmittel gegen Arbeitslosigkeit – mehr Wachstum und Lohndifferenzierung – haben nirgendwo Erfolg gebracht, sondern verschärfen die Unterschiede weiter. Unsere Gesellschaft krankt an wachsender Ungleichheit.

Drittens auf die *ökologischen Grenzen des Wachstums:* Paul Klemmer, der Präsident des RWI, weist darauf hin, daß der Ökonomie durch die Endlichkeit der Rohstoffe und die Störanfälligkeit der Natur Grenzen gesetzt werden. Das wird zur entscheidenden Frage für eine friedliche Zukunft und die Lebenschancen künftiger Generationen. Insofern ist die Ökologie auch eine soziale Frage, weil sie die Lebenschancen künftiger Generationen bewahrt.

Diese Naturschranke wird deutlich an der realen Gefahr einer weltweiten Klimakatastrophe. Gezieltes Wachsen und Schrumpfen ist notwendig, um die Industriegesellschaft zukunftsfähig zu machen. Umweltschädliche Formen von Produktion und Konsum müssen schnell und drastisch reduziert und durch eine Effizienzrevolution und solare Technologien ersetzt werden

Viertens auf die *Auflösung der Gesellschaft:* In allen westlichen Industriegesellschaften schreitet der Prozeß der Individualisierung voran, der nicht per se schlecht ist, da er zur Emanzipation der Menschen beitragen kann. Wenn er sich jedoch als Gegensatz zur Gesellschaft versteht und zur Auflösung von Gemeinsinn führt, ist sie nach Martin Baethge das »entscheidend ungelöste Problem, das zur Existenz bedrohenden Desintegration bürgerlicher Gesellschaften führen kann«. Zumal keine Zukunftsaufgabe – gleich ob Überwindung der Massenarbeitslosigkeit, mehr Gerechtigkeit oder Beendigung der Naturzerstörung – ohne mehr Solidarität lösbar ist.

4.

Wie kann die neue globale Epoche gestaltet werden? Wie kann die Politik in die Lage versetzt werden, der erneuten Entfesselung des Kapitalismus entgegenzutreten? Kann Europa sein produktives Erbe gegen den amerikanischen Individualkapitalismus und die fernöstlichen Entwicklungsdiktaturen verteidigen und neu beleben? Unser Reichtum und unsere Kultur sind nur zu bewahren, wenn sie auch in Zukunft allen gehören. Die erste Aufgabe ist von daher, der Spaltung der Gesellschaft entschieden entgegenzutreten.

Die moderne Gesellschaft ist durch den technisch-ökonomischen Entwicklungsprozeß zur Selbstproduktion fähig, sie ist gestaltbar. Das heißt, soziale Akteure müssen die Produktivkräfte in Richtung auf sozialen und ökologischen Fortschritt lenken und die kulturelle Hegemonie für eine neue Qualität von Wirtschaft und Leben erkämpfen. Dazu gehört ein neues Verständnis von Fortschritt, eine neue Auffassung von Wachstum, von Wissenschaft als Orientierungswissen, von einer Technik, der durch die sozialen Interessen der Menschen und der Bewahrung der Natur Grenzen gesetzt werden müssen.

Das erfordert ein Reformbündnis für Arbeit und Umwelt. Hierfür ist die Leitidee der Zukunftsfähigkeit (Sustainable Development), die sich in den letzten zwei Jahrzehnten in der Friedens-, Entwicklungs- und Umweltdebatte herausgebildet hat, die verbindende Klammer. Sie verknüpft soziales und ökologisches Denken und fordert damit Gerechtigkeit für heutige und künftige Generationen. Zukunftsfähigkeit erfordert eine schonende, nicht ausbeutende Form von Produktion und Konsum für Mensch und Natur, die dennoch wirtschaftlich effizient ist. Zukunftsfähigkeit ist eine moralische Idee und ein regulatives Konzept. Sie gibt der weiteren

Entwicklung von Wirtschaft und Technik eine Richtung. Und sie ist eine europäische Idee, die in der Tradition von Aufklärung und Vernunft steht, aber die Dimension Zukunft in die Entscheidungen einbezieht.

Ökologie, Ökonomie und soziale Demokratie sind nur als Einheit vorstellbar. Für das Reformbündnis von Arbeit und Umwelt bedeutet das:

1. Eine *Effizienzrevolution*, wie sie für die Energieversorgung beschrieben und in ersten Schritten erprobt ist.

2. Ein *neues Wohlstandsmodell*, das Muße, Zeitsouveränität und Kreativität fördert. Das setzt auch voraus, die jahrhundertealte »Naturvergessenheit« zu überwinden.

3. Eine *Konsistenzstrategie*, um die Natur in die Entscheidungen von Wirtschaft und Gesellschaft »zurückzuholen«, sowohl um deren Belastungsgrenzen nicht zu überschreiten als auch die Brücke ins Solarzeitalter zu bauen.

Dies ist nur mit mehr Demokratie und Beteiligung zu erreichen, damit die Menschen für die Modernisierung motiviert werden, statt diese Perspektive durch Angst und Unsicherheit von vornherein zu blockieren. Zu Recht stellt die Umweltbewegung den demokratischen Aspekt heraus. Dazu gehört auch ein neuer Anlauf für mehr Mitbestimmung und eine Reform von Betriebsverfassung und Personalvertretung. Die soziale und ökologische Modernisierung wird dann zur Chance für neue Verständigung und für mehr Verantwortung und Solidarität.

Die Idee der Zukunftsfähigkeit, die seit dem Erdgipfel von Rio 1992 eine zentrale Rolle spielt, ist Chance, Wegweiser und Ziel zugleich. Sie gibt der Gesellschaft Deutung und Orientierung. Sie ist mit Laissez faire nicht zu erreichen, aber auch nicht mit Bürokratie und Starrheit. Sie fordert die Modernisierung und Erweiterung der Demokratie in allen Bereichen und auf allen Ebenen.

Die Umsetzung der Idee der Zukunftsfähigkeit ist eine besondere Verpflichtung für die sozialen Reformbewegungen. Sie stützt sich nämlich auf die Arbeiten für eine zivile Sicherheitspartnerschaft von Olof Palme, die Empfehlungen der Nord-Süd-Kommission von Willy Brandt und den Bericht von Gro Harlem Brundlandt zu Umwelt und Entwicklung. Das waren in den siebziger und achtziger Jahren unsere großen Themen, die heute in neuer Form noch wichtiger geworden sind.

Zukunftsfähigkeit ist eine globale Idee, ohne ein globales Regime vorauszusetzen. Sie ist die wichtigste Antwort auf die entfesselte Globalisierung der Ökonomie. Sie beendet das Ausspielen von Wachstum gegen Beschäftigung, Sozialstaat oder Umweltpolitik. Zukunftsfähigkeit kann den europäischen Kontinent zum Vorreiter für eine soziale und ökologische Weltinnenpolitik machen.

5.

Zukunftsfähigkeit erfordert, der Kapitalexpansion in marktkonformer Weise ökologische und soziale Grenzen zu setzen. Wie das geschehen kann, weiß man. Die Inanspruchnahme der Naturgüter darf nicht länger subventioniert werden, und sie muß schrittweise verteuert werden, auch um die Arbeitskosten zu entlasten. Die ökologische Steuerreform dreht die Fehlentwicklung in der Faktorbesteuerung um und erschließt die Zukunftsmärkte und neue Dienstleistungen. Die Arbeit muß ganzheitlicher aufgefaßt und gleichmäßiger verteilt werden. Auch muß der Vorsorgegedanke und die Nutzung menschlicher Kreativität statt uniformer Lösungen gestärkt werden. Die Geld- und Kapitalanleger und die Konsumenten müssen ihre Anlage- und Kaufentscheidungen von der Natur- und Sozialverträglichkeit der Produktion und der Produkte abhängig machen. Die internationalen Devisentransaktionen müssen endlich versteuert werden. Und alles dies ist nur zu erreichen, wenn auch die Frage der Demokratisierung von Wirtschaft und Gesellschaft wieder auf die Tagesordnung gesetzt wird.

Das ist nicht neu, aber ob es wirklich verstanden ist, liegt auch an uns, der falschen Behauptung entschieden entgegenzutreten, die Vernachlässigung des Umweltschutzes könnte Arbeitsplätze sichern. Arbeitsplatzvernichtung und Umweltzerstörung haben die gleiche Grundlage – das ist die gemeinsame Grundlage für das Reformbündnis von Arbeit und Umwelt. Es wird Zeit, diesen Schritt zu tun. Es gibt keinen anderen Weg.

Mechtild Jansen

»Die Zukunft der Arbeit ist weiblich«

Für eine andere Ökonomie

Herrschafts- und Geschlechterverhältnisse

Die Frage nach dem Menschen in der Arbeit scheint altmodisch. Und doch ist sie angesichts eines neuen Zeitalters der Arbeit, Technik und Gesellschaft, das auch Körper, Seelen und Geist der Menschen erfaßt, überaus modern. Die abstrakte Größe »Mensch« gibt es real nur konkret, als einzelnes Individuum. Es ist ein komplexes, vielseitiges, widersprüchliches Wesen und doch eine Einheit. Es ist so verschieden wie gleich, so abhängig wie eigenständig, immer verwoben mit anderen und doch autonom.[1]

Die Menschheitsgeschichte kennt eine schreckliche Geschichte des Mißbrauchs von Unterschieden zwischen Menschen zur Herrschaft. Solche Herrschaft hat sich immer und zuerst die Arbeit anderer für den eigenen Reichtum und die eigene Macht dienstbar gemacht. Die erste Einteilung ist die zwischen Frau und Mann, die längste, ausgefeilteste und nachhaltigste Herrschaft die des Mannes über die Frau. Diese Herrschaft ist eine Keimzelle von Herrschaft überhaupt. Von hier aus setzt sich eine lange Kette in Gang, die immer wieder neu verzweigt aufteilt

---

[1] Vgl. ausführlich meine folgenden Veröffentlichungen: Das Claudia-Nolte-Phänomen, Bonn 1997 (Eine Bilanz der Ära Kohl); Für einen gerechten Neubau des Sozialstaates, in: Freibeuter 67, März 1996; Jenseits der Arbeitsgesellschaft – für einen neuen Geschlechter- und Gesellschaftsvertrag, in: Arbeit, Zeit, Geschlecht, Herausgegeben von der Angestelltenkammer Bremen, Bremen 1997; Arbeit neu verteilen, bewerten, schaffen – für eine andere Ökonomie, Landeszentrale für politische Bildung Niedersachsen, Hannover 1997; Ein Plädoyer für eine andere Ökonomie, in: U. Behning (Hrsg.), Das Private ist ökonomisch, Berlin 1997

zwischen stark und reich an Macht und Gütern und arm und schwach an solchen. Wer sich möglichst weit wegkauft von den Niederungen des Lebens, steigt auf, wer die Beschäftigung mit diesen zugeschoben bekommt, steigt ab.

Je näher (in der gegenwärtigen Gesellschaft) die Arbeit eines Menschen an der bereits von Menschen in Technik oder Kapital verdinglichten Arbeit stattfindet, desto wertvoller ist sie. Je näher sie am Menschen selbst stattfindet, desto wertloser ist sie. Je mehr formelle Macht jemand anhäuft, umso mehr bleibt den formell Machtloseren gegenüber der Dominanz der Mächtigen nur die informelle Machtausübung als Gegenmittel. Katz- und Mausspiele entstehen, die besonders im Verhältnis zwischen Mann und Frau (Herr und Magd) präsent sind. Es sind Herrschaftsmuster, die ineinandergreifen und beide Seiten, Unterdrükker wie Unterdrückte, miteinander verflechten, Opfer und Täter fatal verstricken und voneinander abhängig sein lassen. Das Teuflischste liegt in jenen Machtverhältnissen und Herrschaftsstrukturen, die beide als scheinbar Gleiche agieren lassen und es so schwer machen, den verheerenden Folgen von Herrschaft und Ausbeutung zu entrinnen. Um diese aber muß es gehen, wenn von der Zukunft der Arbeit die Rede ist. Sie wären zu verändern.

Je mehr die tiefe Krise der Marktwirtschafts-Gesellschaft im Übergang von der Industrie- zur Wissens-, Informations- und Dienstleistungsgesellschaft sichtbar wird und je mehr dabei ein konfrontativer Streit über den Umgang mit ihr um sich greift, desto mehr wird die andere Krise, die untrennbar mit ihr im Zusammenhang steht, wieder verdrängt: die Krise in den Geschlechter-Verhältnissen und die Krise namentlich des Mannes. Darauf ließe sich mit einer Parole antworten, die zur Mode geworden ist und folglich meist nicht mehr weiter bedacht wird: »Die Zukunft der Arbeit ist weiblich!« Frauen wären ob der schönen Aussicht allerdings möglicherweise vorschnell getröstet. Männer würden wahrscheinlich die folgenden Seiten gleich überschlagen, weil den Mann als Nicht-Frau aufgrund seines eigenen, des patriarchalen Selbstverständnisses nichts angeht, wo Frau dransteht. Beide machten am Ende weiter wie bisher, zum sicheren eigenen Schaden.

Die Zukunft der Arbeit ist »weiblich«, das Arbeitslos- und Verloren-Sein »männlich«

Die von heute aus einfach verlängerte Zukunft der Arbeit ist »weiblich«, währenddessen das Arbeit(s)los- und Verloren-Sein »männlich« ist. Für beide implizierte diese Zukunft einen hohen Verlust an Menschlichkeit. »Weiblich« und »männlich« können dabei nicht nominell gesehen werden. Dies wäre zwar auch nicht ganz falsch, aber doch mißverständlich. Die beiden Begriffe wären in erster Linie symbolisch zu verstehen, als Synonyme für soziale Muster, Eigenschaften und Zuweisungen entlang herkömmlicher Rollenverteilungen und Hierarchien. So gesehen ist die Zukunft der Arbeit in fünf Dimensionen weiblich: hinsichtlich der Art der Arbeit, ihrer normativen Prägung, ihres Charakters, gemessen an ihrem Gegenteil sowie hinsichtlich einer Neugestaltung und Wegen aus der Erwerbsarbeitslosigkeit.

Die Informations-, Kommunikations- und Führungs-Arbeit der Eliten wird zum einen künftig die bislang Frauen zugeschriebene soziale Kompetenz, Flexibilität und Kreativität allgemein voraussetzen. Die Arbeit jenseits dessen – Dienstleistungsarbeiten, Haus- und Sorgearbeiten für Kinder, Kranke, Alte und Männer sowie ehrenamtliche, unbezahlte Gemeinschaftsarbeiten – ist von Hause aus schon sogenannte Frauenarbeit. Die erwerbsförmigen Arbeiten werden in Relation zur Vergangenheit nicht mehr nur für Frauen, sondern allgemein eher teilzeitförmig, flexibel, dereguliert, unterbezahlt, unterbeschäftigt und überausgebeutet sein und zur vermehrten Mehrfach- bzw. Überbelastung oder neuartigen Schichtenarbeit führen. Es werden notwendigerweise künftig nicht nur erwerbsmäßige, sondern – wie für Frauen schon seit je – verschiedene bezahlte und unbezahlte, private und öffentliche Arbeiten als solche in den Blick rücken und vereinbart werden müssen. Der »ganze« Mensch, das Subjekt selbst tritt ferner als Produktivitätsfaktor in den Mittelpunkt, und die sogenannte, weiblich konnotierte Reproduktionsarbeit wird in ihrer Gänze noch weit bedeutungsvoller werden als bislang.

Das Fremd-, Verloren- und Erwerbslos-Sein ist in diesem Szenario sodann männlich. Es betrifft sowohl die neuen sozialen Anforderungen in- und außerhalb der Erwerbsarbeit als auch die Ohnmachts- und Ausgeschlossenheitserfahrungen jenseits von ihr. Historisch abgekoppelt von allen Sorgearbeiten ist der Mann (als soziales Muster, das auch Frauen treffen kann, die nach ihm leben), vielleicht nicht sexuell, aber sozial beziehungslos zu sich und anderen; er lebt faktisch ohne Nachwuchs nur mit dem eigenen Tod vor Augen. Jedoch auch die demokratische Alternative zu dieser herrschaftsgetränkten Zukunft der Arbeit wäre schließlich eine, die »weiblichen« Kriterien zu folgen hätte. Die gesamte vergangene und gegenwärtige, bezahlte und unbezahlte, private, vermeintlich private und öffentliche Arbeit der Frauen, die nichts als die untere Kehrseite der alten männlich dominierten Industriegesellschaft darstellt, wäre erstens der unterste Zipfel und Ausgangspunkt einer Neugestaltung, die von unten her aus der Perspektive deren letzter Diskriminierter erfolgte. Die Dominanz der Frau auf dem Feld der »weiblichen« Arbeit wäre zweitens die andere Seite des patriarchalen Herrschaftsmusters, das unterschiedlich Macht und Ohnmacht zwischen Frauen und Männern stiftet und das zumindest im »weiblichen« Sektor nicht immer den Männern die Oberhand beläßt. Dieses gesamte zwei- und vielseitige Herrschaftsmuster wäre der Kritik zu unterziehen, um (mehr als sein bloßes Gegenstück) eine wirkliche Alternative zu ihm finden zu können. Die Kritik dieses Herrschaftsmusters wiederum wäre drittens die Basis der Kritik an den darauf aufbauenden und mit ihr verschmolzenen Herrschaftsbeziehungen zwischen Privathaushalt und Wirtschaft, zwischen Familie, Gesellschaft und Staat sowie im inneren Bereich der Ökonomie, der Gesellschaft und des Staates. (Zu letzterem gehören zuvorderst die Ungleichheit zwischen Arbeit und Kapital, zwischen verschiedenen Ethnien oder Nationen.) Schließlich finden sich auf der »weiblichen« Seite, im Alltag der Frauen und vor allem bei der Frauenbewegung die Keime des Neuen, auf dessen Basis nun allgemeine humanistische Kriterien für die Arbeitsgestaltung zu definieren wären. Frauen kennen nicht nur beide Seiten des traditionellen Modells, die der Frau und des Mannes, sie mußten bereits zwischen ihnen experimentieren, und sie haben längst neue Modelle und Auswege entworfen.

Historische Veränderung: Arbeit und Geschlechterverhältnisse

Arbeit ist das Zentrum der Existenz und Wirkungsweise von Gewerkschaft. Arbeit – Tätigkeiten, Arbeitsteilungen, Zeit- und Geldverteilungen, Kommunikations- und Gestaltungsmöglichkeiten – organisiert immer auch das Verhältnis zwischen den Geschlechtern. Es gibt zwei einschneidende historische Veränderungen, die für die Gestaltung der Arbeit und in Bezug auf die Geschlechterverhältnisse im 21. Jahrhundert von größter Relevanz sind. Mit der Veränderung der Arbeit im 19. und 20. Jahrhundert, der Individualisierung der Gesellschaft und den Frauenbewegungen hat sich zum einen die soziale Position der Frau in der Gesellschaft grundlegend verändert. Die Frau ist aus der Abhängigkeit vom einzelnen Mann entlassen. Damit entfällt sie als (ausbeutbare) persönliche Ressource des Mannes und zu einem großen und jedenfalls wachsenden Teil auch als (ausbeutbare) soziale Ressource der Gesellschaft. Damit schwindet für die Gesellschaft gleichzeitig eine zentrale, fundamentale Produktionsstätte, in der – wenn auch durch die herrschaftlichen Beziehungen nur in verzerrter Weise – die Menschlichkeit des Mannes und der Gesellschaft in seinen wesentlichen Grundlagen billig hergestellt wurden. Frauen haben nicht nur Kinder geboren, aufgezogen und erzogen, Alte, Kranke und Männer versorgt. Sie sind die Verbindungs- und Kommunikationsstifterinnen, die Expertinnen der Gefühls- und Innenwelten, die Beziehungsbauerinnen zwischen Gespaltenem und die Reparateurinnen verbrauchter Menschenkraft – oder der Kitt der Gesellschaft.

Die andere einschneidende Veränderung liegt darin, daß die entwickelte moderne Technik die Produktivität steigert, mehr und mehr Arbeitskraft und besonders den traditionell genormten Mann in der als produktiv geltenden Erwerbsarbeit ersetzt. Stattdessen braucht sie – sofern überhaupt noch – um optimal eingesetzt und genutzt werden zu können, den umfassend entwickelten und ausgebildeten Menschen als Steuerungs- und Entwicklungsinstanz ebenso wie höchst entwickelte allgemeine infrastrukturelle, bildungsmäßige, kulturelle und soziale Voraussetzungen. Damit ist der ganze Mensch und mit ihm die Frau unmittelbar in der Ökonomie angekommen. Das Kapital ist zu seiner Vermehrung auf ihn und sie angewiesen.

Das bringt nicht nur eine tiefgreifende Veränderung der ganzen Ökonomie mit sich, sondern gerät in ein erhebliches Dilemma. Sein Interesse am Subjekt ist instrumentell. Subjektwerdung jedoch kann per se nie instrumentell sein. Was für die zukünftige Produktivität am meisten gebraucht wird, das soziale Subjekt, der entwickelte Mensch, wird zudem knapp werden, wo seine wesentlichen Produzentinnen gerade als solche mehr und mehr ausfallen und als Expertinnen auch nicht mehr quasi natürlich ausgebildet werden. Noch tritt dieses Problem nicht mit der künftig zu erwartenden Schärfe hervor, solange die vorhandenen, historisch geschaffenen Ressourcen verbraucht werden (können). Noch arbeiten Frauen um vieles mehr und kostengünstiger als Männer, noch gibt es Bestandteile des Sozialstaates und die dortige (unterdotierte) Arbeit der Frauen. Deren Endlichkeit ist jedoch absehbar, der Substanzverlust längst auf vielen Feldern der Gesellschaft, sei es im Erziehungs- oder Gesundheitswesen oder in der sozialen Kommunikation, erkennbar.

So bleibt auf der einen Seite unendlich viel dringend zu verrichtende Arbeit liegen, während auf der anderen Seite gerade jene umfassend qualifizierten Arbeitskräfte fehlen, die mit dem Begriff »Human-Ressource« umschrieben sind, die jedoch immer erst das Ergebnis eines langwierigen und arbeitsintensiven Produktionsprozesses sind. Während die qualifizierte Arbeit, noch ehe sie sich recht entwickeln konnte, vom Markt sofort aufgefressen und verbraucht wird, wird alle Arbeit, die an ihrer Herstellung beteiligt ist, beiseite geschoben und abgespalten oder, mit dem Ergebnis minderer Qualität, erzwungen. Für ihre Kosten will weder das private Kapital noch die Gesellschaft noch diese in Gestalt des Staates aufkommen. Das Ergebnis ist eine wachsende soziale Spaltung in Arm und Reich.

So läge eine zentrale Aufgabe für die Gestaltung der Arbeit im 21. Jahrhundert darin, die Kosten für die Herstellung der Ressource Mensch auf dem heute sachlich und politisch nötigen Niveau in den wirtschaftlichen und gesellschaftlichen Kreislauf zu implantieren. Diese Kosten beträfen die Kosten für eine umfassende Entwicklung der Humanressource, für die veränderten Qualifikationsanforderungen an die Arbeitskräfte generell und die hohen allgemeinen (welt-)gesellschaftlichen Voraussetzungen nachhaltiger wirtschaftlicher Produktivität in der Zukunft. Das würde viele neue auch »einfache« Arbeiten einschließen, für die jedoch ebenfalls (andere als einst) Qualifikationen nötig wären. Sie werden heute zum Beispiel Service- oder Dienstleistungsarbeiten genannt, es könnten auch Handwerks- oder Vermittlungsarbeiten vielerlei Art sein. Mit einem solchen Vorhaben ginge es – anders gesagt – um eine Demokratisierung und Sozialisierung des Marktes selbst. Es wäre gleichzeitig eine ganz neue Aneignung der Ökonomie durch die Menschen selbst.

Auch deshalb ist die Zukunft der Arbeit »weiblich« – die systematische Ausbeutung, Abspaltung und Auslagerung der Humanität des

Menschen wäre nicht mehr fortzusetzen. Diese Humanität wäre – auch mit ihrer Fehlerhaftigkeit, Bedürftigkeit, Endlichkeit, Empfindlichkeit und Unberechenbarkeit – in alle Bereiche der Gesellschaft, auch in der Wirtschaft, zu integrieren.

Neuer Arbeitsbegriff – das Trio Arbeit, Zeit, Geld – neuer Produktivitätsbegriff

Es wäre denkbar, der dargestellten Entwicklung eine andere Drehung zu verleihen. Das Kernproblem zur Bewältigung des Endes der traditionellen nationalen Arbeitsgesellschaft und der mit ihm verbundenen tiefen sozialen Krise läge dann scheinbar paradoxerweise in der Neueröffnung einer anderen Arbeitsgesellschaft und mit ihr einer anderen Ökonomie, anderer sozialer Beziehungen und Gesellschaftsweise. Die nachindustrielle Gesellschaft setzt längst objektiv eine große soziale Bewegung frei. Bürgerinnen und Bürger könnten sie sich bewußt zu eigen machen und zu einer aktiven Bewegung für selbstbestimmte und geteilte Arbeit werden lassen.

Ein zukunftsfähiges Modell von Arbeit bräuchte einen neuen Arbeitsbegriff, eine andere Aufteilung zwischen bezahlter und unbezahlter Arbeit sowie eine andere Arbeitszeit, -verteilung und -flexibilität. Es erforderte neue individuelle und gesamtgesellschaftliche Arbeitswerte. Ökonomie, Ökologie und Soziales müßten dabei eine Einheit bilden, und so müßte ein neues nachhaltiges Produktivitätsverständnis Fuß fassen. Ein alternatives Modell von Arbeit verlangte mehr und andere Bildung – hohe Allgemeinbildung neben hoher fachspezifischer und lebenslänglicher Qualifikation –, neue Selbständigkeit und Vernetzung. Eine allgemeine Beteiligung an kollektiver Wertbildung (Produktivvermögen, Geldgeschäfte) wäre ebenfalls wichtig. Eine solche Arbeit würde sich aus Erwerbsarbeit, Selbstversorgungsarbeit und freigewählter Tätigkeit zusammensetzen. Sie würde vielfältiger, phantasievoller, kreativer, persönlicher und sinnvoller sein (können). Sie würde die Menschen wieder unabhängiger, handlungsfähiger und stärker machen.

Der soziale Wandel macht die alte Trennung zwischen Produktions- und Reproduktionsbereich obsolet, sachlich gar kontraproduktiv. Er ermöglicht umgekehrt einen neuen Arbeits-, Geschlechter- und Gesellschaftsvertrag. Bei diesem ginge es darum, die Bedürfnisbefriedigung des und der Menschen als gleichberechtigte Individuen neu zu gestalten und eine nachhaltige Produktivität des gesellschaftlichen Arbeitsprozesses insgesamt freizulegen. Das hieße, ihn so funktionsfähig zu machen, daß der Effizienz- und Produktivitätsbegriff ökonomische, ökologische und soziale Aspekte integriert. Es ginge des weiteren darum, die generative Arbeit ebenso zu sichern wie alle andere bisherige Erwerbsarbeit, beides als gesellschaftlich notwendige Gesamtarbeit zu begreifen und ins Verhältnis zur Freiheit des Menschen zu setzen. Die neue Arbeitsgesellschaft beträfe stets sowohl die quantitative Verteilung von Arbeit und Existenzsicherungsmöglichkeiten als auch die qualitativen Inhalte und die Art der Arbeit. Übergeordnete Maßstäbe wären Gerechtigkeit und Demokratie, d.h. der prinzipiell gleiche Zugang eines jeden und einer jeden zu aller Arbeit; die Unabhängigkeit und Entscheidungsfreiheit für die Einzelnen; und die Anerkennung der Bedeutung der Arbeit als konkretes Tun und existentielle Selbstentäußerung des Menschen.

Es ginge ferner darum, das Individuum nun ganz in sein Recht zu setzen, die Rechte der einzelnen BürgerInnen ebenso neu zu bestimmen wie die Rechte des Kollektivs – diesmal der (national-weltoffenen) Gesellschaft – in Gestalt gemeinsamer Rahmenbedingungen und der Selbstdefinition als BürgerInnen-Kollektiv, um so gegenüber den reinen Marktbeziehungen, die in autoritäre Herrschaftsmuster zu münden drohen, Demokratie und Politik als allgemeine öffentliche Angelegenheiten zu behaupten. Damit würde die Individualisierung der Gesellschaft vollendet. Sie würde auch für Frauen wie für andere bislang Ausgeschlossene gültig und bliebe nicht länger ein Vorrecht Privilegierter auf Kosten anderer. Diese vervollständigte Individualisierung wäre also eine soziale, so wie das Individuum gleichzeitig ein eigenständiges und ein sozial abhängiges Wesen ist. Es wären schließlich das Private und Öffentliche neu zu definieren und alle gesellschaftlichen Beziehungen bis hin zum Verhältnis zwischen Privathaushalt bzw. »Familie«, Wirtschaft und Gesellschaft bzw. Staat von der Basis demokratischer Geschlechterverhältnisse aus zu demokratisieren und auf Wechselseitigkeit zu konstituieren.

Ein Resultat dieser Analyse wäre der folgende Vorschlag zur Neugestaltung der Arbeit und für eine andere Ökonomie: Diese Neugestaltung würde (1.), das ist der Kern, von einem anderen Arbeitsbegriff ausgehen. Er umfaßte die gesellschaftlich notwendige Gesamtarbeit, d.h. die bisherige Haus- und Familienarbeit wie die Erwerbsarbeit. Diese Arbeit würde zum Ausgangspunkt von Existenzsicherung gemacht, prinzipiell gleich entwertet und zwischen den Geschlechtern gerecht verteilt. Diese Umgestaltung bezöge sich (2.) in konzeptionell zwingender Weise auf das Trio von Arbeit, Zeit und Geld – erst wo an diesen drei Bezugspunkten gleichzeitig angesetzt wird, lassen sich Geschlechter- und allgemeine Demokratie in der Arbeit fassen. Das Vorhaben steuerte (3.) nur auf eine einzige neue Norm zu, im übrigen wäre gerade Selbstbestimmung, Unterschiedlichkeit und Flexibilität sein allgemeines Kennzeichen. Die Norm bezöge sich nur auf den Bereich der gesellschaftlich notwendigen Arbeit, jenseits dessen würde sie alle Freiheit lassen. Diese eine Norm würde gesellschaftlich gestützt und honoriert, während Abweichungen ihren Preis kosten. Es wäre davon auszugehen, daß jeder Mensch im Prinzip etwa im Laufe seines Lebens halbe-halbe von den beiden Arbeiten – der sog. reproduktiven und produktiven – zu verrichten hätte. Für die Bundesrepublik könnte das seinen Ausdruck im Bild einer 2 x 25-Stunden-Woche als Durchschnittswert finden. Da beide Arbeiten (4.) prinzipiell gleich zu bewerten und so gegeneinander zu verrechnen wären, könnte die Umrechnung über (Verbrauchs-, Maschinen-, und Einkommen-)Steuern (Auflagen oder Ermäßigungen) erfolgen, in deren Berechnung alle (auch nichterwerbstätige Kapitalbezieher) einzubeziehen wären. Gleichzeitig wären (5.) die Optionen auf und die Organisation von Vielfalt zwischen individuellen Beschäftigten, Arbeitgebern und Gesellschaft (bzw. deren Repräsentanten) auszuhandeln, so daß sie Selbständigkeit und Vernetzung ermöglichen. Diese Neugestaltung realisierte (6.) einen neuen nachhaltigen Produktivitätsbegriff, der die Schaffung der »produktivitätschaffenden Ressource« (des Humankapitals) einbezöge.

Auch der Sozialstaat würde neu konstruiert. Er ginge von mündigen Bürgerinnen und Bürgern aus, würde ihnen minimale soziale Eigentumsrechte zur Verfügung stellen. Jede Person verfügte über eine Grundsicherung oder über den Zugang zu einer bezahlten Erwerbsarbeit. Der Sozialstaat würde subventionieren, was in einer Not Alternative schafft, und für wirklich unheilbare Not vorsorgen. Er würde sozialen Zusammenhalt stützen und stärken, aber die BürgerInnen selbständig und selbstverantwortlich sein lassen. Auch mit all dem bekäme der Markt auf einem durch und durch zivilen und demokratischen Weg einen neuen Rahmen, der die Wirtschaft selbst demokratisiert.

Ein solches Vorhaben wäre allgemeinfähig im doppelten Sinne. Es repräsentierte beide Geschlechter wie die BürgerInnen als Individuen. Es erfaßte (angestoßen aus der traditionellen Arbeit der Frauen) tatsächlich die Allgemeinheit in der Größe und Weite und Tiefe der Aufgabe: die Arbeit(sbeschaffung), die Familienformen und die Gesellschaftsordnung, das Verhältnis zwischen Privathaushalten, Wirtschaft und Gesellschaft bzw. Staat, die Beziehungen zwischen Privatem und Öffentlichem, das Beziehungsverständnis und das Arbeitsverständnis als auf den Mensch gerichtete, das Wirtschaften als ein soziales und politisches Ereignis, Gerechtigkeit (sofern sie ein rechtliches Strukturprinzip ist) als eine Produktivitätsressource. Die Investition in die Ressource Mensch würde als wichtigste Zukunftsinvestition sichtbar. Wer die Kosten dessen nicht einberechnen wollte, hätte falsch gerechnet oder wollte Gewinn auf Kosten anderer verbergen. So führte neue Arbeit in neue Produktivität und in eine andere Ökonomie.

Es wäre also ein Gesamtentwurf, in dem die geschlechtshierarchische Arbeitsteilung in ihrem immanenten Zusammenhang mit einer Wirtschaftsweise aufgehoben wird, die soziale und ökologische Kosten nicht einberechnet und die oft sinnlose oder schädliche Waren wertvoll und sinnvolle und nützliche Arbeit wertlos sein läßt.

Neue Demokratie

Diese hier anvisierte und skizzierte Zukunft der Arbeit wäre zweigeschlechtlich und jenseits von Geschlechtlichkeit, geschlechter- und allgemeindemokratisch, sie verkörperte neue Demokratie überhaupt. Sie schüfe statt der alten kapital-patriarchalen Norm eine neue wirtschaftlich-humane Norm. Sofern in der nötigen Existenzsicherung des Menschen ein Zwang überhaupt liegt, wäre dieser nicht länger (im bisherigen Maße) herrschaftlich, sondern demokratisch definiert. Weder die Frau würde zur unbezahlten Arbeit am Mann für seine Reproduktionsinteressen noch der Erwerbsarbeitslose zur Arbeit an der Gemeinschaft im Interesse von Eliten gezwungen. In den sozialen Sicherungssystemen würden historisch erstmalig Individualrechte für eine jede (zumindest erwachsene) Person verankert. Demokratie würde in den sozialen Existenzsicherungsmöglichkeiten, also in die Eigentumsverhältnisse selbst, eingeschrieben und so sozial erweitert und vertieft. Der Weg zu einer solchen Arbeitsgesellschaft wäre selbst schon ein demokratischer. Die Neugestaltung könnte nur Resultat der Inanspruchnahme ihrer individuellen Freiheitsrechte durch die Bürgerinnen und Bürger sein. Die Partizipation an der vorhandenen Arbeit(sgestalt) schon wäre demokratischer. Sie löste endlich wirklich die herkömmliche bürgerliche Gleichberechtigung für Frauen ein. Die Bürger und Bürgerinnen würden selbst beginnen, sich etwa durch Teilung vorhandener Arbeitsplätze oder durch Professionalisierung bislang unbezahlter Arbeiten neue Arbeitsplätze zu schaffen. Die zukünftige Arbeit wäre als Tätigkeit selbstbestimmter, selbständiger und demokratischer als in der Vergangenheit. Die zu stiftenden neuen Bürgerrechte würden ihrerseits die Demokratie demokratisieren. Dieser Weg in eine andere Zukunft der Arbeit wäre also in sich schon integrativ und mobilisierend, es wäre ein sich selbst verstärkendes Vorgehen.

Neue Gewerkschaften

Die Gewerkschaften sind traditionell – immer nur mit der Welt der Männer beschäftigt – sehr patriarchal, und sie sind als traditionell paternalistische, fürsorgliche, weitgehend geschlossene Einrichtungen sehr antimodern. Es wird schwer für sie sein, das Gegenteil davon zu werden: modern emanzipatorisch und weltoffen und darin human. Doch dieser Weg würde in eine wirkliche Moderne führen, für die die Gewerkschaften – ihren Konterpart ablösend – diejenigen sein könnten, die die Leitbilder produzieren. Aus einer strukturell autoritären Schutzorganisation könnten sie Begleiter, Förderer und Initiatoren von Mündigkeit und Selbständigkeit der Einzelnen und in Bezug auf die dazu erforderlichen gesellschaftlichen Rahmenbedingungen werden. Wenn die Arbeitnehmer von gestern und heute die Unternehmer und Unternehmerinnen von morgen sein sollen, könnten sie als sich selbst organisierende Ge-Werk-Schaften die politischen Tonangeberinnen für eine globale Demokratie werden. Nur auf diesem Wege könnten die Gewerkschaften im übrigen ihre bedeutende historische Rolle wiedergewinnen und erneuern.

Im Moment ist es nicht sehr wahrscheinlich, daß sie diesen Weg erfolgreich einschlagen werden. Zwar ist den Gewerkschaften bewußt geworden, daß sie ein Manko haben – in der »Frauenfrage«, der Geschlechter-, Gesellschafts-, Arbeits- und Männerfrage. Doch über ein schlechtes Gewissen und kosmetische Korrekturen sind sie nicht hinausgekommen. Eine neue Weichenstellung haben sie bislang nicht vorgenommen. Ob die Krise einerseits und der Selbsterhaltungstrieb andererseits stark genug sein werden, dies noch herauszufordern, ist höchst ungewiß.

Die Neugestaltung der Arbeit würde jedoch eine ganz andere Gewerkschaft voraussetzen. Schon das Bekenntnis zu einem neuen Arbeitsbegriff setzte ihre buchstäbliche Umstülpung im Verhältnis zur Vergangenheit voraus. Sie müßte ihre Mitglieder nicht einbinden, sondern freilassen. Sie hätte es auch mit anderen, nicht dankbaren, sondern fordernden, nicht schutz- und führungsbedürftigen, sondern sich selbst steuernden und regulierenden Arbeitenden zu tun, die von ihrer Organisation gesellschaftliche Grundbausteine, Begleitung bei übergreifenden Konflikten sowie Instrumente, Rechte und Hilfen zur Selbsthilfe erwarten. Fest umrissene Organisationsbereiche, sogar feste Mitgliedschaften entfielen zugunsten einer selbstbestimmten, flüssigen und kooperativen Kommunikation und Vernetzung. Andere Handlungsmuster, -instrumente und -mittel wären zu finden. Andere Rechte für die Einzelnen wie für die kollektiven Interessenorgane wären zu definieren.

Der Schutz- und Gestaltungsauftrag der Gewerkschaft im Verhältnis zwischen Arbeit und Kapital wäre – mit der Demokratisierung dieses Verhältnisses, das eine Demokratisierung der Verhältnisse in der gesamten gesellschaftlichen Arbeit impliziert – als Auftrag zu bürgerrechtlicher Zivilität in Konflikten und sozialer und politischer Demokratie in Arbeit und Wirtschaft fortzuschreiben. Die Kampfmittel der Schwächeren von Solidarität und Streik würden zu einem wechselseitigen halbe-halbe Geben und Nehmen zwischen den Individuen (Arbeitenden) und strukturell zu Mündigkeit als Selbstverantwortung und Verantwortung, zivilem Ungehorsam und demokratischer Verpflichtung in der Gesellschaft, deren untrennbarer Teil die Wirtschaft ist.

Oskar Negt
Die Kunst der Auswege
Überlegungen zur Gesellschaftsreform

Von dem großen Militärphilosophen Clausewitz stammt die These: Strategie ist die Kunst der Auswege. Die Grundidee dieses genialen Feldherrn zeichnet sich dadurch aus, daß noch aus einer völlig aussichtslosen Lage ein geordneter Rückzug organisiert werden kann. Noch besser wäre freilich die Suche nach gangbaren Auswegen.

Ein zentrales Problem der gegenwärtigen Welt besteht meines Erachtens darin, daß die Institutionen, mit denen wir zu tun haben, entweder zu klein oder zu groß sind. Wir sind mit zwei Entwicklungen konfrontiert: Zum einen ziehen sich gewisse staatliche, gesellschaftliche Gebilde gleichsam auf den Rest ihrer identifizierbaren Herkunft zurück. Das drückt sich in ethnischen Säuberungen, im schlimmsten Fall in Bürgerkriegen aus. Wenn alles zusammenbricht, wird auf vermeintliche Blutsbande zurückgegangen. Aus Angst, sich zu verlieren, hält man an längst untergegangenen Strukturen fest. Der umgekehrte, gleichfalls irreführende Weg ist die Globalisierung. Wir laufen in eine »Globalisierungsfalle«: Alles, was möglichst umfassend ist, ist gut. Groß – und gut.

Demgegenüber halte ich es für möglich, daß wir uns auf die produktiven Einheiten – und die waren von jeher eher klein dimensioniert – zurückziehen müssen, um damit Kommunikationszusammenhänge zustandezubringen, die mit Abstraktionen umgehen können, Abstraktionen in Gestalt eines »vereinigten Europa« etwa. Kann mit dieser gewaltigen Abstraktion nicht umgegangen werden, könnte dies zu einer ethnozentrischen Gegenbewegung führen, die dann auch wieder Blut und Boden, Heimat und die verstaubte Einheit aus untergegangenen Zeiten rehabilitiert.

Arbeitsgesellschaft, Arbeitslosigkeit und die 35-Stunden-Woche

Ein wichtiges Ziel meiner Argumentation ist die Verdeutlichung und Stärkung des kollektiven Gedächtnisses unser Gesellschaft. Wenn ich heute Einladungen bekomme, um über die Arbeitsgesellschaft und die Zukunft der Arbeit zu sprechen, nehme ich diese meist nicht mehr an. Und zwar aus ganz einfachen Gründen: Seit Anfang der achtziger Jahre, präziser seit der arbeitszeitpolitischen Konferenz der IG Metall in Sprockhövel, auf der ich über die 35-Stunden-Woche sprach, variiert dieses Thema in meinem Denken, zu Papier gebracht in zahlreichen Artikeln und Aufsätzen, so daß eine gewisse Müdigkeit und in bestimmter Hinsicht auch Mutlosigkeit eingetreten ist. Arbeitszeitverkürzung, Umbau der Arbeitsgesellschaft waren beispielsweise die zentralenThemen des Bamberger Soziologentages. Es setzte eine umfangreiche, neue Diskussion über die Umgestaltung der Arbeitsgesellschaft auf allen Ebenen ein, nicht nur auf der Ebene des Arbeitsmarktes. Gleichwohl entziehen sich die wichtigsten sozialen Gruppierungen und Meinungsmacher dieser Problematik. Man kann nicht das kollektive Gedächtnis stärken wollen und zugleich beständig mit der Verdrängung eines der drückendsten Probleme konfrontiert werden.

Wenige Jahre vor seinem Tod besuchte ich meinen alten, verehrten Freund Oswald von Nell-Breuning und stellte ihm dar, daß ich nicht mehr über das Thema Arbeitsgesellschaft im weiteren Sinne reden kann. Nicht, daß man sagen könnte, es hätte sich nichts geändert – es hat sich ja so manches geändert. Aber die eigentlich grundlegenden Fragestellungen, die mit der historischen Situation zu tun haben, bleiben immer ausgeklammert. Hinzu kommt das Gefühl, daß wir es in der augenblicklichen Situation mit einem Wettlauf von Hase und Igel zu tun haben: Der Stolz darauf, zwei neue Arbeitsplätze zu schaffen, ist verknüpft mit der sicheren Botschaft, daß gleichzeitig fünf Arbeitsplätze an anderer Stelle vernichtet werden. Lothar Späth und der Unternehmensberater Herbert A. Henzler haben ausgerechnet: Wenn die Rationalisierungspotentiale aller Unternehmen rechtlich, moralisch und mit Zustimmung der Gewerkschaften wirklich ausgenutzt würden, müßten wir mit einem Hochschnellen der Arbeitslosenzahlen auf 12-14 Millionen in Deutschland rechnen. Das sind Zahlen, die unterstreichen, daß es gar nicht mehr um Arbeitsmarktpolitik, sondern um Gesellschaftspolitik geht. Und das macht die

Fragestellung viel breiter und tiefer, natürlich auch in gewisser Weise abstrakter.

Nell-Breuning, den ich fragte, wie er zu dieser enormen Herausforderung stehe, antwortete damals folgendes: »Junger Freund« – das konnte er mit Recht sagen, denn wir waren mindestens 40 Jahre auseinander – »sie kämpfen mit gutem Recht für die 35-Stunden-Woche. Das ist ein würdiges Unternehmen, aber nach meiner Auffassung ist die Explosion des Reichtums, die Produktion des gesellschaftlichen Reichtums so immens, daß im Grunde nur noch 18 oder 10 Wochenstunden notwendig sind, um unseren hohen Lebensstandard zu sichern, oder vielleicht sogar noch weniger Stunden. Eine solch radikale Verkürzung der Arbeitszeit kann aber nur gelingen, wenn wir zugleich in allen anderen Bereichen der Gesellschaft mit umdenken. Unsere gesamten Lebensverhältnisse müssen neu geordnet werden. Wesentlich ist: Dem Beschleunigungswahn muß die Ausbildung von produktiver Ruhe- und Mußefähigkeit entgegengesetzt werden.« Ich teile die Aufgabenstellung: Mußefähigkeit, Anhalten der Bewegung, Ruhe, Reflexion, Nachdenken und Besinnung.

Arbeit als Identitätsstiftung

Ich greife auf zwei Positionsbestimmungen aus meinem Buch *Lebendige Arbeit – enteignete Zeit* von 1984 zurück. Zum einen, weil ich sie nach wie vor für richtig halte, zum anderen aber unschlüssig bin, was ich damit anfangen soll. Arbeitslosigkeit ist ein Gewaltakt, ein Anschlag auf die körperliche und seelisch-geistige Integrität, auf die Unversehrtheit der davon betroffenen Menschen. Sie ist Raub und Enteignung der Fähigkeiten und Eigenschaften, die innerhalb der Familie, der Schule und der Lehre – vorausgesetzt, diese Ausbildungsstufe wird überhaupt noch erreicht – in der Regel in einem mühsamen und aufwendigen Bildungsprozeß erworben wurden.

Die Subjekte werden von ihren gesellschaftlichen Betätigungsmöglichkeiten abgeschnitten, sind in Gefahr zu verrotten und werden von schweren Persönlichkeitsstörungen bedroht. Arbeitslosigkeit ist nicht nur ein gesellschaftlicher Skandal, sondern bewirkt die Ruinierung unzähliger Menschen in einem Gesamtzusammenhang, in dem Arbeit und Leistung nach wie vor eine so große Wertigkeit haben. Wo Leistungswerte diese Bedeutung haben, führt Arbeitslosigkeit zur Zerstörung des Wahrnehmungs-, des Zeit- und Raumsystems – alle Arbeitslosen-Untersuchungen bestätigen diese These.

Die zweite Positionsbestimmung, an die ich anknüpfen will: Die Alternative zum System bürgerlicher Erwerbsarbeit ist nicht der illusionäre Idealismus, die These von der Aufhebung des Reichs der Notwendigkeit. Es geht vielmehr um den Kampf für die Vervielfältigung und Erweiterung gesellschaftlich anerkannter Formen der Arbeit, die der Eigenproduktion und der Selbstverwirklichung dienen.

Ich messe der Arbeit, d.h. gegenständlicher Tätigkeit, für die Identitätsbildung der Menschen nach wie vor einen sehr hohen Rang zu, wohl wissend, daß das viele Leute – auch in der linken Szene – nicht mehr tun. Menschen, die systematisch und chronisch aus den Erwerbssystem ausgegrenzt sind, sind abgekoppelt von der in Beschäftigung befindlichen Bevölkerung, was immense Beschädigungen oder Deformationen in der Gesamtstruktur der Gesellschaft zur Folge hat. Das bedeutet für mich allerdings auch, daß es keine begrenzte »technische« Lösung des Arbeitslosenproblems unterhalb der Ebene der Gesellschaftsreform gibt. Deshalb müssen wir uns den folgenden Fragen stellen: In welcher gesellschaftlichen Krisensituation befinden wir uns? Mit welchen geschichtlichen, bis dahin nicht bekannten Herausforderungen haben wir es zu tun, und welche praktischen Perspektiven folgen daraus?

Erosionskrise

Mit Krise bezeichne ich genau das, was im griechischen Wortursprung gemeint ist: *krino* – das, was nicht zusammengehört, wird getrennt, entmischt, und das, was zusammengehören soll, wird zusammengefügt. Krise ist immer mit Auswegen verknüpft. Das muß kein zerstörerischer oder tödlicher Ausweg sein. Es sei denn, die Menschen intervenieren nicht, es sei denn, sie entwickeln keine Alternativen, keine Organisationsphantasie der kleinen und der größeren Auswege.

Die Krise, mit der wir es gegenwärtig zu tun haben, hat sich von den Wellenbewegungen von Konjunktur und Rezession abgekoppelt. Wir leben ökonomisch gesehen in einer Hochkonjunktur, trotzdem steigt die Arbeitslosigkeit. Wir können nicht hoffen, durch rein ökonomische Prozeduren – zum Beispiel durch Steuererleichterungen für Unternehmer –

sicherzustellen, daß alle Arbeitskräfte absorbiert werden, wenn das alte Erwerbssystem und auch das Geschlechterproblem im Erwerbssystem so bleibt, wie es ist. Das ehedem vielleicht verläßliche Schema – die Gewinne von heute sind die Investitionen von morgen und die Arbeitsplätze von übermorgen – ist weitgehend trügerisch, ja dient häufig erpresserischer Manipulation. Hier hat sich etwas in unserer Welt entwikkelt, das es vorher noch nie gab. Das technische Rationalisierungsmedium ist auf Gedeih und Verderb darauf gerichtet, lebendige Arbeitskraft unentwegt zu entwerten. Man kann das auch negativer formulieren, indem man sagt, dem Menschen werden gleichsam seine Sinne, seine gattungsgeschichtlichen Kapazitäten enteignet, und er erscheint im Maschinensystem, im Computer, möglicherweise so, daß er Zweifel an seinen eigenen Sinnen bekommt.

Was ist eigentlich »Realität«? Die im Fernsehen oder die, die ich erfahre? Der suggestive Schein von Weltläufigkeit liegt im Fernsehen. Man geht daran, die Schulen an das Internet zu koppeln, in dem unsinnigen Glauben, dadurch würde sich die Informationsverarbeitungsfähigkeit der Menschen vergrößern. Ganz im Gegenteil. Ich leide beispielsweise darunter, daß Dissertationen immer länger werden. Sie werden u.a. deshalb länger, weil man beispielsweise zum Stichwort »Utopie« auf Knopfdruck nahezu alles – bis hin zur chinesischen Literatur – verfügbar hat und als Nachweis vermeintlicher Belesenheit in die Anhänge aufnimmt. Amerikanische Forscher haben nachgewiesen, daß sich der Umfang von Dissertationen in den letzten zehn Jahren verdreifacht bis verfünffacht hat. Ich brauche nicht zu erläutern, daß das an der Qualität nichts ändert. Ganz im Gegenteil, es sind eigene Arbeitsbeschaffungsprogramme notwendig, um sie zu lesen und einem Urteil zu unterwerfen. Ich mache mich deshalb darüber lustig, weil die Erwartung an die Weltläufigkeit, die mit dem Internet verknüpft ist, eine Täuschung und eine Ablenkung von den wirklichen Problemen ist, die es in der Schule gibt. Ohne gleichzeitig den gesamten Bildungsprozeß umzustellen auf die Möglichkeit, das Verarbeiten von Informationen zu erlernen, bringt das gar nichts. Es geht nicht darum, die Schulen mit Computern vollzustopfen. Das Geld kann man besser für einen Schulzoo ausgeben, der Lerneffekt beim Umgang mit Tieren ist jedenfalls nicht geringer.

Nicht mehr nur die ökonomische Entwicklung ist Ursache der Krise, ebensowenig wie die Transferzahlungen an die neuen Bundesländer an der gesamten Bonner Finanzmisere schuld sind. Wir haben es heute –

und das verschärft die Situation – mit sehr verschiedenen Krisenherden zu tun.

Ökonomie des ganzen Hauses

Der erste Krisenherd ist zweifellos der Zusammenbruch des dualistischen Weltsystems in Ost und West, in dem wir aufgewachsen sind. Das hat unter anderem die absurde Folge, daß man im westlichen Kapitalismus glaubt, gar keine Alternativen mehr zu haben. Selbst wenn es falsche Alternativen waren – ich habe die Sowjetunion nie für ein sozialistisches Land gehalten –, so haben doch viele Kapitalisten sie als eine Alternative angesehen. Der Aufbau unserer Sozialsysteme ist auch von der Abgrenzungsrealität des Ostens bestimmt gewesen. Die Folge ist, daß das Kapital, in dem Augenblick, in dem diese Abgrenzungsrealität verschwindet, zu seinen Ursprüngen zurückkehrt, nämlich zu einer Form des Sozialdarwinismus und des ausbeuterischen und auch verantwortungslosen Verhaltens, wie vor der Durchsetzung des Zehn-Stunden-Arbeitstages.

Der Kapitalismus funktionierte seit dem 15./16. Jahrhundert jedoch nur deshalb produktiv, weil er immer verknüpft war mit dem Aufbau von Schutzschichten gegen Verwilderung und Raubbau. Das führte vom traditionellen Staat der Daseinsvorsorge, vom preußischen Staat als Garant eines spezifisch definierten Allgemeinwohls bis hin zur sog. sozialen Marktwirtschaft. Ludwig Erhard, Walter Eucken und andere Ordoliberale haben es nie für möglich gehalten, daß sich aus der bloßen betriebswirtschaftlichen Summe so etwas wie Volkswirtschaft ergibt.

Heute dagegen ist die Betriebswirtschaft an die Stelle der Volkswirtschaft getreten. Was Gemeinwohl ist, was Bilanzen des Allgemeinwohls sind, wird völlig aufgezehrt durch den Stolz auf betriebswirtschaftliche Schlankheitsideale. Wobei jeder, der spart, die eingesparten Kosten nur auf das andere Ressort verschiebt. Wenn beispielsweise Bildungsminister heute sparen, kann man voraussehen, daß Innenminister in fünf, sechs oder sieben Jahren einen hohen Legitimationsdruck verspüren werden, mehr Gefängnisse und Polizei zu beantragen und auch zu bekommen. Das ist ein ganz schlimmes Kreditsystem, bei dem jeder die eingesparten Kosten möglichst auf den Nachbarn und – wenn das nicht geht – auf das Gemeinwesen abwälzt.

Das jüngste Beispiel dafür ist das sogenannte *Just-in-time-System*. Ich erfahre das an der Reduktion der Lagerhaltung meiner eigenen Bücher. Sobald sich der Absatz nicht steigert, sondern stagniert oder abnimmt, bietet der Verlag mir mein Buch (30 Exemplare bekomme ich geschenkt) für eine Mark zum Kauf an. Ich kaufe immer ziemlich viel, weil ich weiß, daß diese Lagerhaltung auch einen rationalen Sinn hat: Große Bücher, wie die »Dialektik der Aufklärung« oder Bücher von Walter Benjamin, lagerten Jahrzehnte in Kellern, bevor sie wieder die Diskussion beeinflußten. Zurück zur Just-in-time-Produktion: Sie erzeugt in einem phantastischen Ausmaß eine Anfälligkeit des Produktionssystems. Der letzte Streik der Fernfahrer in Spanien hat gezeigt, daß eine ganze Produktionsmaschinerie sofort stilliegt, wenn ein Bolzen, der aus Kostengründen von VW irgendwo in Spanien produziert wird, nicht angeliefert wird. Das ist der eine Punkt. Der zweite ist aber viel schlimmer: Der Lastwagenverkehr hat sich in den letzten sechs Jahren verfünffacht, die Lastwagen belasten die Infrastruktur und die Umwelt und erhöhen natürlich die Unfallhäufigkeit. Damit wird letztlich das Gemeinwohl in Frage gestellt.

Zur Abwälzung von Kosten auf das Gemeinwesen kommt die Flucht aus der Finanzierung desselben. Offizielle Zahlen belegen, daß beispielsweise Siemens 1991 einen Umsatz von 73 Milliarden hatte und 1,6 Mrd. Ertragssteuern zahlte; im Jahr 1996 stieg der Umsatz auf 93 Mrd. Mark, worauf nur noch 720 Mio. Mark Ertragssteuern gezahlt wurden. Das heißt, daß sich auch die Fluchtmöglichkeit der Großen, sich dem Steuerstaat zu entziehen, erweitert hat. Was bleibt diesem Staat dann anderes übrig, als die Löhne und Gehälter zu plündern. Die sind erfaßbar, das ist gewissermaßen kontrollierbar. Betriebswirtschaftliche Kalkulation ist keine Ökonomie des ganzen Hauses mehr, bei der das, was an Unkosten verursacht wird, mit einkalkuliert wird.

Krise des Schul- und Bildungssystems

Der dritte Krisenherd liegt im Bereich der Erziehung, Sozialisation, Familie, Schule. Dieser Krisenherd mag gegenwärtig – weil verdeckt oder reduziert auf die Forderung nach mehr Lehrerstellen – nicht als ein zentraler im Vordergrund stehen. Ich will mit der Aussage, daß selbst die sofortige Verdoppelung der Lehrerstellen in der Bundesrepublik an der

Krise dieses Bildungssystems nichts Entscheidendes ändern würde, keine falschen Legitimationen schaffen. Ich spreche nicht dafür, daß im Bildungsbereich noch mehr gekürzt wird. Es geht mir jedoch um den Hinweis, daß die Verschiebungen der Lern- und Erziehungsorte von Familien, von Öffentlichkeit, von Schule so strukturell sind, daß ohne grundlegende Reformen keine Wendung zum Besseren erreicht werden kann. Dafür stehen allerdings keine finanziellen Ressourcen zur Verfügung. Deshalb appelliere ich immer wieder an die Lehrer, den depressiven Zirkel zu durchbrechen. Als depressiven Zirkel bezeichne ich eine Haltung, in der man sagt »Es ist schlimm – eigentlich bin ich der Auffassung, es müßte die Situation verändert werden, ja, es ist sogar notwendig, sie radikal zu ändern. Da ich aber klug bin und die Analyse so ist, daß sich ohnehin nichts durchsetzt von dem, was ich vorschlage, richte ich mich im Gleichgewicht dieses depressiven Zirkels ein.«

Ich kenne Lehrerkollegien, bei denen diejenigen, die sich zusammentun, um zu sagen, wir müssen Reformen organisieren, obwohl wir nichts zusätzlich bekommen, als Verräter angesehen werden. Eine fatale Entwicklung, denn wir können davon ausgehen, daß die Schulen auf ein Jahrzehnt hin nicht mehr Mittel bekommen werden. Im übrigen haben die großen Schulreformen alle mit knappen Mitteln stattgefunden. Mit einer einzigen Ausnahme: 1969/70, als die Verteilung von oben kam. Die Humboldtsche Reform ist in Gang gekommen nach der Niederlage von Jena und Auerstädt, die großen Beispiele der zwanziger Jahre sind alle mit knappen Kassen gemacht worden. Die pädagogische Phantasie wurde nicht dadurch blockiert, daß nur begrenzte Mittel vorhanden waren. Deshalb ist es notwendig, aus diesem depressiven Zirkel herauszukommen. Außerdem glaube ich, daß möglicherweise die Mittel auch wieder stärker fließen könnten, wenn die Lehrer darangehen, wirklich Vorschläge zu machen, wie sich die Schule von einem staatsorientierten System zu einer freien, aber öffentlichen Angebotsschule ändern kann.

Kulturelle Suchbewegungen

Ein Krisenzusammenhang, der sich nicht einfach mit den anderen verknüpfen läßt, ist die Frage von Technik und Ethik. Wir haben es damit zu tun, daß die alten Werte nicht mehr unbesehen gelten und neue nicht da sind – das heißt mit einer intensiven Zwischenwelt von Suchbewegungen. Insbesondere bei Jugendlichen gibt eine ganz ausgeprägte Form der kulturellen Suchbewegungen. Wir haben es mit einer Erosionskrise zu tun, in der Regeln nicht mehr die alte Gültigkeit haben und neue noch nicht da sind. Ein Beispiel: Immer mehr Ärzte suchen meinen Rat zu der Frage, wie sie mit der Maschinenwelt umgehen sollen und können, die über Leben und Tod entscheidet. Was ist lebenswürdiges Leben? Wer schaltet den Brutkasten ab? Häufig ist es in Krankenhäusern so, daß zufällig derjenige, der da ist, das entscheidet, eine Krankenschwester, ein Arzt, eine Ärztin. Der kommunikative Zusammenhang, in dem solche Regeln neu formuliert werden, die über den hippokratischen Eid hinausgehen, weil der nicht mehr faßt in dieser modernen Medizin, ist für mich ein eigenständiger, ungeheuer bedeutsamer Krisenzusammenhang, der auch eigene Lösungen erforderlich macht.

In jedem der skizzierten Krisenherde gibt es auch Herrschaftsverhältnisse. Zum Beispiel halten sich im Krankenhaus die Oberärzte noch auf der Ebene diskussionswürdiger Zusammenhänge mit den Schwestern, aber nicht mehr die Chefärzte. Das gilt für andere Bereiche ähnlich. Dahrendorf hat einmal gesagt – und er ist weiß Gott nicht »linksverdächtig«: Was passiert eigentlich, wenn der herrschenden Klasse die Herrschaft über die Arbeit, also über ein wesentliches Sozialisationsmittel in der Welt, verlorengeht? Er stellt in Frage, ob dann das alte Herrschaftssystem haltbar ist. Ich möchte das ergänzen. Es gibt in unserer Gesellschaft durchaus Menschen, die daran interessiert sind, daß die Arbeitslosigkeit nicht verschwindet. Auch Theoretiker sind dabei, die sagen, ein Grundsockel von Arbeitslosigkeit ist gut für die Leistungsmotivation der Gesellschaft; die Menschen werden faul, wenn sie nicht durch Existenzängste bedroht sind.

Das ist ein Verständnis von Demokratie, das sich radikal von dem der Nachkriegszeit abwendet, mit dem gerade die Deutschen sich über den Sozialstaat mit der westlichen Demokratie versöhnt haben und darin ihren Vorteil sahen. Wenn Existenzängste – und *angustiae*, Angst, hat etwas mit Enge zu tun (Enge, Beklemmung, Schwierigkeiten) – zu einem Massenproblem werden, berührt das immer zentral die demokratischen Strukturen und stellt sie in Frage. Mit anderen Worten: Angst ist auch ein Kitt von Herrschaftsverhältnissen, und an diesem Kitt sind leider viele Menschen interessiert. Insofern dürfen wir nicht nur dann, wenn neue »Jobs« geschaffen werden sollen, auf die Arbeitsmarktprobleme achten. Es gibt Länder, die mit ihrer Arbeitslosenstatistik sehr gut dastehen, wie die Vereinigten Staaten. Doch dort hat parallel zur degressiven Tendenz bei den registrierten Arbeitslosenzahlen eine progressive Tendenz der Armut eingesetzt. Teilzeitjobs werden wesentlich schlechter bezahlt als Vollzeitarbeitsplätze; die Kombination mehrerer Teilzeitjobs führt zu gnadenloser Ausbeutung. Zum Teil haben Menschen drei, vier Jobs, oder Familienteile haben verschiedene Jobs, so daß alte Strukturen, die auch Selbsterhaltungsmöglichkeiten boten, zerstört werden. Zusätzlich zur Tendenz der Fragmentierung von Arbeitsverhältnissen werden alte Familienverhältnisse zerstört. Diese »Job-Fragmente« als Arbeit zu bezeichnen, ist reichlich übertrieben. Man kann nicht darauf verzichten, das alte Erwerbssystem umzustrukturieren.

In Deutschland, einem der reichsten Länder der Welt, wächst jedes siebte Kind unter Sozialhilfebedingungen auf; 1985 war es noch jedes 38. Diese Entwicklung hat nicht nur etwas mit Arbeitslosigkeit zu tun. Sie verweist auf andere Tendenzen, auf die Fragmentierung alter Familienstrukturen, auf die Scheidungsraten, die konstant bleiben oder sich erhöhen. Das Familienministerium, das sich dieses Problems annehmen müßte, hat jedoch im Grunde ein Familienbild wie um 1900 und fördert nur entsprechend überkommene Strukturen. Man will die alte Familie wiederherstellen, die nicht wiederherzustellen ist. Andere »Bindungsfamilien«, wie ich sie nennen möchte, also Haushalte, in denen mehrere Generationen leben, werden nicht ausdrücklich gefördert, nicht selten sogar behindert.

Auswege

Was wären die Auswege? Vielfache Auswege sind bestimmbar – familienähnliche Strukturen zum Beispiel. In Schleswig-Holstein gibt es die sogenannten kleinen Heime für die Resozialisierung von Kindern und Jugendlichen, die in den offiziellen Heimen kaputtgehen würden. Es ist notwendig, daß der Mensch an irgendeinem Punkt seines Lebens, seines Wachstums, Verläßlichkeit erfährt. Nicht durch Worte, sondern durch Anwesenheit, Zuverlässigkeit, Verläßlichkeit. Das ist ein wesentliches Element der Identitätsstiftung und der Angstreduktion. Wer das nie erfährt – weder in der Familie, noch in einer umstrukturierten Form davon, weder in der Schule, wo die Institution fremd bleibt, wo er nicht aufgehoben ist –, wird auch Entwurzelungen anderer Art nur ganz schwer ertragen oder sehr viel Energie darauf verwenden müssen, sie zu überwinden. Es müßte eine andere Familienpolitik einsetzen, die die wirklichen Tendenzen wahrnimmt, die darauf gerichtet ist, Partnerschaften zu schaffen und zu nutzen, und die darauf setzt, daß es auch so etwas gibt wie eine Rückwendung zu den Generationen, verschiedenen Generationen, Elterngenerationen.

Im Grunde ist nichts teurer als die Nicht-Reform. Nicht wie man eine Reform bezahlen kann, ist das Problem, sondern wie man auf Dauer die Kette der Nicht-Reformen bezahlen will. In diesem Zusammenhang finde ich das Wort »Nachhaltigkeit« besonders geglückt. Nachhaltigkeit bedeutet keine kurzfristigen Lösungen, keine Beruhigung der Statistik, sondern bedeutet, Produktionsprozesse der Umgliederung von gesellschaftlichen Institutionen und Verhältnissen in Gang zu bringen, die auch in Krisensituationen haltbar sind. Insofern ist die Krise wirklich auch eine Chance, uns Auswege auszudenken, zu projektieren und uns nicht kurzfristig auf technische Lösungen zu kaprizieren, die am nächsten Tag schon wieder zusammenbrechen. Viel Geld wird in diesem Zeitalter für technische Lösungen ausgegeben, von denen voraussehbar ist, daß sie in der nächsten Woche schon eine Verschwendung sind. Deshalb meine ich, daß es sich mit der Reservebildung im Denken ähnlich verhält wie mit der Lagerhaltung von Waren. Wo kein Vorrat mehr da ist, wo gleichsam alles in Bewegung ist, da ist der außengeleitete Mensch eigentlich der programmierte Mensch. Jede Bildung seit Humboldt zielt auf Reservebildung, auf »Lagerhaltung« im Denken. Und nur sie führt dazu, daß so etwas wie Eigensinn, also Widerstand, und ein gewisses Maß von Angstfreiheit entsteht. Wenn ich etwas in mir habe, was situationsunabhängig verfügbar ist, bin ich sicher oder sicherer. Das gilt genauso für Brot wie für den Kopf. Ich muß nicht sofort betriebsam werden. Die fatale Ideologie des Just-in-time jedoch bewirkt, daß alles in Bewegung ist, aber die Strukturen dieser Bewegung von den einzelnen Unternehmen nicht bezahlt werden möchten.

Wir haben heute mit der Dialektik – ich benutze bewußt dieses Wort, ich halte es nicht für überholt – von Distanz und Nähe ein großes Problem. Der Anschluß an die globalisierte Form, der Mut der Kleinen zum Universalismus, ist ein wichtiger Punkt dafür, daß wir in den kleinen Verhältnissen in der Tat unendlich viele Arbeitsformen verfügbar haben, die es schon immer gegeben hat. Wie ein Kind aufwächst, wie es erzogen wird, wie es gebildet wird, wie es lernt, das sind alles Produktionsprozesse, die viel damit zu tun haben, welche Aufmerksamkeit und welche Arbeit darauf gewendet wird, und welche Institutionen es sind, die solche Prozesse fördern.

Das heißt, wir müssen wieder eine Balance zwischen Nähe und Distanz herstellen. Die meisten Aufbauprozesse der Person laufen über Näheverhältnisse. Man kann sogar sagen, in dem Maße, wie die Menschen Nähe erfahren, sind sie imstande, Entfernungen zu ertragen und wahrzunehmen, also auch angstfrei zu gehen. Das Angstklammern von Kindern gilt auch für gesellschaftliche Institutionen. Nur Institutionen und Menschen, die nicht klammern, sind angstfrei. Und man kann auf Klammern nur verzichten, wenn eine Art erfüllter Gegenwärtigkeit der Nähe einmal da war, wenigstens einmal erfahren worden ist, in einer genügenden Nahheit, nicht punktuell. Diese Verläßlichkeit ist in fragmentierten Familien nicht mehr vorhanden. Ich selbst bin in einer Familie mit sieben Kindern aufgewachsen, für mich war es selbstverständlich, daß man um seinen Anteil kämpfen mußte. Und man lernt teilen, Kompromisse eingehen.

Heute bekommt das Teilen bei der Einkindfamilie mitunter einen ganz anderen Sinn: Wer – Vater oder Mutter – kann über das Kind verfügen, wer bekommt es wann. Das Teilen in der Gesellschaft muß irgendwo gelernt werden. Wenn der Ort dafür die Familie nicht ist, dann könnte es die Schule sein. Die Schule muß mehr Näheverhältnisse herstellen, um so etwas, was sonst verlorengeht, überhaupt aufrechtzuerhalten. Da nützen Computer nichts, gegen die ich gar nichts habe. Aber das bloße Knöpfedrücken löst keines der angesprochenen Probleme.

Bei der Diskussion um Auswege darf die raumzeitliche Nähe nicht aus dem Blick geraten. Deshalb mein Plädoyer für die kleinen Einheiten, solche, die sich weltläufig zeigen. Einheiten, die sich aus der abstrakten Weltläufigkeit zurückziehen, zeigen sich meist borniert, der Ethnozentrismus dokumentiert das auf allen Ebenen. Eine nicht entwickelte Urteilsfähigkeit, die über die Situation hinausgeht, führt dazu, daß die Menschen in diesem Ethnozentrismus aus Angst »klammern«. So ist eigentlich unverständlich, was in Bosnien gelaufen ist, denn die Menschen haben über Jahrzehnte miteinander gelebt, und plötzlich treten archaische Konflikte auf. Wie kommt so etwas zustande? Natürlich nur, wenn plötzlich Gebilde zerbrechen wie der Territorialstaat, in dem sich sowieso keiner hat aufgehoben fühlen können.

Ich habe von einer Zwischenwelt gesprochen, in der alte Normen nicht mehr gelten und neue noch nicht da sind, was gerade bei aufwachsenden Menschen kulturelle Suchbewegungen erhöht. Diese Suchbewegungen gehen bei der Jugendlichen-Generation nicht mehr in eine bestimmte Richtung. Es gibt keinen Typus »des« Jugendlichen, sondern sehr verschiedene und konträre. Zum Beispiel sucht der eine Typus der Jugendlichen nach Gewißheit und Wahrheit, die sie hier nicht bekommen, weil die Erwachsenen sagen, wenn du das denkst, ist das richtig, aber es geht auch anders. Die postmoderne Beliebigkeit im Denken ist ja in vielen Menschen, und wird auch als ein Siegel von Freiheit verstanden. Doch den Wunsch, nicht mehr dogmatisch zu sein, gibt es nicht bei Jugendlichen. Sie sind keine professionellen Dogmatiker, aber sie wollen wissen, was richtig und falsch ist. Die Sektenanfälligkeit von Jugendlichen kommt daher, daß sie sich lieber opfern, ihren Verstand, ihre Vernunft abgeben um den Preis von Gewißheit; und natürlich erfahren sie dann irgendwann, daß es nicht das war, was sie wollten. Eine Gesellschaft, die stolz darauf ist, daß die Utopien verschwinden, und daß das, was wahr und falsch ist, von den Eltern nicht mehr gesagt wird, sondern über wahr und falsch nur noch diskutiert wird, befindet sich im Irrtum. Die Jugendlichen müssen wenigstens die Möglichkeit haben, sich mit den Irrtümern der Alten auseinanderzusetzen. Die Irrtümer der Alten, die festgehalten werden, sind besser als Wahrheiten, die jeden Tag verändert, umdiskutiert werden oder die sie selber noch finden müssen. Damit ist ihr Wachstumsprozeß überfordert.

Die Generationenfrage hat heute eine völlige Schieflage. Der Generationenvertrag war ursprünglich ein Rentenvertrag und ein Vertrag für die Besserausstattung der jungen Generation; er ist heute auf einen Rentenversicherungsvertrag heruntergekommen. Zwar bin ich selbst schon in einem Alter, in dem ich zu schätzen weiß, daß ein würdiges Alter auch die Struktur einer Gesellschaft bezeichnet. Aber die Art und Weise, wie heute die Alten für sich selber sorgen und für die Jungen – auch wenn sie sich an der Sozial- und Armutsgrenze befinden – nichts oder wenig tun, ist ein Skandal für diese reiche Gesellschaft. Sie kann auch nicht so bleiben, denn vieles von dem Schrott, was diese Generation hinterläßt, müssen Kinder – mein 14jähriger Sohn, meine 9jährige Tochter – abtragen, wie die Atomkraftwerke, die im Jahr 2010 alle verschrottet werden müssen. Außerdem wird jedes Kind heute mit 40.000 Mark Schulden in Deutschland geboren, bevor es überhaupt den ersten

Atemzug macht, hat es gleichsam ein Schuldenkonto. Vielleicht sind es 50.000, vielleicht auch nur 30.000, aber es wächst mit Schulden auf, die irgendjemand irgendwann einmal abtragen muß.

Welches Menschenbild?

Stellen wir uns also die Frage, welche Menschen wir wollen, welches Menschenbild dem zugrundeliegt, wofür wir uns einsetzen, wofür man vielleicht sogar das Leben riskiert. Und was das Menschenbild derjenigen ist, mit denen wir es zu tun haben. Pierre Bourdieu hat einmal von der *pensée Tietmeyer* gesprochen: Bundesbankpräsident Tietmeyer hatte gesagt, die ganze ökonomische Misere komme daher, daß die Menschen zu unbeweglich seien. Er hat damit gemeint: Wenn jemand in Bremen oder Emden arbeitslos wird, soll er seine Sachen und seine Kinder einpacken und nach Süddeutschland gehen und die Marktchancen abschätzen. Und im übrigen soll er natürlich hauptsächlich den Dax und die Wechselkurse studieren. Allerdings liegt hier noch ein eigenes Problem, weil die Shareholder-Mentalität bedeutet, die Aktienbesitzer zu bedienen und gleichzeitig Arbeitskräfte zu entlassen. Was Tietmeyer und viele dieser Leute meinen, ist der allseitig verfügbare Mensch, der marktorientiert sich in seinem Innern verhält. Menschen, die wie *freudige Trabanten* um die Sonne des Kapitals kreisen. Freudige – sie müssen Spaß dabei haben.

Ich will in einer der reichsten Gesellschaften, die es überhaupt in der Welt gibt, zurückkehren zu dem, was einmal Autonomie, Urteilsfähigkeit hieß. Reservatbildung bedeutet Kritikfähigkeit, Eigenschaften, die gerade in einer Zeit, in der sehr viele Menschen entwurzelt und herumgestoßen werden, die Verarbeitungsfähigkeit dieser Entwurzelten in einem Maße verkörpern, daß sie nicht unter die Räder geraten müssen, selbst wenn sie von diesen Problemstrukturen betroffen sind. Wenn wir an einer demokratischen Gesellschaft festhalten wollen – ich bin sicher, daß es nicht alle wollen –, gibt es keine Alternative aus dieser Krise, die sich nicht damit befaßte, daß es tatsächlich um den Menschen geht, in dem Sinne, daß er besser ausgestattet wird, um mit den Problemen, die es in der Welt gibt, fertig zu werden. Das würde in jedem Fall bedeuten, seine Kritik- und Autonomiefähigkeit zu erweitern. Darauf müßte Bildung, darauf müßte auch die Schule gerichtet werden. Und die politischen Instanzen müßten Institutionen fördern, die sich dieser Ziele annehmen. Es geht auch und vor allem darum, unseren Reichtum nicht einfach zu verzehren, sondern ihn der neuen Generation in einer Weise zukommen lassen, durch die sie besser ausgestattet ist, um mit den *dann* noch auftretenden Problemen fertig zu werden.

Für Erneuerung streiten:
Tarifpolitik – Strukturpolitik –
Internationalismus

Walter Riester

Zwischen Flächenvereinbarung und »Häuserkampf«

Wege zur Sicherung und Erneuerung des Tarifvertrages

Teile der Politik, der Arbeitgeber und der Wissenschaft sind sich einig: Der Flächentarifvertrag habe ausgedient. Als in seiner Ausgestaltung einzigartiges Regulierungsinstrument in Europa sei ihm keine Zukunft mehr beschieden. Seine Begründung habe er im Nachkriegsdeutschland gehabt, nunmehr – in einer globalen Wirtschaft – passe er nicht mehr in die Landschaft, sei hinderlich für die notwendige Flexibilität in Produktion und Dienstleistung. Dies ist ein Szenario, das nicht nur jeder Grundlage entbehrt, sondern dessen Konsequenzen – vor allem ordnungspolitischer Art – auch Arbeitgeberverbände bewog, den Flächentarifvertrag wiederzuentdecken.

Andere stimmen den Verfassern der Nachrufe zumindest in einem Punkt zu: Auch für sie sind die Tage des Flächentarifvertrags gezählt. Allerdings unterscheidet sich die Begründung erheblich. Vor allem die Arbeitgeberverbände verlören an Bindekraft, sie nähmen ihre Einwirkungspflicht nicht ausreichend wahr, immer mehr Unternehmen würden den Tarifvertrag meiden – er erodiere. Mittelfristig müßten deshalb Betrieb für Betrieb Mindeststandards durchgesetzt werden. Auch hier ist die Resonanz gespalten: Ein Teil der Gewerkschaften empfindet dies als vor allem kraftzehrendes, ein anderer als mobilisierendes Szenario.

Was ist dran an diesen Szenarien? Gibt es Alternativen? Für beide Positionen gibt es Gründe, die hier nicht mit einem Achselzucken abgetan werden können.

Die Wirtschaftslandschaft in Deutschland hat sich verändert. Nicht alles ist dabei der immer wieder thematisierten Globalisierung geschuldet.

Allzu häufig dient sie ausschließlich als Folie handfester Interessenpolitik. Doch zugleich läßt sich eindeutig eine stärkere Liberalisierung der Märkte, eine Intensivierung des Austausches von Kapital und vor allem von Wissen feststellen. Es gibt viele Anzeichen dafür, daß das Blatt der internationalen Arbeitsteilung schneller gemischt wird als zuvor.

Die Unternehmensstrategien haben sich gewandelt. Konzepte wie lean production, Konzentration auf das Kerngeschäft, Outsourcing, Spaltungen zwischen Rand- und Kernbelegschaften sowie regelrechte Feldzüge auf neuen Märkten sind für viele Arbeitnehmerinnen und Arbeitnehmer betriebliche Wirklichkeit.

Der Strukturwandel, der sich in Deutschland vollzieht, hat allerdings seine spezifische Komponente, er ist in Europa und der Welt einmalig. Durch die Verwirklichung der deutschen Einheit erlebten 18 Millionen Menschen einem Strukturwandel im Turbotempo. Geschuldet dem Mißmanagement eines jahrzehntelang unfähigen SED-Regimes und verstärkt durch die Konzeptionslosigkeit einer überforderten Bundesregierung brach die industrielle Struktur in den neuen Bundesländern weg.

Alle diese Entwicklungen haben erhebliche Auswirkungen auf die Konstruktion unserer industriellen Beziehungen und damit im Kern auf unser Tarifsystem. Dabei wäre es allerdings zu kurz gegriffen, ausschließlich aus den ökonomischen Faktoren diese Auswirkungen ableiten zu wollen. Im Zuge des Strukturwandels und der gesellschaftlichen Friktionen hat sich das gesellschaftliche Klima in Deutschland geändert.

Bemerkbar macht sich das Wirken einer Bundesregierung, die nur noch mehrheitspolitisches Kalkül davon abzuhalten scheint, die Empfehlungen des Kieler Institutes für Weltwirtschaft nahtlos umzusetzen. Wer sich die Auseinandersetzung um die Entgeltfortzahlung anschaut, weiß: Da wurde Unfrieden gesät, ohne daß es einen erkennbaren beschäftigungspolitischen Grund gegeben hat. Zugleich werden Konzepte bekannt, sei es von der FDP, dem Wirtschaftsrat der Union oder aus der CDU/CSU-Fraktion, die eindeutig auf einen Eingriff in Betriebsverfassung und Tarifvertragsgesetz abzielen. Noch sind es Papiere. Daß sie umgesetzt werden, kann bei einer Fortführung der CDU/FDP-Koalition keineswegs ausgeschlossen werden.

Hinzu kommt eine eindeutige Radikalisierung von Teilen der Wirtschaft. Die Aussagen des BdI-Präsidenten Hans-Olaf Henkel, wiewohl für Tarifpolitik nicht zuständig, seine kaum verhohlenen Aufforderungen an die Unternehmen, die Tarifverträge zu brechen, seine Absage an eine dialogorientierte Politik und seine fatale Rolle bei der Darstellung des »Standortes« Deutschland zeigen dies deutlich. Daß derartige Parolen auf fruchtbaren Boden bei Teilen der Arbeitgeberschaft fallen, läßt sich zumeist nicht einmal mit betriebswirtschaftlichem Kalkül erklären. Die ordnungspolitische Funktion der industriellen Beziehungen ist für viele Arbeitgeber ein hohes Gut. Übrig bleibt oft nicht mehr als eine nur psychologisch zu begründende Exit-Option von Unternehmen, in dem festen Glauben, jederzeit dieses Land verlassen zu können. Zudem findet der BdI natürlich Resonanz bei jenen, denen ein sozial regulierter Arbeitsmarkt schon immer ein Dorn im Auge war.

Insofern ging zu Recht ein Raunen durch die Republik, als kürzlich Gesamtmetall-Präsident Stumpfe einen vernünftigeren Umgang der Tarifvertragsparteien miteinander einforderte und gemeinsame Projekte skizzierte. Mag auch noch ungewiß sein, ob sich die Absicht in Taten umsetzt, so hob sich diese Erklärung doch deutlich von der des BdI-Präsidenten ab.

Zu den Änderungen des politischen Klimas in der Bundesrepublik gehört auch der kulturelle Wandel in der Arbeitnehmerschaft. Die Entwicklung erscheint ambivalent. Als Frucht einer sozialdemokratisch inspirierten Politik hat sich der stumme Zwang des Milieus aufgelöst, Anforderungen und Kritikfähigkeit sind gestiegen, Lebensentwürfe werden differenzierter.

In den letzten Jahren allerdings kam zunehmend die Angst um die eigenen Lebensgrundlagen als ein treibendes Motiv hinzu. Vielen Menschen steckt die Furcht um den Arbeitsplatz angesichts steigender Massenarbeitslosigkeit in den Knochen. Sie wird dadurch noch geschürt, daß das soziale Netz brüchig und das ihm zugrunde liegende Solidarprinzip immer stärker zur Disposition gestellt wird. Ich will nicht der Ellenbogengesellschaft das Wort reden, aber Individualismus, der seiner sozialen Grundlagen beraubt wird, kann zu einer solchen führen.

Auch diese Entwicklungen gehen an den Gewerkschaften nicht spurlos vorbei. Manche tarifpolitische Entscheidung bedarf einer sorgfältigeren Begründung und muß ihre Paßgenauigkeit auf die betrieblichen Problemlagen beweisen. Und das ist gut so. Auf der anderen Seite: Manche Zumutung wird akzeptiert, weil die Angst diktiert. Das ist tarifpolitisch ein großes Problem.

Soweit zur Hintergrundfolie, auf der sich die Zukunft der Tarifpolitik mitentscheidet. In welcher Situation stehen wir tarifpolitisch? Auf den ersten Blick besteht kein Grund zur Beunruhigung. Die Einkommens- und Arbeitsbedingungen der Mehrheit der Beschäftigten in der Metall- und Elektroindustrie werden noch immer durch verbindliche Tarifverträge geregelt. Im Vergleich mit anderen großen Industrieländern ist das System tariflicher Regulierung in der Bundesrepublik Deutschland stabil. Der Grad der Tarifbindung ging in den achtziger Jahren hierzulande weniger drastisch zurück als in anderen großen Industriegesellschaften. Das bundesdeutsche Tarifsystem, das flächendeckende verbindliche Anspruchsgrundlagen für Einkommen, Arbeitsbedingungen und Arbeitszeit schafft, konnte bislang in weiten Bereichen aufrecht erhalten werden.

In der Bundesrepublik gibt es rund 43.000 Tarifverträge, allein im Organisationsbereich der IG Metall 381 Tarifverträge in der Metall-, Eisen- und Stahlindustrie, 754 im Metallhandwerk sowie 1102 Firmentarifverträge für 674 Unternehmen. Diese bieten für die Beschäftigten verläßliche Grundlagen für Löhne, Gehälter und Ausbildungsvergütungen, für Eingruppierungen und Leistungsentlohnung, für Elemente der Beschäftigungssicherung. Grundlagen nicht nur für die Beschäftigten der Großbetriebe, sondern auch für die der Klein- und Mittelbetriebe. Zugleich waren und sind stabile Flächentarifverträge auch die Voraussetzung für vergleichsweise geringe Ungleichheiten in den Einkommen der Beschäftigten in der Bundesrepublik.

Dennoch ist nicht zu übersehen, daß das vorhandene Gerüst an einigen Stellen brüchig wird. Auf die Kritik an bestehenden Tarifstandards und -strukturen habe ich schon hingewiesen. Zugleich ist eine nachlassende normative Kraft der Tarifverträge für das Interessenhandeln in den Betrieben festzustellen. Die Erosion des Tarifsystems weist auf Unternehmens- und Betriebsebene verschiedene Facetten auf.

Erstens: Unter dem Druck der hohen Arbeitslosigkeit und des ungebremsten Vordringens von Konkurrenzmechanismen in alle Betriebsbereiche werden Beschäftigte und Betriebsräte immer häufiger genötigt, Tarifverträge zu umgehen und geltende Tarifstandards zu unterschreiten. Sei es, daß die Arbeitszeiten verlängert oder die Sonderzahlungen sowie tarifliche Zuschläge zurückgestutzt werden.

Zweitens: Die Bedeutung der tarifvertraglichen Normen wird unterhöhlt, indem Arbeitgeber zunehmend versuchen, betriebliche Aushandlungsprozesse gegenüber der tariflichen Regulierung aufzuwerten. Je mehr das gelingt, um so stärker geht die tarifpolitische Regelungskompetenz und in der Folge die bislang relativ stark ausgeprägte Regelungsmacht verloren.

Drittens: Manche Unternehmen versuchen die geltenden Tarifstandards durch einen Wechsel in einen anderen Organisationsbereich zu senken oder sie vollständig zu umgehen durch Ausgliederungen bzw. Neugründungen oder durch Austritt aus dem Arbeitgeberverband. Alle Gewerkschaften können dies feststellen, wenn auch mit unterschiedlicher Intensität – je nach Tradition, Zusammensetzung der Branchen und Politik der Arbeitgeberverbände.

Viertens: Unsere Arbeitswelt hat sich gewandelt. Vor allem im Bereich der Anforderungen und der Arbeitsorganisation haben tiefgreifende Veränderungen stattgefunden. Wenn sie sich gewandelt hat, dann müssen auch die Tarifverträge sich wandeln. Allerdings ist diese Erkenntnis im Arbeitgeberlager nicht weit verbreitet. Daß wesentliche Bereiche des Arbeitslebens nicht zeitnah reguliert sind, gibt ihnen Handlungsspielraum. Die Arbeitnehmerinnen und Arbeitnehmer jedoch finden sich immer weniger mit ihren Vorstellungen, Bedürfnissen und Sorgen in unseren Tarifverträgen wieder.

Ich will dies an einigen Beispielen erläutern:

Mit der Verkürzung der Arbeitszeit ist eine große Vielfalt an Arbeitszeitmodellen in die Betriebe eingezogen. Das mag man bedauern oder auch nicht – sie sind betriebliche Realität. Unsere Tarifverträge legen ausschließlich die Rahmendaten fest. Das reicht heute oft nicht mehr aus.

Wir werden angesichts der Massenarbeitslosigkeit weiter auf die Umverteilung von Arbeit setzen. Wir wissen dabei:

- die Beschäftigten in der Metallindustrie werden immer älter,
- die Vorstellungen unserer Kolleginnen und Kollegen sind sehr differenziert, vom Sabbatical bis hin zu Weiterbildungszeiten,
- die schon bestehenden Arbeitszeitregime haben oft nur noch rechnerisch etwas mit der 35-Stunden-Woche zu tun.

Welchen Weg wir also auch immer einschlagen, Arbeitszeitverkürzung und Vielfalt in der Gestaltung müssen untereinander verschränkt werden. Das bedarf der tariflichen Regelung.

Zweites Beispiel: Immer mehr Menschen arbeiten in Arbeitsverhältnissen jenseits der Norm. Die Leih- und Zeitarbeitsfirmen sind auf dem Vormarsch. Es gibt zunehmend mehr Teilzeitbeschäftigte. Selbständige und scheinbar Selbständige arbeiten in den Betrieben. Telearbeit wird für viele Realität. Für diese Arbeitnehmerinnen und Arbeitnehmer brauchen wir einen neuen kollektiven Schutz. Denn die Gewerkschaften sind nicht nur Ansprechpartner für jene, die im Normarbeitsverhältnis arbeiten. Wir wollen auch jenen Schutz und Gestaltung bieten, die jenseits der Norm arbeiten.

Drittes Beispiel: Über die Leistungspolitik greifen heute Arbeitgeber tief in die Regelung zur Arbeitszeitgestaltung ein. So steuern Aufträge die Personalbesetzung und die Lage und Dauer der Arbeitszeit. Über Prämien steuern die Beschäftigten ihre Stundenreduktion – sprich Personalreduktion – in Gruppen autonom.

Angesichts dieser Entwicklungen benötigen wir neue tarifliche Rahmenregelungen, um Leistungskompromisse auszuhandeln. Mit diesen Tarifregelungen müssen wir die Beschäftigten – Arbeiter und Angestellte – vor unzumutbarem Leistungsdruck und vor zunehmender Leistungsverdichtung schützen. Dies gilt insbesondere für jene Bereiche, in denen wir gegenwärtig keine Mitbestimmung über die Leistungsbedingungen haben. Dabei müssen den Beschäftigten stärkere Beteiligungsrechte und den Betriebsräten erweiterte Mitbestimmungsrechte eingeräumt werden.

All diese Beispiele verdeutlichen, daß angesichts des Wandels und der bislang nicht durchgesetzten Neujustierung der Tarifvertrag auch von innen erodieren kann.

Es ist unstrittig, daß wir Tarifautonomie und Flächentarifvertrag mit allen uns zur Verfügung stehenden Mitteln verteidigen und Erosionstendenzen verhindern müssen. Das aber ist um so schwieriger, als dies eine Doppelstrategie voraussetzt: für den Erhalt zu kämpfen und zugleich den tariflichen Gestaltungsanspruch neu zu begründen. Dabei werden wir uns auch die Frage nach der Struktur unserer Tarifverträge vorlegen müssen: Wie fangen wir die Vielfalt ein, ohne die Einheit der Mindestbedingungen aufzugeben? Es werden in diesem Zusammenhang Branchentarifverträge, Zusatztarifverträge und Tarifbausteine diskutiert.

Um es deutlich zu sagen: Ich glaube nicht, daß die Überlegungen zu Branchenfenstern oder Branchentarifverträge uns weiter helfen. Sie würden Unterschiede dort feststellen, wo die Unterschiede sich kontinuierlich auflösen. Die Branchen selbst sind im Fluß.

Das heißt allerdings nicht, daß ich der Meinung wäre, daß wir bei neu entstehenden Branchen nicht kurz- und mittelfristig auch neue Wege suchen sollten. Bei den produktionsnahen Dienstleistungen, in der Informations- und Kommunikationsbranche, aber auch in der Umweltbranche haben wir es teilweise mit deutlich anderen Arbeitsbedingungen zu tun als etwa in der klassischen industriellen Produktion. Es wird uns wenig nutzen, unsere Tarifverträge einfach übertragen zu wollen. Vielmehr muß es darum gehen, mit den Belegschaften und den Betriebsräten adäquate Lösungen zu erarbeiten. Diese Tarifverträge mögen sich von denen, die wir für die industrielle Produktion gefunden haben, in Teilbereichen unterscheiden. Das kann durchaus sinnvoll sein – solange dadurch keine zusätzliche Konkurrenzen der Arbeitnehmer untereinander entstehen. Es geht also um eine Regulierung der Bereiche, wo unsere Maschen im Tarifvertrag so groß sind, daß sie uns zu entschlüpfen drohen, und um jene Bereiche, in denen wir noch kein Netz knüpfen konnten.

Wenn die Gewerkschaften das aber wollen, dann müssen sie auch Regelungen schaffen, die stärker auf die betrieblichen Belange zugeschnitten sind. Tarifpolitik muß eine neue Balance finden zwischen überbetrieblicher und betrieblicher Regulierung. Oder, um es negativ auszudrücken: Es kann nicht angehen, die Betriebsräte und Belegschaften zu überlasten und sie mit ihren Sorgen allein zu lassen. Es kann aber auch nicht sinnvoll und wahrscheinlich auch nicht erfolgsträchtig sein, die Regulierung betrieblicher Belange im Detail durchzuformulieren und den Belegschaften und ihren Interessenvertretern ihr Geschäft aus der Hand zu nehmen.

Natürlich entsteht der Ruf nach einer starken Tarifpolitik, die den Druck mindert, wenn die betriebliche Realität grauer und komplexer wird. Doch zum einen kann selbst der beste Tarifvertrag nicht alle Wechselfälle des Lebens auffangen. Zum anderen: Vielen Belegschaften ist die Tarifpolitik ein Buch mit sieben Siegeln, die Jungen wissen teilweise nicht mehr, daß und was auf dieser Ebene geregelt wird. Das hat seinen organisationspolitischen und mittelfristig auch seinen tarifpolitischen Preis.

Wir können wir diese Gradwanderung zwischen überbetrieblicher und betrieblicher Balance bestehen?

Das DGB-Grundsatzprogramm setzt auf Differenzierung. Doch dahinter verbergen sich verschiedene Vorstellungen: der Häuserkampf, die Zusatztarifverträge und die Tarifbausteine.

Ich muß gestehen, daß ich mich wenig für den Häuserkampf erwärmen kann. Der Häuserkampf birgt die Gefahr einer Aufgabe des Flächentarifvertrages in sich. Er ist das Instrument, das die Gewerkschaften anwenden müssen, wenn nichts anderes mehr geht. Natürlich muß in tarifungebundenen Betrieben für Anerkennungstarifverträge gekämpft werden. Erfahrungsgemäß erweist es sich als schwierig, diese Betriebe an das Niveau der Fläche heranzuführen. Natürlich darf der Druck auf Unternehmen, die den Tarifbruch praktizieren, nicht gelockert werden. Aber als flächendeckendes Konzept für die Bundesrepublik eignet sich der Häuserkampf nicht.

Der Weg der Kombination von Mindestbedingungen mit Zusatztarifverträgen erscheint reizvoll. Zum einen werden innerhalb des Flächentarifvertrages klare Mindestbedingungen und damit Haltelinien nach unten definiert. Der Flächentarifvertrag enthält dann Öffnungsklauseln, die durch betriebliche Zusatztarifverträge ausgefüllt werden können. Diese können notfalls mit einer betrieblichen Tarifbewegung durchgesetzt werden. Für die, die keine paßgenaue Lösung brauchen, gelten dann die Bedingungen einer Mustervereinbarung. Die Befürworter dieser Reformperspektive erhoffen sich damit eine größere Identifikation der Belegschaften mit gewerkschaftspolitischen Zielen.

Diese Überlegung baut auf der Prämisse auf, daß wir in den Betrieben und Belegschaften eine Struktur haben, die in der Lage ist, eine Tarifauseinandersetzung aus eigener Kraft zu führen. Und darin liegt auch sein Charme, es ist ein Konzept der betrieblichen Stärke. In vielen Großunternehmen gibt es diese Strukturen. Aber diese Strukturen sind gewachsen – in langen Jahren, in vielen Auseinandersetzungen, mit einer selbstbewußten Belegschaft, oft in einem marktführenden Unternehmen. Aber auch hier ist die Frage berechtigt, ob dies für die Fläche vorausgesetzt werden kann.

Je prekärer die Situation des Betriebes, je größer die Angst um die Arbeitsplätze, um so schwieriger wird dieses Unterfangen. Das gilt insbesondere für Klein- und Mittelbetriebe, insbesondere für das Handwerk. Gerade die Arbeitnehmerinnen und Arbeitnehmer dieser Betriebe sind in der Vergangenheit auf die Vorreiterrolle der Großen angewiesen gewesen.

Zu bedenken ist zudem: Tarifverträge werden mit der Gegenseite abgeschlossen. Mit der Möglichkeit, eine Tarifbewegung in den Betrieben durchzusetzen, würde jedoch der friedenstiftende Effekt des Flächentarifvertrages für die Arbeitgeber verloren gehen. Ist dann der Flächentarifvertrag noch attraktiv genug für sie, um sich zur Vereinbarung von

Mindestbedingungen mit den Gewerkschaften an einen Verhandlungstisch zu setzen?

Ein anderes Modell ist das der Tarifbausteine: Das Modell baut auf der gar nicht so neuen Überlegung zu betrieblichen Wahlmöglichkeiten auf und thematisiert, wie diese strukturell am effektivsten einzuführen wären. Hier wird der Tarifvertrag in seiner jetzigen Form unverändert beibehalten. Er läuft weiter durch und wird jeweils fortgeschrieben. Parallel zu dem jeweiligen Verhandlungsgegenstand werden Wahlmöglichkeiten zwischen den Tarifvertragsparteien ausgehandelt und verbindlich tarifiert. Entstehen neue Regelungstatbestände, können sie auch ergänzend sein. Damit entsteht jenseits des fortgeschriebenen Tarifvertrages ein Set von Möglichkeiten, aus denen die Betriebsparteien diejenigen auswählen können, die am paßgenauesten für ihre Belange gelten.

Dafür spricht: Betriebliche Entwicklungen können so aufgefangen und zeitnah gestaltet, sich auseinander entwickelnde Bereiche wieder zusammengeführt werden. Neue Bereiche können so an den Tarifvertrag herangeführt werden. Dafür spricht auch, daß mit einem solchen Instrument bislang gute Erfahrungen gemacht worden sind. Unser Tarifvertrag zur Beschäftigungssicherung, der nunmehr in fast allen Regionen fortgeschrieben wird, hat sich als praktikables Instrument erwiesen. Und nicht zuletzt: Nicht jede Regelung muß auf der Betriebsebene neu erfunden werden. Betriebsräte haben einen großen Schatz an Erfahrungen, eine Menge innovativer und vernünftiger Regelungen in den Betrieben.

Es geht also mit der Reregulierung durch ein verbindlich definiertes Tarifbausteinsystem vor allem um eines: Die günstigste Regelung für die Arbeitnehmerinnen und Arbeitnehmer auf der Basis von definierten Mindestbedingungen mit Hilfe von paßgenauen Varianten durchsetzbar zu machen – im Zusammenspiel von Betriebsrat, Vertrauensleuten und Belegschaften, ohne sie durch betriebliche Tarifverhandlungen zu überlasten.

Eines steht fest: Für welchen Weg sich die Gewerkschaften auch entscheiden – er muß so überzeugend sein, daß sie ihre Mitglieder auch für eine Auseinandersetzung gewinnen können. Und zwar in der Fläche.

Franziska Wiethold

Jenseits des Strukturkonservatismus

Gewerkschaften in der Dienstleistungsgesellschaft

Gewerkschaften im Umbruch

Daß die Gewerkschaften mit ihren bisher entwickelten Organisationsprinzipien und Normen kollektiver Absicherung in den privatwirtschaftlichen Dienstleistungsbranchen z.T. ins Leere laufen, zumindest aber schwächer als im industriellen Sektor verankert sind, ist eine Binsenweisheit. Ihre Organisationsstrukturen sind auf Großbetriebe mit relativ einheitlichen Arbeitsnormen aufgebaut, auf deren Grundlage sich vereinheitlichende, meßbare Schutznormen (Arbeitszeit, Entgeltsätze) durchsetzen lassen.

Dieser materiellen Grundlage für vereinheitlichende Schutznormen wird im Dienstleistungsbereich durch die Auflösung des Normalarbeitsverhältnisses, des Großbetriebes, der klaren Hierarchie und zentralistischen Arbeitsorganisation der Boden entzogen. An die Stelle treten andere, indirektere Steuerungsformen (profit-center), ein neues Verhältnis von Zentralität und Dezentralität, flexiblere Arbeitsverhältnisse und Arbeitseinheiten.

Diesem Regulierungstyp sind bisher kaum kollektivrechtliche Normen entgegengesetzt worden. Die Schwäche der Gewerkschaften im Dienstleistungsbereich wird immer mehr zum generellen Problem, da der privatwirtschaftliche Dienstleistungsbereich immer stärker gesamtgesellschaftliche Normen setzt und damit auch für hoch organisierte Bereiche (klassische Industrie, Öffentlicher Dienst) zum Berufungsbeispiel für Deregulierung wird.

Die u.a. dadurch bedingte Krise der Gewerkschaften ist kein neues Phänomen. Umbrüche in der Arbeitsorganisation und in der Struktur der abhängig Beschäftigten haben immer auch den jeweiligen Regulierungstyp der Arbeitsbeziehungen und Sozialnormen und damit der Gewerkschaften insgesamt tangiert. Arbeitsbeziehungen, Sozialnormen, Organisationsmodelle sozialen Konsenses oder auch kollektiver Gegenmacht sind immer auf einen bestimmten Typ von Produktionsverhältnissen bezogen. Sie sind von der Auseinandersetzung um die Verteilung eines konkreten Machtverhältnisses, einer konkreten Wertschöpfung geprägt. Insofern sind kollektive Normen und gewerkschaftliche Organisationsstrukturen immer geprägt von den jeweils vorherrschenden Kapitalstrukturen; auch als Gegenmachtstrukturen sind sie – wie der Begriff es schon sagt – auf deren Machtstrukturen ausgerichtet (weshalb die Forderung nach gewerkschaftlicher Autonomie etwas Illusionäres hatte). Aus der konkreten Auseinandersetzung um Macht und Verteilung gesellschaftlichen Reichtums entwickeln sie Stärke, aber auch Elemente eines Strukturkonservatismus, der in Umbruchzeiten zum Problem wird: Die gesamte Organisationsstruktur, auch die Leitbilder sind ebenso wie die Schutznormen auf einen bestimmten Typ von Produktionsverhältnissen eingestellt. Ändert sich dieser Typ, laufen Schutznormen, Gegenmachtansätze usw. zunehmend ins Leere. Die verständliche Sorge, daß mit dem neuen Regulierungstyp bisherige Strukturen und dadurch erkämpfte Erfolge in Frage gestellt werden (sollen), führt dann dazu, zuwenig um neue soziale Normen und zuviel um den Erhalt des Alten zu kämpfen. Am Anfang dieses Jahrhunderts bekämpften die Gewerkschaften z.B. die Ausdehnung von angelernter Arbeit, da sie die Zunahme von Frauenarbeit und Angelernten als Lohndrückerei fürchteten.

In der jetzigen Umbruchphase sind die Gewerkschaften doppelt gefordert: Die strukturellen Umbrüche in den Arbeitsstrukturen fallen zusammen mit einem politisch-ökonomischen Umbruch, durch den sich Arbeitgeber und neoliberale Politiker kollektive Absicherung und einen Macht- und Sozialkompromiß möglichst ganz vom Halse schaffen wollen. Daß bestimmte Schutznormen immer mehr ins Leere laufen, wird mindestens billigend in Kauf genommen, wenn nicht sogar angestrebt. Um in diesen Bereichen neue soziale Schutznormen durchzusetzen, müßten sich die Gewerkschaften in einem Ausmaß ändern, das bisher nur ansatzweise erkannt, geschweige denn angepackt wird.

Eine Mobilisierung für neue soziale Schutznormen würde voraussetzen, daß die haupt- und ehrenamtliche Funktionärsbasis, die notwenigerweise aus den bisher dominierenden (eher Alt-) Strukturen stammt, eine Umverteilung von finanziellen und personellen Ressourcen auf neue Branchen/Betriebe akzeptiert. Sie müßten akzeptieren, daß mit der Durchsetzung neuer Schutznormen die bisherigen in Frage gestellt und z.T. abgelöst werden. Das Kräfteverhältnis zwischen den Einzelgewerkschaften und dem DGB müßte neu sortiert werden, da es durch die unterschiedliche Macht und Finanzkraft der Gewerkschaften, die durch Altstrukturen entstanden ist, den Strukturkonservatismus fortschreibt.

Wenn die Auseinandersetzung – wie aktuell zu beobachten – überlagert wird von der alten Polarisierung zwischen »konsens«- und »konfliktorientierter« Gewerkschaftspolitik, wird sie noch unfruchtbarer: Die konsensorientierte »Modernisierer«linie läßt nicht an sich heran, daß der neue Regulierungstyp von vielen Politikern und Arbeitgebern benutzt wird, um gewerkschaftliche Macht insgesamt zurückzudrängen; auf fast illusionäre Weise wird nach einem neuen Konsens durch Anpassung gesucht. Die Gegenfraktion der »Traditionalisten« wiederum läßt nicht an sich heran, daß die bisher erkämpften Schutznormen und Organisationsprinzipien an einen bestimmten Stand der Arbeitsorganisation – marxistisch gesagt: der Produktivkräfte und Produktionsverhältnisse – gebunden waren und nicht voluntaristisch aufrechtzuerhalten sind. Sie lassen sich von Arbeitgebervertretern den Reformbegriff, der dort natürlich als Etikett für Deregulierung und Abbau von Schutznormen mißbraucht wird, negativ vorgeben, indem sie mit Hinweis auf deren Absicht dringend notwendige Reformen von Schutznormen verweigern.

Trotzdem verändern sich auch die Gewerkschaften – wie alle Organisationen und Strukturen eher unter dem Diktat des Leidensdrucks –, so daß die Hoffnung besteht, daß sie unter veränderten Bedingungen mit veränderten Beschäftigtenbedürfnissen neue soziale Schutznormen durchsetzen, die sich aber an alten Zielen – Stabilität, Existenzsicherung, Schutz vor sozialer Not, Teilhabe an Reichtum, Mitbestimmung – orientieren.

Entwicklungstrends im Dienstleistungsbereich am Beispiel kundenbezogener Dienstleistungen

Hier sollen einige Trends aus den mir zugänglichen Branchen beschrieben werden, die nicht den gesamten Dienstleistungsbereich widerspiegeln, aber exemplarischen Charakter haben.

In den großen konsumorientierten Dienstleistungsbranchen gewinnen Unternehmen/Konzerne an Bedeutung, die systematisch das Dienstleistungsangebot durchorganisieren und in einer Vielzahl von kleinen Filialen selber anbieten oder von Franchisenehmern anbieten lassen. Das Angebot wird nach Kundentyp differenziert, die Vertriebs-/Filialtypen werden innerhalb der Konzerne ebenfalls je nach Typ unterschiedlich geführt (Bankenfilialen differenzierten nach Massengeschäft und Individualberatung; Discounterläden für den Gebrauchseinkauf, gehobene Läden für den Erlebniseinkauf; Hotelketten von quasi Selbstbedienungshotels bis zum Hotel mit hohem Freizeitangebot).

In diesen Konzernen entsteht ein neues Verhältnis von Zentralität und Dezentralität: Zentralität in der Vorgabe des Marketing, des Dienstleistungstyps, der Organisationsstruktur, der erwarteten Gewinne; Dezentralität in der Umsetzung der Ziele, also bei Personalbewirtschaftung, Arbeitsabläufen usw. Es entsteht eine z.T. mehrstufige Organisationsstruktur mit Holding- und hochflexiblen Unternehmens-Filialstrukturen, die sich dem traditionellen Betriebs-/Unternehmensbegriff entziehen (fraktale Unternehmen). Diese spezialisierten und standardisierten Dienstleistungen werden örtlich wiederum zu Verbünden zusammengefaßt, um die Kunden durch Vielfalt anzuziehen (systematisch gestaltete Einkaufszentren, Freizeitparks). Nahversorgerfunktionen in dünn besiedelten Gebieten werden zusammengefaßt (Postagenturen in Einzelhandelsläden usw.).

Innerhalb dieser nach Typen differenzierten Dienstleistungsangebote gewinnen aktuell am stärksten die Anbieter standardisierter, preisgünstiger Dienstleistungen an Marktanteilen: Discounter im Einzelhandel, Systemgastronomieketten, Anbieter preiswerter Reisen usw. Im Banken- und Versicherungsbereich steht diese Entwicklung noch am Anfang; der Ausbau der Direktbanken für das Massengeschäft deutet auf einen ähnlichen Trend. Grob gesagt: Für die Kunden mit geringem Einkommen wird ein standardisiertes Produkt mit geringem Service und hohem Anteil an Eigenarbeit (Selbstbedienung, nicht mehr wohnortsnah) angeboten. Differenzierte Angebote sind den vermögenden Kunden bzw. dem Erlebnisbedarf vorbehalten.

Die Qualität und Quantität an Arbeitsplätzen folgt dieser Entwicklung. Insgesamt führt die systematische Durchorganisation und Standardisierung von Dienstleistungen zu erheblichen Sprüngen in der Arbeitsproduktivität (McDonald's, Aldi und die City-Bank haben die tayloristische Durchorganisation von Arbeitsprozessen schon lange nachgeholt).

Die Art der Betriebe und Arbeitsverhältnisse entziehen sich in wachsendem Maße dem deutschen Sozialmodell mit relativ stabilen arbeits-/kollektivrechtlich abgesicherten Arbeitsverhältnissen:

- Die Grenzen zwischen Selbständigkeit und Arbeitnehmerstatus werden fließend: Sind Franchisenehmer noch selbständig? Tragen Filialleiter, die nach harten profit-center-Vorgaben ihre Filiale steuern müssen, nicht in hohem Maße unternehmerisches Risiko?
- Die Filialen sind mit dem Begriff des Betriebes (BetrVG, Kündigungsschutzgesetz usw.) nicht zu fassen. Das deutsche Arbeitsrecht geht aber z.T. von einer Identität Großbetrieb = Großunternehmen, Kleinbetrieb = Mittelstand aus. Filialen großer Konzerne können so aus relevanten Schutzrechten herausfallen. Auch die Identität von räumlicher Arbeitseinheit mit ihrer quasi naturwüchsigen Organisation einer einheitlichen Belegschaft und der organisatorischen Leitungsfunktion auf Arbeitgeberseite, die wiederum durch den Gegnerbezug einheitliche Belegschaftsinteressen schafft, fällt durch die ausdifferenzierten Organisationsstrukturen weg. Es wird immer schwieriger, über BR- und GBR-Strukturen Interessenvertretung zu organisieren. Genauso wenig sind die örtlichen Verbünde (Einkaufs-, Freizeit-, Verkehrszentren) mit einem straffen Center-Management in der Interessenvertretung zu fassen. Deutschlands größtes Einkaufszentrum, CentrO Oberhausen, umfaßt über 100 »Betriebe« mit ca. 5.000 Beschäftigten, von denen nach klassischer Betriebsdefinition ca. 10-15 betriebsratsfähig sind.
- In den Dienstleistungsunternehmen/Vertriebslinien mit eher standardisiertem Angebot im unteren Preissegment führt die Arbeitsorganisation nicht nur zu hoher Arbeitsproduktivität mit der Folge des Abbaus von Arbeitsplätzen, sondern auch aufgrund der Austauschbarkeit von Arbeitskräften zu systematischer Senkung der Personalkosten, u.a. durch niedrige Entlohnung und niedrigen Anteil von unbefristeten Vollzeitkräften. Viele dieser Unternehmen sind nicht tarifgebunden, oder den Gewerkschaften ist es nicht gelungen, adäquate Tarifverträge durchzuset-

zen. Die großen Unternehmen führen hier z.T. systematisch Dumpinglöhne und Arbeitsbedingungen ein (in tariffreien Tochterunternehmen wie bei Direktbanken oder durch den Einsatz von geringfügig Beschäftigten) oder beauftragen tariflich nicht gebundene Unternehmen (z.B. Call-Center) mit Tätigkeiten, um dann durch Kostenvergleiche die eigene Tarifbindung zum Problem erklären zu können.

■ In den Dienstleistungsfilialen für gehobene Ansprüche sind die Arbeitsbedingungen selbstverständlich besser, aber hier werden ebenfalls kollektive Absicherungen zugunsten leistungs- und ergebnisorientierter Kriterien abgebaut. Diese Beschäftigten sollen wie Unternehmer nur dann Anspruch auf Beschäftigung und Bezahlung haben, wenn sie rentabel arbeiten. Auch hier verlieren tarifliche Regelungen über Arbeitszeit und Entgelt an Bedeutung.

■ Soweit kollektivrechtliche Regelungen in bezug auf Arbeitszeit, Bezahlung, Eingruppierungen durch Tarifverträge/Betriebsvereinbarungen existieren, laufen sie durch die profit-center-Steuerungen zunehmend ins Leere. BetrVG, Unternehmensmitbestimmung und Tarifverträge schließen durch die traditionelle Trennung von Arbeitnehmer- und Unternehmerrisiko kollektivrechtlichen Einfluß auf betriebswirtschaftliche Vorgaben weitgehend aus, belassen aber z.B. das Risiko zu geringer Auslastung von Beschäftigten beim Arbeitgeber. Die profit-center-Steuerung gibt aber den zentralen Vorgaben eine hohe Bedeutung für die Gestaltung der Arbeitsorganisation (Personaleinsatz, Bezahlung, Arbeitszeit). Durch ergebnisorientierte Personalbemessung bzw. Bezahlung ist eine Selbstregulierung eingebaut, daß Beschäftigte ihre Arbeitskraft/Arbeitszeit nach Rentabilität und nicht z.B. nach eigenen Freizeitbedürfnissen steuern.

Der bisherige rechtlich definierte Arbeitnehmer- und Betriebsbegriff ist diesen neuen Strukturen genauso wenig gewachsen wie die Geltungsbereiche von Tarifverträgen, die Betreuungszuständigkeiten der Einzelgewerkschaften, der DGB-interne Umgang mit tariffreien Bereichen oder die bisherige Trennung zwischen Arbeitnehmer- und Unternehmerrisiko.

Konsequenzen für Gewerkschaftsarbeit

Die »alten« Ziele wie stabiles, existenzsicherndes Einkommen, stabile Arbeitsverhältnisse, soziale Grundsicherung sind in vielen Dienstleistungsbereichen (vor allem in den neuen) aktueller als in der Industrie. Allerdings müssen angesichts der dort vorherrschenden Arbeitsstrukturen und der anderen Interessen der Beschäftigten (Frauenanteil!) diese Ziele mit anderen sozialen Schutznormen durchgesetzt werden.

Folgende »alte« Ziele müßten auf »neuen« Wegen durchgesetzt werden:

- Neudefinition von kollektiv-/arbeitsrechtlichen Strukturen. Interessenvertretung am Arbeitsplatz: Der Betriebsbegriff des BetrVG und vieler Gesetze läuft angesichts fraktaler Unternehmen, divisionalisierter Strukturen und modulhaft zusammengesetzter Dienstleistungszentren ins Leere. In den Filialen ist nicht die schöne neue Welt teilautonomer Arbeitsgruppen ausgebrochen, die kollektiver Interessenvertretung nicht mehr bedürfen, sondern es wird nach harten zentralistischen profit-center-Vorgaben Personal gesteuert. Dem muß eine kollektive Interessenvertretung entgegensetzt werden, die auf diese Vorgaben Einfluß nehmen und durch Änderung des Betriebsbegriffes (z.B. Standortbetriebsrat) ein strukturelles Machtgleichgewicht entwickeln kann.
- Verbindung im Individualarbeitsrecht von sozialer Absicherung und individuellen Spielräumen: Neudefinition des »Normalarbeitsverhältnisses«, das bisher zu sehr auf den lebenslang Vollzeit arbeitenden abhängig Beschäftigten zugeschnitten war. Stärkung des Rechts von Beschäftigten, in ihrem Leben zwischen Vollzeit, Teilzeit, Unterbrechung ohne Karriereknick und soziale Einbußen wechseln zu können.
- Stärkung der Rechte von Beschäftigten, ihre individuellen Arbeitszeit-/Arbeitsplatzbedürfnisse in die Personalplanung/Arbeitsorganisation einbringen zu können. Diese richtet sich vorrangig nach Kundenfrequenz/Arbeitsanfall, also systematisch nicht nach den Freizeitwünschen der Beschäftigten. In Tarifverträgen/Betriebsvereinbarungen, Regelungen von Eckpunkten, Rahmenbedingungen und individuellen Beteiligungsrechten statt der bisherigen Alternative »alles regeln« oder »völliger Rückzug«. Damit auch Neubelebung der Forderung nach Arbeitszeitverkürzung.
- Bei Steuerung nach Zielvorgaben, profit-center-Vorgaben-Regelung von Eckpunkten und Mindestbedingungen und vor allem Stärkung des

Einflusses von Beschäftigten/Arbeitsgruppen auf die Umfeldbedingungen/Arbeitsbedingungen (Personalbemessung usw.).

■ Durchsetzung von kollektiven Schutznormen (z.B. über Branchentarifverträge) in tariffreien Räumen (z.B. Call-Center), um die dort ablaufende Schmutz- und Schundkonkurrenz über Dumping-Arbeitsbedingungen zu stoppen.

■ Erhalt des Prinzips, daß die Arbeitsbedingungen (Einkommen und soziale Absicherung) es allen Arbeitenden ermöglichen, sich dadurch eigenständig zu ernähren und sozial abzusichern. Es war eine der größten Errungenschaften des deutschen Nachkriegssozialmodells, daß auch Frauen und Arbeitsimmigranten die Chance bekamen, sich eigenständig durch Arbeit reproduzieren zu können und nicht auf die Hilfe Dritter (Familie, Ehe, Staat) angewiesen zu sein. Das war u.a. nur durch eine Reduzierung der Einkommensdifferenzen möglich. Wer jetzt die Absenkung von Einkommen im unteren Bereich, die Zunahme von Teilzeit- und befristeten Arbeitsverhältnissen vor allem im Dienstleistungsbereich fordert (hier kumulieren die Faktoren außerdem), der schafft auch in Deutschland die »working poor«, die auf Unterstützung anderer (da die ökonomische Funktion von Ehe und Familie immer weniger funktioniert) angewiesen sind.

Die Durchsetzung dieser neuen Schutz- und Gestaltungsnormen verlangt von den Gewerkschaften nicht nur ein Umdenken in ihrer Fixierung auf das »Normalarbeitsverhältnis«, sondern vor allem die Organisation einer anderen Form von Gegenmacht.

Mit der abnehmenden Bedeutung relativ einheitlicher Arbeitsverhältnisse in Großbetrieben (die zwar zahlenmäßig weniger dominierten, als es schien, aber der Sozialstruktur das Gepräge gaben und Normen setzten) wird die Mobilisierung für kollektive Normen in bisheriger Form schwerer. Große gewerkschaftliche Kampagnen haben immer auch von der Vereinheitlichung von Interessen, von der Symbolkraft bestimmter Bilder und Formeln – 8-Stunden-Tag, freier Samstag, 35-Stunden-Woche – gelebt. Flexiblere und individualisiertere Lebensstile – also Zeitsouveränität – gegen das Kapitalinteresse durchzusetzen, ist mindestens so schwer wie die bisherigen Schritte der Arbeitszeitverkürzung, denn es würde die betriebliche Verfügungsgewalt über die Arbeitskraft erheblich einschränken. Dafür im bisherigen, auf eine einheitliche Formel gebrachten Stil zu mobilisieren, ist kaum möglich. Die Versuche von Zwickel, mit der Forderung nach 32 Stunden Wochenarbeitszeit eine neue Bewegung in Gang zu setzen, zeigen das Dilemma. Die dringend notwendige gesellschaftliche Bewegung z.B. für Arbeitszeitverkürzung müßte die Einheit in der Vielfalt organisieren. Das setzt aber ein anderes, weniger zentralistisches, auf eine Norm zugeschnittenes Mobilisierungskonzept voraus.

Auch die Mobilisierungsbasis – der Großbetrieb – verschwindet. Wie soll eine neue Kommunikations- und Mobilisierungslinie zwischen Arbeitsplatz und gemeinsamer tarif- und gesamtpolitischer Bewegung unter den Bedingungen fraktaler Unternehmen, Heimarbeit usw. aufgebaut werden?

Dahinter verbirgt sich mehr als nur die quasi kommunikationstechnische Erreichbarkeit, sondern wiederum die Aufgabe, auch hier die Einheit in der Vielfalt zu organisieren und Kommunikationsformen aufzubauen, die außerhalb des traditionellen Weges liegen. Dies setzt eine Gewerkschaftsorganisation voraus, die flexibler sein, aber trotzdem ihre Einheitlichkeit und Verläßlichkeit behalten muß. Denn die modernistischen Konzepte, die an die Stelle »alter« Organisationskonzepte die neue Beliebigkeit von Workshops, Projektarbeit usw. setzen wollen, vergessen völlig, daß die neuen Schutznormen nur in einer Machtauseinandersetzung mit der Kapitalseite durchgesetzt werden können, die verläßliche und klare Gegenmachtstrukturen erfordert.

Die Verflüssigung von Betriebs- und Branchenstrukturen unterläuft die Abgrenzung in der Zuständigkeit von Einzelgewerkschaften und begünstigt Tarifflucht. Gerade im Dienstleistungsbereich entstehen neue Branchen ohne Tarifbindung, da die Geltungsbereiche unterlaufen werden. Wenn in diesen neu entstehenden bzw. ausgegliederten Betrieben/Branchen per Tarifvertrag soziale Mindestnormen durchgesetzt werden sollen, erfordert das, daß gewerkschaftliche Zuständigkeiten neu definiert und gewerkschaftliche Ressourcen neu verteilt werden.

Die bisherige Reaktion der Gewerkschaften – Fusionen, Neustrukturierungen – ist eine erste, aber keine ausreichende Antwort. Sie bewegt sich immer noch in der Logik des traditionell deutschen Gewerkschaftsverständnisses, in dem die Zuständigkeit für Betriebe/Branchen klar auf Einzelgewerkschaften abgrenzbar sind und die jeweils zuständigen Gewerkschaften aus eigener Kraft versuchen müssen, in diesen Bereichen tarifpolitische Mindeststandards durchzusetzen.

Angesichts der hochflexiblen Branchen- und Konzernstrukturen wird die Neuorganisation von Zuständigkeiten zwischen Einzelgewerkschaften immer nur eine Atempause bringen. Es ist deshalb ein Armutszeugnis, wie IGM, CPK und ÖTV auf die Idee einer DGB-Mitgliedschaft (präsentiert von den fünf kleinen Tigern GHK, GTB, NGG, IG Medien und HBV im Jahre 1995/96) reagiert haben. Und so wird in absehbarer Zeit nichts anderes übrig bleiben, als mit der zweitbesten Lösung – Neustrukturierung zwischen bestehenden Gewerkschaften und aufwendigen Kooperationen zwischen Gewerkschaften – bei der Erschließung von neuen Branchen bzw. fraktalen Unternehmen zu arbeiten. Im CentrO Oberhausen kooperieren z.B. fünf Gewerkschaften (HBV, ÖTV, IG Medien, BAU). Dies ist unter den gegebenen Bedingungen ein positives Beispiel. Betrachtet man den unter diesen Bedingungen notwendigen Kooperationsaufwand und setzt ihn ins Verhältnis zu den überall knapper werdenden Ressourcen, wird erst deutlich, was man sich mit dem Prinzip der Einzelgewerkschaft antut.

Ähnliche Folgen hat das Grundprinzip, daß die jeweilige Gewerkschaft mit Hilfe ihrer Ressourcen für die Erschließung unorganisierter Bereiche zuständig ist – auch dann, wenn die dortigen Bedingungen alle anderen Bereiche tangieren. Dieses Grundprinzip von Einzelgewerkschaftsautonomie begünstigt den Strukturkonservatismus in hohem Maße. Auf der einen Seite stehen Gewerkschaften, die früher auch durch günstige Rahmenbedingungen (z.B. Großbetrieb) Vermögen ansammeln konnten, die aber nicht für die neuen Branchen im Dienstleistungsbereich zuständig sind. Die dafür zuständigen Gewerkschaften konnten durch die dort herrschenden Strukturen (komplizierte Betreuungsstrukturen, Gewerkschaftsferne) wenig Vermögen ansammeln und haben deshalb wenig Ressourcen.

Das Ergebnis: Gelten neue Branchen als interessant (z.B. der private Telekommunikationsbereich), gehen alte Gewerkschaften ohne Ansehen von Zuständigkeiten dort hinein. Andere Branchen (interessanterweise häufig Branchen ohne diese Technikfaszination, also z.B. Frauenbranchen) bleiben im Windschatten, so daß sich Sozialdumping ausbreiten kann.

Die einzig richtige Antwort auf die Erosion von sozialen Schutznormen über den Dienstleistungsbereich wäre eine gemeinsame Kraftanstrengung, soziale und tarifliche Mindeststandards über die Grenzen der Einzelgewerkschaften hinaus zu verabreden und sie mit gemeinsam aufgebrachten Ressourcen auch durchzusetzen. Der ÖGB hat z.B. vor einigen Jahren eine gemeinsam verabredete Kampagne zur Durchsetzung eines tariflichen Mindesteinkommens von 10.000 Schilling pro Monat gestartet. Wenn die DGB-Gewerkschaften nicht die Kraft finden, gemeinsam solche Kampagnen gegen die Erosion von sozialen Mindestnormen durchzusetzen, brauchen sie sich nicht zu wundern, wenn sie schwächer werden. Die gemeinsame Front zum Erhalt der Lohnfortzahlung im Krankheitsfall im Jahr 1996/97 hat gezeigt, welche Kraft die DGB-Gewerkschaften haben können. Damals ging es um die Verteidigung von Erkämpftem. Warum soll etwas ähnliches nicht möglich sein, wenn es um die Durchsetzung von kollektiven Schutznormen in neuen Branchen geht?

René van Tilborg

Über die Mühen eines gewerkschaftlichen Internationalismus

Die verschiedenen Wahrnehmungen und jeweiligen Perspektiven

Die Neigung, die internationale Gewerkschaftsbewegung mit dem Etikett der »Solidarität« zu versehen, ist groß. Der Gedanke des »gemeinsam sind wir stark« gilt nahezu weltweit als Grundprinzip der Gewerkschaften. Der Kampf um das Recht, sich demgemäß zusammenzuschließen, gehört dazu. Die Beschneidung dieses Rechts führt glücklicherweise im allgemeinen zum richtigen Reflex seiner konsequenten Verteidigung. Aber wie sieht es darüber hinaus mit den tieferen Motiven für die Gewerkschaftsarbeit auf internationaler Ebene aus: zum Beispiel in Ländern der Gemeinschaft Unabhängiger Staaten oder den Mitgliedern der Europäischen Union oder jenen Staaten Europas, die nicht zu diesem Wirtschaftsblock gehören? Und was ist von den Motiven des heutigen Kuba zu halten?

Ich möchte gewiß nicht stigmatisieren. Die international operierenden Gewerkschaften handeln fast ausnahmslos aus großer Überzeugung. Aber die Frage ist, was diese Gewerkschaften antreibt, ob sie in die gleiche Richtung arbeiten, und zu welcher gemeinsamen Vision sie in der Lage sind, oder ob sie letztlich nur Getriebene sind?

Mehr europäisch als internationalistisch

Was für die Internationale Graphische Föderation (IGF) gilt, kann wahrscheinlich ohne größere Gewissensbisse auch von anderen Berufssekretariaten (ITS) gesagt werden: Sie waren ursprünglich europäisch orientiert. Bis weit in die achtziger Jahre standen die größeren Organisationen europäischer Herkunft an der Spitze der Berufssekretariate. Die Programme waren häufig auf die Berufe und deren Absicherung ausgerichtet. Ab und zu fand ein Informationsaustausch zu den Ergebnissen von Verhandlungen und/oder Berufsausbildungen statt. Darüber hinaus wurden die Debatten lange und nachhaltig vom Kalten Krieg beherrscht. Europa kannte damals noch den sogenannten Eisernen Vorhang. Weniger sichtbar, aber genauso spürbar war die Trennung der nichtkommunistischen Gewerkschaftsbewegung von »den anderen«. Am Rande sei vermerkt, daß die IGF hierbei eine Ausnahme bildete: Linken europäischen Gewerkschaften wurde Ende der sechziger Jahre nach heftigen Debatten, die zum Teil mit Abspaltungen verbunden waren, der Zugang ermöglicht. Auch meine eigene Organisation, die Allgemeine Niederländische Graphikgewerkschaft (ANGB), trat in dieser Periode aus. Es sollte bis 1982 dauern, bevor sie in die Reihen der IGF zurückkehrte.

Obwohl »International« im Namen steht, war auch die Tagesordnung in erster Linie europäisch orientiert. Das war die logische Konsequenz der Struktur der Teilnehmer an den Beratungstreffen, sowohl auf Vorstands- wie auf Kongreßebene. Das wird sich erst viel später ändern.

Die internationale politische Situation vor 1989

Nur in Europa, den Vereinigten Staaten und in begrenzten Teilen Asiens konnten freie Gewerkschaften für die Rechte der Arbeitnehmer eintreten. In Lateinamerika wurden sie von den wenig demokratischen Regimes verfolgt, die dort zu lange an der Macht waren. Unterstützt wurden sie entsprechend ihrer politischen Ideologien entweder von Seiten der osteuropäischen Länder und der Sowjetunion oder vom Westen. Das traf eigentlich auf den Großteil der Länder zu, in denen weniger Freiheit herrschte als in Westeuropa. Aber selbst dort, auch in meinem eigenen Land, den Niederlanden, gab es scharfe Gegensätze. Offiziell wurde »mutmaßlichen Kommunisten« der Zugang zur Gewerkschaftsbewegung verwehrt.

Neben diesen Gemeinsamkeiten gab es jedoch enorme Unterschiede zwischen den politischen Regimes, unter denen die Gewerkschaftsbewegung operieren mußte. Ihre Orientierung wurde hauptsächlich davon bestimmt. Die missionarischen Auffassungen der nordamerikanischen Politik wirkten sich auf die AFL/CIO aus. Diesen Einfluß bekamen Gewerkschaften in Lateinamerika zu spüren. Indirekt geschah das durch die Unterstützung, die den politischen Regimes dieser Länder gewährt wurde.

Mutatis mutandis traf das gleiche auch auf Afrika und Asien zu. Es war eine Welt der Einflußzonen, in der die Generation der über Vierzigjährigen aufgewachsen ist. Organisationen wie Amnesty International waren – auch damals schon – viel zu sehr mit der Verteidigung der Rechte individueller Opfer in Anspruch genommen.

1989: der Durchbruch

Die Folgen des Falls der »Mauer« sind kaum zu überschätzen. Damit veränderten sich die Verhältnisse in der internationalen Gewerkschaftsbewegung – wie tiefgreifend, wird erst in Zukunft deutlich werden.

Die erste und spektakulärste Folge ist die deutsche Einheit. Durch das »Auftauen« der Sowjetunion, die plötzlich auf »Perestroika-Temperatur« erwärmt wurde, verlor der Begriff des Kalten Krieges seine Bedeutung. Den ummauerten Grenzen wurde die Notwendigkeit ihres Grimms genommen. Anfangs über einen Umweg – Tschechien, Ungarn, Österreich – entwickelte sich ein unkontrollierter Strom des freien Personenverkehrs. Europa bewegte damals die ersten Spitzhacken, die den Beton der Berliner Grenzziehung zerfurchten.

Sofort nach diesem freudigen Ereignis sah sich Deutschland mit der Aufgabe der Integration von fünf neuen Bundesländern konfrontiert. Die Gewerkschaftsbewegung setzte sich das Ziel: innerhalb von fünf Jahren gleiche Bedingungen und gleiche Entlohnung. Ein Harmonisierungsprozeß unter Laborbedingungen? Oder vielleicht doch ein Vorbote der Möglichkeiten, welche die Integration Europas – von Ost und West – mit sich bringen würde? Für eine Weile verloren die Europäer den Rest der Welt aus dem Blickfeld. Aber das wird nicht lange andauern können.

Auf dem Weg nach Maastricht

Noch bevor die Berliner Mauer zum Einsturz gebracht wurde, arbeitete Westeuropa an der Stärkung seiner eigenen Gemeinschaft. Würde es zu vertiefter Zusammenarbeit kommen, oder würde eine Festung entstehen, um andere außen vor zu halten?

Es waren vor allem die Arbeitgeber, die den Anstoß zu einer internationalen Kampagne für Europa gaben: Europa 1992. In einem Weißbuch, von den EG-Kommissaren schließlich veröffentlicht, waren hunderte von Verhaltensregeln in Konzeptform festgehalten, die es galt, auf nationaler Ebene auszuarbeiten. Dies waren faktisch die Vorläufer der detaillierten europäischen Richtlinien. Die nationale Politik würde in abnehmendem Maße Adressat der arbeitenden Klasse sein können.

Die Ausarbeitung der sich aus dem Weißbuch ergebenden Maßnahmen führte zu zahlreichen Verträgen. Es zeichneten sich die Formen einer Europäischen Politischen Union (EPU) und einer Europäischen Währungsunion (EWU) ab. Obwohl der sozialen Seite noch immer wenig Aufmerksamkeit geschenkt wird, unterstützen viele nationale Gewerkschaften den Gedanken eines »einheitlichen Europas«. Auch der niederländische Gewerkschaftsbund veranstaltete einen großen Kongreß zur Vorbereitung auf »Maastricht«.

Während die Pläne für eine politische Einheit noch keine konkreten Formen annahmen, wurde es vor allem auf monetärem Gebiet mit einer gemeinsamen europäischen Währung ernst. Die Zeit des unverbindlichen Informationsaustauschs schien endgültig vorüber. Demnächst werden die Löhne in Europa in einer Währung ausgezahlt. Die Vergleichbarkeit von Kollektivverträgen wird auch zu tatsächlichen Vergleichen führen, Unterschiede, die nicht zu rechtfertigen sind, wird man als ungerecht kritisieren. Zum alten Gegensatz zwischen dem etwas reicheren europäischen Norden und dem Süden kommt das Gefälle zu Osteuropa hinzu. Der europäische Integrationsprozeß steht 1999 sowohl im Hinblick auf die Vertiefung in Westeuropa wie die Verbreiterung in Osteuropa vor neuen Herausforderungen.

Die Welt außerhalb Europas

Freihandelszonen gewannen zunehmende Bedeutung: im freieren Lateinamerika mit dem MERCOSUR, im Nordwesten mit dem ANDES-PACT. Mexiko bildet gemeinsam mit Nordamerika die NAFTA. Die Reste der Sowjetunion schlossen sich in der GUS zusammen, Asien bündelt seine Kräfte in der APEC. Nicht zur EU gehörende Länder bilden die EFTA. Afrika vereint sich in der ECOWAS, LAC und das südliche Afrika in der SADC.

Die Gewerkschaftsbewegung hat in den verschiedenen Regionen im Laufe der letzten zehn Jahre die scharfen Kanten ihrer Gegensätze verloren. Damit ging die Erkenntnis der Notwendigkeit zur Zusammenarbeit in der Region einher. Auch die IGF fand im »Ständigen Komitee« schließlich einen Partner. Wenn dieses Verschmelzen auch nicht überall gleichermaßen von Herzen und/oder gleichwertig erfolgte, führte es auf den meisten Kontinenten doch zur Zusammenarbeit zwischen Gewerkschaften, die vorher nur gegeneinander arbeiteten.

In einem unvergeßlichen Moment von tief durchdrungenem »Internationalismus« faßte der IGF-Kongreß 1991 in London einen Beschluß: Die Regionalisierung der internationalen Gewerkschaftsbewegung müsse Form erhalten. Die nationalen Gewerkschaften hatten und haben viele Hindernisse in ihren eigenen Regionen zu überwinden, um eine gemeinsame Politik gegen ausschließlich wirtschaftliche Belange im Interesse von Arbeitsmöglichkeiten und der Qualität der Arbeit verfolgen zu können. Trotzdem war dies der Weg, den es einzuschlagen galt. Schließlich ist das Vorhaben, von einem zentralen Punkt in Europa aus ein Solidaritätsprogramm für so viele verschiedene Identitäten zu entwerfen, zum Scheitern verurteilt. Vor 1989 wurden auch kaum ernsthafte Versuche in diese Richtung unternommen. Die Beendigung des Kalten Krieges eröffnete neue Möglichkeiten, neben – wie uns die Erfahrung schnell gelehrt hat – neuen Gegensätzen und Konflikten.

Über die Mühen, gewerkschaftlichen Internationalismus auch tatsächlich durchzusetzen

Von der Aufrichtigkeit der europäischen Gewerkschaften, den Londoner Grundsatzbeschluß umzusetzen, hing viel ab, und genau hier erwies sich der weitere Weg recht mühsam. Der Beschluß beinhaltete schließlich, daß die politische »Macht« der internationalen Gewerkschaftsbewegung geteilt werden müßte: durch regionale Zusammenschlüsse nationaler Gewerkschaften, um auf der Grundlage jeweils eigener Programme mehr Gegenmacht entwickeln zu können. Gefordert war die Bereitschaft zur prinzipiellen Unterstützung der Anstrengungen zur Schaffung regional operierender Gewerkschaftskonzentrationen. Nach langen Diskussionen wurde 1994 in Budapest ein solcher Beschluß gefaßt. Noch im gleichen Jahr entstand die Lateinamerikanische Graphische Föderation. Nahezu alle Arbeitnehmerorganisationen im graphischen und papierproduzierenden Bereich sowie viele Mediengewerkschaften schlossen sich an – politisch sehr bewußt und begierig, nach einer langen Periode der Unterdrückung und Verfolgung die Probleme anzugehen. Sie beanspruchten ihre Position am Tisch der lateinamerikanischen Arbeitgeber und beim MERCOSUR. Mittlerweile läuft ein mehrjähriges Pilotprojekt, um die Entwicklungen in der Graphik- und Informationsbranche ins Bild zu bringen. Unsere Mitglieder, die Gewerkschaften der IGF, sind darin sehr aktiv und stehen nachdrücklich an der Spitze. Europa hat noch immer große Schwierigkeiten mit der Ausfüllung des sozialen Dialogs.

In Asien und im Pazifikraum sind die Probleme des Clusterbildung größer: teilweise aus geographischen Gründen – was keiner näheren Erläuterung bedarf–, aber auch in wirtschaftlicher und politischer Hinsicht. Die bis vor kurzem noch als »Tiger« (wie zynisch die Realität doch manchmal sein kann...) charakterisierten Länder nahmen eine andere Position ein als die Staaten des indischen Kontinents. Die in der Praxis nur schwer überbrückbaren Unterschiede zwischen Neuseeland, Japan und Australien einerseits und diesem Subkontinent andererseits waren offensichtlich. Lange und intensive Vorbereitungen führten im September 1997 dennoch zur Gründung der Asian Pacific Graphical Federation (APGF). Die Gründung erfolgte in enger Zusammenarbeit mit einem anderen ITS, dem von Post und Telecom, Communications International (CI). Gemeinsam wurde ein Netz von vier Kontaktstellen in Südostasien aufgebaut: Tokio, Auckland, Colombo und Kuala Lumpur. Auf diese Weise können vorhandene Infrastrukturen beider Organisationen genutzt werden. Das gleiche gilt für die Bemühungen, die Gewerkschaftsarbeit mit Hilfe von Seminaren und Austauschprogrammen an verschiedenen Stellen zu fördern.

Den gesamten afrikanischen Kontinent wird eine regionale Gewerkschaftsorganisation wahrscheinlich nicht so schnell umfassen. Momentan besteht eine gute Zusammenarbeit zwischen einer Reihe frankophoner Länder in West- und Zentralafrika, und auch die Gewerkschaften im südlichen Teil Afrikas arbeiten gut zusammen. Die größten Schwierigkeiten der nationalen Organisationen bestehen allerdings häufig noch darin, die eigene Struktur energisch genug zu leiten oder gar aufrechtzuerhalten. Nördlich der Sahara orientieren sich die Gewerkschaften offenbar stärker an Europa. Die Bindungen mit Gewerkschaften in den ehemaligen Kolonialländern sind häufig intensiver als die mit den Ländern im Süden Afrikas. Bemühungen, die MAGREB-Staaten gemeinsam mit Ägypten, dem Libanon, Israel und den Palästinensern an einen Tisch zu bringen, waren in einem günstigeren politischen Klima dann schließlich von Erfolg gekrönt. Mit der 1995 in Zypern organisierten Konferenz wollte man die Zusammenarbeit mit den Mittelmeerländern in Südeuropa fördern. Neben Themen zu politischen Gegensätzen stand vor allem die Mobilität von Arbeitnehmern zwischen den Ländern auf der Tagesordnung. Eine nennenswerte Fortsetzung ist jedoch bis heute noch nicht gelungen.

Noch ist Europa hauptsächlich auf sich selbst fixiert

Ein für den Verlierer – wie immer – unglücklicher Wahlausgang ist Anlaß für langwierigen Kleinkram. Dann geht es kaum noch um Ziele, sondern vielmehr um Macht. Die alte europäische Gewerkschaftsbewegung, bestehend aus den »Elefanten«, nach denen sich die anderen richten, rührt sich noch ab und zu. Trotz Schattenkonferenzen und Versuchen, die Aufmerksamkeit wieder ausschließlich auf die Großen im alten Europa zu konzentrieren, gelingt es, ein solides Kooperationsprogramm mit den neuen Mitgliedern in Zentral- und Osteuropa aufzustellen. Die Privatisierung schlägt dort inzwischen hart zu. Es wurden große Löcher in den Arbeitsmarkt gerissen. Das Tal, das man vor einem möglichen

Aufschwung durchschreiten muß, ist lang und tief. Mancher Arbeitnehmer von heute wird am Aufstieg in bessere Zeiten möglicherweise nicht mehr teilhaben können. Im gemeinsamen europäischen Interesse arbeitet man intensiv an der Bewertung von Tarifverträgen. Das wird angesichts der baldigen Einführung des Euro nicht umsonst gewesen sein.

Multimediale Entwicklungen erfordern nachdrücklich ein Berufsprofil für die Zukunft. Auf Initiative der Internationalen wird zur Zeit an sieben europäischen Universitäten zu den Auswirkungen der Digitalisierung auf zukünftige Berufsprofile Forschung betrieben.

Multinationale Unternehmen werden, als Herausforderung konzentrierter Eigentumsverhältnisse, aufmerksam beobachtet. Hier müssen die europäischen Grenzen vermutlich schnell überschritten werden. Das trifft mit Sicherheit auf die Informationsbranche zu, wo die Technologie neben der Eigentumskonzentration auch die Bildung von »Netzwerken« fördert. Schließlich gelangt die digitale Autobahn vor allem bei der Informationsherstellung und dem Informationstransport zum Einsatz. Das stellt die internationale Gewerkschaftsbewegung vor eine ganze Reihe neuer Herausforderungen, auf die ich kurz eingehen will.

Die Sektorengrenzen verschwinden – Konvergenz auch bei den Berufssekretariaten

Organisieren ist ein komplexer Vorgang, das Zusammenwirken verschiedener Ideologien in einer Organisation möglicherweise noch schwieriger. Die internationale Gewerkschaftsbewegung muß sich aus zahlreichen verschiedenen Blickwinkeln in einem einzigen Kooperationsverband zusammenfinden.

Die neuen Informationstechnologien sind diesbezüglich ein wichtiger Faktor. Einerseits waren zahlreiche nationale Gewerkschaften Zeugen einer starken Zunahme der Produktivität in der graphischen Industrie. Die Folge davon war der Abbau von Arbeitsplätzen. Je Produkteinheit werden deutlich weniger Arbeitnehmer benötigt, die Menge des verbrauchten Papiers nimmt hingegen weiter zu. Diese Veränderungen haben sowohl in bezug auf den Arbeitsumfang als auch die Art der Funktionen erhebliche Konsequenzen. An der Peripherie dieses Geschehens spielt sich eine Revolution auf dem Gebiet der digitalen Formgebung ab.

Das traditionelle lithographische Fach, das für die Anfertigung des Druckstocks zuständig war, wurde angesichts von Rap Tempo Film und der anschließenden getrennten Text- und Bildmontage verdrängt. Die integrierte Verarbeitung von digitalen Informationen – sowohl von Text- als auch von Bildmaterial – heißt noch immer »Prepress«. Am anderen Ende dieser Strecke wird neben Text und Bild auch Ton integriert, und damit rückt man plötzlich ganz nah an die interaktiven Medien heran. Dieser periphere Bereich entwickelt sich in zunehmendem Maße zu einer selbständigen Aktivität. Der Markt ist noch verschwommen, das Terrain noch nicht eindeutig in Arbeitgeber und Arbeitnehmer unterteilt, der den Gewerkschaften so vertraute Gegensatz zwischen Kapital und Arbeit ist hier nur schwer auszumachen. Unsere international orientierten Forschungen zu zukünftigen Berufsprofilen werden sicher auch dieses Arbeitsgebiet einbeziehen müssen.

Plötzlich muß man feststellen, daß sich – nachdem erst ausschließlich die graphischen Berufe vereinigt wurden – jetzt die Sektorengrenzen verändern. Diese Entwicklung erfordert Zusammenarbeit auf digitalem (das heißt: multimedialem) Gebiet. In Europa, aber auch weit darüber hinaus, unternehmen einige Gewerkschaften die ersten zaghaften Schritte in diese Richtung, einige durch ihre Vision, andere rein von wirtschaftlicher Notwendigkeit getrieben.

Die Zusammenarbeit zwischen Papierherstellern, Graphikern, Multimedia-Vertretern, Journalisten, Telecom und Künstlern

Nicht lange nach dem Kongreß 1994 in Budapest begann die aktive Suche nach Formen der Zusammenarbeit. Im Juni 1995 rief die Organisation der Schauspieler, Musiker, Rundfunkvertreter, Journalisten, Post und Telecom sowie der Graphiker den Kooperationsverband ICEMU (International Committee for Entertainment and Media Unions) ins Leben. Wir haben uns auf eine Reihe gemeinsamer Themen geeinigt: die Konzentration von Eigentum in den Medien, das Recht auf freie Meinungsäußerung und der Schutz des geistigen Eigentums, eine Bestandsaufnahme der Situation in den einzelnen Ländern. Ein Anfang war getan.

Mittlerweile zeichnet sich zwischen drei der ICUMU-Partner – Rundfunk, Graphiker und Telecom – sowie einem vierten Partner, der FIET, eine intensivere Form der Zusammenarbeit ab. Ende 1997 beschloß der IGF-Vorstand auf Betreiben der IG Medien, weitere Formen der Zusammenarbeit und sogar die Möglichkeit einer Fusion zu prüfen. Die vier Partner haben in der Zwischenzeit eine Reihe von Gesprächen geführt. Der Bericht darüber hat im Mai dieses Jahres dazu geführt, daß grünes Licht für die Ausarbeitung von Vorschlägen für den Kongreß im Oktober 1998 in Spanien gegeben wurde, um eine Entscheidung hinsichtlich einer Fusion dieser vier Partner zu treffen. Das wäre mehr als nur ein rechtlicher Akt, es wäre die Realisierung einer Organisation, die zu einer neuen Sicht auf die Probleme, Aufgaben und Herausforderungen paßt.

Diese Sichtweise hat wiederum etliche auch internationale Zusammenschlüsse aufhorchen lassen. Es gibt schließlich viele Branchen, die in der Hauptsache Papier herstellen, und in denen die Digitalisierung von Informationen kaum eine Rolle spielt. Viele bereiten ihre Produkte noch immer mit den traditionellen Techniken vor und wissen wenig darüber, was sich an der Peripherie der Vorbereitung abspielt.

Der Informationsaustausch hat viele Arbeitnehmerorganisationen zu der Einsicht geführt, daß es sich durchaus lohnt, gewerkschaftlichen Internationalismus auch über die Grenzen des eigenen Sektors hinaus zu betreiben.

Programmpunkte, die niemals verschwinden werden

Die rationalen Motive zur Zusammenarbeit finden ihre Nahrung immer in sozialen Idealen. Das Erleben internationaler Solidarität macht sich auch bei direkter Unterstützung bemerkbar: jungen Gewerkschaften beim Aufbau ihrer Arbeit behilflich zu sein, jene Gewerkschaften zu fördern, die aus einer schlechten Position heraus eine neue Chance bekommen müssen und sich zum Teil lange Zeit Diktaturen beugen mußten. Die Vision, die viele inspiriert, ist die Verbesserung der Lage der Arbeiter, so unterschiedlich die in den verschiedenen Ländern auch aussehen mag.

Solidarisch müssen wir zuweilen auch zu Verteidigungszwecken sein. Die Briten wählten lange Zeit konservativ und kämpften anschließend gegen die Würgegesetze – häufig untereinander gespalten und vergeblich. Sie wurden von Europa zu Recht unterstützt. Man muß auch defensiv solidarisch gegen die Armut vorgehen und damit gegen die »Festung Europa«. Flüchtlinge müssen sich auf die Solidarität der Arbeiter verlassen können. Und solidarisch streiten wir gegen Kinderarbeit, ohne sie damit übrigens vom Markt ausschließen zu wollen. Ausgangspunkte wie diese verbinden die Gewerkschaftsbewegung auf internationaler Ebene.

Die unterschiedlichen Motive, die jeweils eigene Geschichte, die externen Faktoren und die Elemente, die immer bestehen bleiben, sind die Triebfedern für die Weiterentwicklung der internationalen Gewerkschaftsbewegung. Zur Richtung wird es noch viele Diskussionen geben und mit Sicherheit auch zu den Formen. Ich bin hier nicht speziell auf die Rolle des ICFTU und ebensowenig auf die koordinierende Position, die der ETUC in Europa einnimmt, eingegangen. Im Schulungszentrum der IG Medien in Springen debattierten wir im Januar 1998 mit vielen Gewerkschaften aus unterschiedlichen Bereichen über Versuche zur praktischen Zusammenarbeit. Alle diese Europäer waren dabei zu lernen, jeder innerhalb seiner eigenen nationalen Grenzen. Aber sie waren alle bereit, diese Erfahrungen zu teilen.

Es ist übrigens interessant, daß es noch immer nationale Gewerkschaften sind, die Verbände in internationalen Kartellen bilden. Wann wird die erste transnationale Fusion zur Einheit Europas beitragen? Das könnte ein erster Schritt zu wirklichen europäischen Regelungen im Interesse unserer Mitglieder sein und als Modell für Vereinbarungen zur Zusammenarbeit in anderen Regionen der Welt dienen.

»Scheinbare Sachzwänge in Frage stellen – wieder um Standpunkte kämpfen«
Gesprächsrunde mit Betriebs- und Personalräten

Gisela Kessler: *Die Situation in den Betrieben wird immer öfter so beschrieben, daß Betriebsräte faktisch mit dem Rücken an der Wand stehen. Die politisch bewußt vorangetriebene Standortkonkurrenz verschärft die Einbindung in die jeweilige einzelkapitalistische Logik. Tarifflucht ist mittlerweile eine Alltagserscheinung. Tarifverträge als kollektive, die Branche umfassende Schutzvereinbarungen werden in den Betrieben unterlaufen. Man gewinnt den Eindruck, daß gewerkschaftliche Gegenmachtstrukturen von der Basis her erodieren. Wo seht Ihr die eigentlichen Ursachen für diese bedrohliche Entwicklung?*

Werner Weber: Ich sehe hier mehrere Ursachen, bei denen oft die Ängste der Kolleginnen und Kollegen eine große Rolle spielen.

Ins Auge springen zunächst die großen politischen Veränderungen: Zum einen der Zusammenbruch der staatssozialistischen Wirtschaftssysteme 1989/90, zum anderen die wachsende Einheit in Europa vor allem im wirtschaftlichen Interesse. Beide Prozesse bilden den Hintergrund für die in den neunziger Jahren zunehmenden Versuche, die Arbeitnehmerinnen und Arbeitnehmer der einzelnen Länder und auch ihre Interessenvertretungen gegeneinander auszuspielen.

Hinzu kommen die ganz praktischen Folgen langjähriger konservativer Herrschaft und – für das Handeln der betrieblichen Interessenvertretungen zentral – die Auswirkungen neuer Produktions- und Unternehmenskonzepte. Heute gibt es zahlreiche rechtliche Möglichkeiten, die Interessenvertretungen zu zerschlagen, indem es zu Betriebsaufspaltungen kommt, so daß ehemalige Abteilungen gegeneinander ausgespielt werden können.

Angesichts dieser vielfältigen, komplexen Veränderungen fühlen sich viele Betriebsräte alleine gelassen. Sie können oder wollen keine Gegenpositionen aufbauen, weil sie meinen, daß es an der notwendigen Unterstützung durch die Belegschaften fehlt. Darin spiegelt sich dann auch ein verändertes Verständnis von Interessenvertretung wider. Nicht wenige Betriebsräte und Kolleginnen und Kollegen halten unsere Tarifverträge teilweise nicht mehr für zeitgemäß, und so setzen sie dann ihre vermeintlichen Interessen selbst durch – und zwar am Tarifvertrag vorbei.

Christine Bränzel: Für mich liegt eine der Hauptursachen dieser Entwicklung in der sich verstärkenden mangelnden Konfliktbereitschaft oder auch -fähigkeit von Betriebsräten. Wenn heute Geschäftsleitungen ankommen und Betriebsräten erzählen, daß man dieses oder jenes verändern müsse, um die Wettbewerbsfähigkeit zu erhöhen oder zu erhalten, wird das doch in den meisten Fällen so geschluckt. Wenn dann noch mit dem Verlust von Arbeitsplätzen gedroht wird, stehen viele Betriebsräte sofort mit dem Rücken an der Wand.

Ich will mich da selbst gegenüber anderen gar nicht mit einem Heiligenschein versehen. Aber ich glaube, wir müssen wieder lernen, grundsätzlich in Frage zu stellen, was uns als angebliche Sachzwänge serviert wird. Wir müssen wieder lernen, die scheinbar unumstößlichen betrieblichen Notwendigkeiten zu hinterfragen. Und wir müssen wieder lernen, für unsere Standpunkte zu kämpfen. Konflikte ertragen und Widersprüche aushalten – das wäre meiner Meinung nach ein wichtiger Schritt, um aus der Defensive herauszukommen.

Gisela Kessler: *Entscheidend ist also, wie die neuen Handlungsbedingungen politisch verarbeitet und welche Schlußfolgerungen gezogen werden. Was könnte das für die praktische Betriebspolitik bedeuten?*

Christine Bränzel: Wenn wir uns vor Augen führen, daß der »eigene« Betrieb nicht der Mittelpunkt der Welt ist, daß andere Betriebe oder sogar der ganze Industriebereich vor ähnlichen Problemen steht, müssen wir uns vielleicht einmal wieder auf die einfachen Dinge besinnen. Das beginnt mit Telefongesprächen mit anderen Betriebsräten, mit Absprachen und muß in einheitlichem Vorgehen münden. Und ganz wichtig ist das Einhalten von solchen Absprachen.

Das bedeutet aber auch das Einbeziehen der Belegschaften: Klarzumachen, was im Umfeld passiert, daß sie nicht alleine sind, sondern mehr oder weniger alle anderen mit ähnlichen Argumenten oder Erpressungsversuchen heimgesucht werden. Das wird im Einzelfall bestimmt einen starken Druck auf Belegschaften und Betriebsräte von Seiten der Unternehmer zur Folge haben. Vielleicht müssen wir versuchen, unsere Schmerzgrenze in diesen Fragen zu erhöhen.

Wichtig ist auch: Die Belegschaften nicht alleine zu lassen, Kontakte mit anderen Kolleginnen und Kollegen zu pflegen, Hilfestellungen und Erfahrungsaustausch zu organisieren. Wir wissen doch aus Tarifauseinandersetzungen, daß das alleine manchmal schon die halbe Miete ist.

Gisela Kessler: *Was müßte verändert werden, um eine effektivere Interessenvertretung sowohl betrieblich als auch tarifpolitisch zu erreichen?*

Werner Weber: Zum einen käme es darauf an, den Service der Gewerkschaft für die Betriebsfunktionäre zu verbessern, einschließlich der Unterstützung durch externe Experten bei betrieblichen Problemfällen. Aber das wichtigste ist aus meiner Sicht, die Kolleginnen und Kollegen mehr zu beteiligen. Dies gilt sowohl für die gewerkschaftliche Betriebsarbeit als auch für die politische Gewerkschaftsarbeit z.B. bei der Erstellung von Tarifforderungen und ihrer Durchsetzung.

Ich meine, daß es uns durch Aktive auf Zeit, damit durch personell wechselnde Arbeitskreise, künftig besser gelingen kann, die Interessen der Beschäftigten in jeder Situation einfließen zu lassen. Hierbei sollten auch die noch nicht organisierten Arbeitnehmerinnen und Arbeitnehmer einbezogen werden.

In der Tarifpolitik werden wir nicht daran vorbeikommen, Tarifkomissionen auf Zeit in den Betrieben zu bilden, und zwar nicht erst, wenn wir es mit einem Austritt aus dem Arbeitgeberverband zu tun haben. Hätten wir solche Instrumente, dann wären z.B. Gleitzeitregelungen oder Regelungen zur Gruppenarbeit nicht an den Tarifverträgen vorbei in den Betrieben vereinbart worden.

Wenn also bei Entscheidungsfindungen immer der Grundsatz »von unten nach oben« berücksichtigt wird, wären wir dem Ziel einer zeitgerechten effektiven Interessenvertretung schon ein großes Stück näher.

Gisela Kessler: *Noch einmal zur Ausgangsfrage: Es wird ja immer mit der Standortkonkurrenz, mit den Sachzwängen der Globalisierung usw. argumentiert. Aus diesem Konkurrenzdruck werden dann unmittelbar betriebswirtschaftliche Schlußfolgerungen gezogen, die in fast allen Fällen auf eine Arbeitskostensenkung hinauslaufen. Daß dann jeder Betrieb in der gleichen Weise reagiert und die Schraube der Arbeitskostensenkung immer weiter nach unten gedreht wird, bleibt ausgespart ebenso wie jede gesamtwirtschaftliche Betrachtung. Wie können Gewerkschafterinnen und Gewerkschafter im Betrieb diesem Druck begegnen?*

Christine Bränzel: Also das, was sich im Betrieb tagtäglich abspielt mit den Erpressungsversuchen, weil hier ein vierter Drucker an der Rotationsmaschine steht, angeblich aber in allen anderen Druckereien nur drei oder sogar nur zwei, und daß dadurch der Betrieb nicht mehr konkurrenzfähig und somit Arbeitsplätze gefährdet seien – genau diese Argumentation finden wir doch auch überbetrieblich in der ganzen Branche und darüber hinaus wieder. Konkret: In der Druckindustrie argumentiert der Bundesverband Druck seit Jahren bei jeder Tarifverhandlung völlig unabhängig von den Forderungsinhalten damit, daß wir mit unseren Forderungen die Klein- und Mittelbetriebe in den Ruin treiben würden.

Nun bringt es sicherlich nicht allzuviel, dem Bundesverband Druck oder überhaupt den Arbeitgeberverbänden die Wesensmerkmale des Kapitalismus aufzuzeigen; schließlich betreiben sie ihn immer perfekter. Solange sie zu den Gewinnern ihrer Marktwirtschaft gehören, verlieren sie ja auch kein Wort darüber. Aber wehe, wenn sie im Kampf um Marktanteile verdrängt werden, dann beginnt ihre Litanei um den ruinösen Wettbewerb und die ruinösen Forderungen der Gewerkschaften. Auf diese Weise machen sie die Gewerkschaften in der Öffentlichkeit und bei den Belegschaften zum Buhmann, zu dem Verursacher von Krisen und Hauptverantwortlichen von Konkursen.

Die Lösung beginnt vielleicht nicht unbedingt mit der Verbreitung der Marxschen Kritik der Politischen Ökonomie unter unseren Mitgliedern, obwohl das nicht schaden und uns bei der Analyse des gegenwärtigen Kapitalismus helfen würde. Wir sollten aber auf jeden Fall Wege überlegen, wie politische Bildung auf mehr Interesse stoßen kann. Dazu gehört, die wirklichen Verhältnisse mit Roß und Reiter beim Namen zu nennen. So kämen wir dem Wesenselement von Gewerkschaften, nämlich Gegenmacht zu entwickeln, wenigstens schrittweise näher.

Damit verbunden ist auch die Frage, ob die Gewerkschaften wirklich alle Möglichkeiten der Öffentlichkeitsarbeit nutzen, um im gesellschaftlichen Raum wirksam zu werden – das würde gerade einer IG Medien gut anstehen.

Axel Becker: Die Gewerkschaften müssen immer wieder nachvollziehbar darstellen, daß Globalisierung kein Sachzwang ist, sondern das Ergebnis identifizierbarer wirtschaftlicher und machtpolitischer Interessen.

Die Menschen erwarten nicht, daß die Gewerkschaften alle Probleme lösen. Aber sie erwarten, daß die Gewerkschaften die Dinge beim Namen nennen – und zwar immer wieder und ohne Rücksicht auf parteipolitische Interessen. Nach einer Umfrage der ZEIT im letzten Jahr nehmen 80 Prozent der Befragten die wachsende Polarisierung von Arm und Reich wahr, 71 Prozent empfinden, daß die Gesellschaft »kälter und egoistischer« wird und erwarten, daß die Arbeitslosigkeit zunimmt und ihre Altersrente nicht reichen wird. 55 Prozent sind mit »unserem Wirtschaftssystem« nicht zufrieden, und 40 Prozent meinen, es müsse geändert werden. Aber 50 Prozent glauben, daß keine der politischen Parteien ein Konzept zur Bekämpfung der Arbeitslosigkeit hat. Mit erfolgreichen regionalen Protestaktionen könnte der DGB den Menschen helfen, ihre Ohnmachtsgefühle zu überwinden und ihnen Mut zum Widerstand machen.

Noch immer hängt das soziale Ansehen von Menschen und ihr Selbstwertgefühl davon ab, daß sie Arbeit haben – obwohl es sich bei dieser Arbeit um lohnabhängige (fremdbestimmte) Erwerbsarbeit handelt und nicht um freie selbstbestimmte schöpferische Eigentätigkeit. Wir alle sind so sozialisiert worden, daß wir gezwungen sind, »Arbeit zu suchen und zu finden, um arbeiten zu können«, wie André Gorz in den Gewerkschaftlichen Monatsheften Mitte 1998 geschrieben hat.

Es wäre durchaus auch Sache der Gewerkschaften, für die von Negt geforderte »Erweiterung, Vertiefung, Vervielfältigung der kulturell anerkannten Arbeitsformen« zu kämpfen, »die durch den geschichtlich spezifischen und einmaligen Konflikt von Lohnarbeit und Kapital vereinseitigt und verengt wurden«.

Insgesamt bleibt es aber eine Aufgabe der Gesamtgesellschaft, die Neubewertung von gesellschaftlich anerkannter Arbeit vorzunehmen und den Menschen das Gefühl zu vermitteln, daß sie auch dann etwas wert sind, wenn sie keine Erwerbsarbeit haben. Wir sollten endlich anfangen, einiges anders zu sehen: Der Erwerbsarbeitslose, der seine »Stütze« abgreift und als sinnvoll empfundene private Arbeit tut, ist nicht nur kein Schmarotzer, sondern vielmehr ein Vorbote einer Gesellschaft, die kommen wird, aber dennoch erkämpft werden muß.

Nicht nur die IG Medien, der gesamte DGB sollte sich schleunigst Gedanken darüber machen, wie neue gesellschaftspolitische Zielsetzungen publik gemacht werden können, wie also die kulturelle Hegemonie der Konservativen in den Medien – einschließlich des öffentlich-rechtlichen Rundfunks – gebrochen werden kann.

Gisela Kessler: *Damit sind wir bei der Frage nach einer realitätsgerechten und zeitgemäßen Strategie der Gewerkschaften. Ihr habt sehr stark die aktuelle Notwendigkeit eines gesellschaftspolitischen Mandats betont, das die Gewerkschaften wahrnehmen sollen. Dies hat in früheren Zeiten in der DGB-Diskussion offenkundig schon einmal eine größere Rolle gespielt – so etwa in den siebziger Jahren während der sozialliberalen Regierungsära. Damals ist die Funktion der Gewerkschaften als politische Bewegung und die autonome Handlungsfähigkeit auch von der DGB-Führung her unterstrichen worden. Eine solche aktuelle Strategie muß ja von der betrieblichen Realität ausgehen, sie muß aber auch die gesamten gesellschaftlichen Problemlagen und Interessenkonflikte berücksichtigen.*

Christine Bränzel: Wir müssen versuchen, eine Verbetrieblichung der Probleme zu verhindern. Der Betrieb ist nicht der Dreh- und Angelpunkt allen Weltgeschehens.

Ich befürchte, daß es zum Beispiel bei künftigen Tarifauseinandersetzungen selbst die bisher noch stattfindenden Stellvertreterkämpfe einiger Belegschaften für die Durchsetzung von Forderungen einer gesamten Branche nicht mehr geben wird. Die Stimmen werden immer lauter, die sagen, daß diese »Theatermentalität« nicht mehr zieht: Ein paar machen da auf der Freilichtbühne ihre Tanzeinlagen, der Rest sitzt mehr oder weniger interessiert auf den geschützten überdachten Plätzen. Manchmal wird zwar noch geklatscht, aber oft wird dann auch noch die nicht ganz hundertprozentige Eleganz beim Spagat bemängelt. Ich weiß auch noch nicht wie, aber entweder wir schaffen es, daß die Freilichtbühne wieder mehr mit aktiven Menschen besetzt ist, oder aber wir sitzen demnächst alle im Zuschauerraum. Doch dann wird es keine Vorstellung mehr geben.

Gisela Kessler: *Welche Maßstäbe müssen für gewerkschaftliches Handeln entwickelt werden? Welche Erwartungen haben dabei die Mitglieder in den Betrieben?*

Christine Bränzel: Eigentlich feiern wir heute doch schon Siege, die gar keine sind. Da kündigen ArbeitgeberverbändeTarifverträge auf und sprechen sich insgesamt gegen flächendeckende Tarifregelungen aus. Und für uns ist es schon ein Erfolg, die Aushebelung von Tarifregelungen erst einmal verhindert zu haben. Dies allerdings um den Preis, nicht unerhebliche Verschlechterungen in diesen Tarifverträgen hinnehmen zu müssen. Das ist eine Schraube nach unten, an der wir teilweise selbst mitdrehen. Dabei will ich gar nicht ausschließen, daß uns die konkrete Situation manchmal ein solches Handeln aufzwingt – diese Erfahrung haben wir alle mehr oder weniger oft genug selbst gemacht. Aber das darf und kann doch nicht die Leitlinie unseres Handelns sein – auch nicht im Geheimen im Hinterkopf.

Ich denke auch, daß in der heutigen Zeit, in der Deregulierung, der Abbau des Sozialstaats und eine über alle Maßen hohe Arbeitslosigkeit uns ständig vor Augen geführt und in unsere Köpfe gehämmert wird, Mutlosigkeit und Resignation bei den Kolleginnen und Kollegen herrscht. Sie verlangen von ihrer Gewerkschaft, daß sie die Sprachlosigkeit überwindet, die sie selber befallen hat. Sie erwarten, daß ihre Gewerkschaft sich stellvertretend für sie gegen die Angriffe von Politik und Kapital wehrt. Und sie erwarten, daß Gewerkschaften sich für ein angstfreies Arbeiten und eine solidarische Gesellschaft stark machen. Und das nicht unbedingt und ausschließlich in betrieblichen Auseinandersetzungen, sondern vor allem auch als tragende politische Kraft, auf die man hört und die ernst genommen wird. Die bei allem was sie anpackt, nicht vergißt, daß es um die Lebens- und Arbeitsbedingungen der Menschen geht, die sie vertreten.

Gisela Kessler: *Mit welchen inhaltlichen Schwerpunkten sollten Eurer Auffassung nach die Gewerkschaften versuchen, die Gestaltung der Zukunft der Arbeit zu beeinflussen? Arbeitszeitverkürzung wird in jüng-*

ster Zeit wieder verstärkt als Instrument gegen eine weitere Spaltung der Gesellschaft durch Massenarbeitslosigkeit diskutiert.

Christine Bränzel: Arbeitszeitverkürzung wird ja heute schon fast automatisch mit dem Zusatz versehen, die vorhandene Arbeit auf mehr Menschen zu verteilen. Wenn damit faktisch immer mehr Teilzeitarbeit mit dementsprechenden Löhnen herauskommt, halte ich das für einen falschen Weg.

Bisher ist es uns nicht gelungen, einen Vorruhestand für Schichtarbeiterinnen und Schichtarbeiter durchzusetzen. Umso mehr sollten wir neue Überlegungen zur sogenannten Altersteilzeit und Lebensarbeitszeit anstellen. Damit zwingend zu verbinden wäre die Neueinstellung von jungen Kolleginnen und Kollegen und arbeitslosen Menschen.

Genauso müssen wir uns an das immer noch tabuisierte Thema der Überstunden heranwagen. Und wenn wir deren Abbau in den Betrieben nicht hinbekommen, muß der Versuch gemacht werden, eine tarifvertragliche oder gesetzliche Beschränkung durchzudrücken.

Aber wir dürfen nicht bei der Strategie der Arbeitszeitverkürzung stehen bleiben. Ich denke schon, daß wir als Gewerkschaften Überlegungen anstellen sollten, wie bestimmte Teile von Unternehmensprofiten in gesellschaftlich notwendige Bereiche fließen können – seien es Investitionen in neue Arbeitsplätze, in soziale Einrichtungen oder Sektoren, seien es Bereiche von beruflicher Qualifikation oder Erstausbildung, um nur einige Beispiele zu nennen.

Axel Becker: Das Kapital braucht zur Profitmaximierung immer weniger Arbeit. Mit der Lohnarbeit wird auch die Menge der zahlungskräftigen Käuferinnen und Käufer reduziert. Lohnarbeit für alle, also Vollbeschäftigung wie etwa in den sechziger Jahren, wird es nicht mehr geben. Schon heute arbeiten in der Bundesrepublik Deutschland angeblich nur noch 55 Prozent der Menschen in einem Normalarbeitsverhältnis – und die Arbeitslosigkeit nimmt dennoch zu.

Wenn also lohnabhängige Erwerbsarbeit immer weniger gebraucht wird, muß neu bestimmt und bewertet werden, welche Arbeit gesellschaftlich notwendig ist. Dazu gehört meines Erachtens in Zukunft vor allem Arbeit, in der die Menschen sich selbst verwirklichen können und in deren Ergebnissen sie sich wiedererkennen, Arbeit also, die befreit ist von Arbeitszwang und Leistungsdruck.

Meines Erachtens wird sich zwangsläufig ein Wechsel zwischen längeren Phasen selbstbestimmter, gemeinwesenorientierter Arbeit und kürzeren Phasen lohnabhängiger Erwerbsarbeit herausbilden. Soweit die selbstbestimmte, gemeinwesenorientierte Arbeit nicht der Selbstversorgung dient, muß sie aus sozialisierten Gewinnen finanziert werden. Diese notwendige Umverteilung kann nicht von den Gewerkschaften durchgesetzt werden, sondern nur von der Gesamtgesellschaft in vermutlich heftigen politischen Auseinandersetzungen.

Gisela Kessler: *In welcher Weise müssen sich die Gewerkschaften verändern, um den von Euch skizzierten Anforderungen gerecht zu werden? Welche Perspektive seht Ihr?*

Axel Becker: Gewerkschaften müssen zu einer in sich freien Assoziation sich selbst achtender Menschen werden, die mit den bestehenden Verhältnissen unzufrieden sind und sie ändern wollen. Dafür müssen sie sich an den gesamten lebensweltlichen Bedürfnissen der Menschen orientieren und jeweils spezifische Hilfen zur Selbsthilfe durch Widerstand, Änderung und Neugestaltung anbieten.

Um gesellschaftspolitische Wirkungen entfalten zu können, muß der DGB gestärkt werden. Der DGB braucht ein klares gesellschaftspolitisches Mandat von den Einzelgewerkschaften, und er braucht auf allen Ebenen ihre besten Leute. Die Konkurrenz unter den Einzelgewerkschaften um Mitglieder, Geld und Macht könnte durch eine Direktmitgliedschaft der Gewerkschaftsmitglieder im DGB und eine Neugliederung des DGB in branchenorientierte Fachgewerkschaften ausgeschlossen werden.

Die meist von Oligarchien alter Männer immobilisierten Einzelgewerkschaften müssen ihre Hierarchie schleifen und ihr Personal dahin schaffen, wo die Mitglieder und die Konflikte sind. Berufsfachliche Probleme können in klar definierten Projekten wesentlich effektiver bearbeitet werden als von Fachgruppengremien mit überforderten Sekretären der Hauptvorstandsverwaltungen.

Gisela Kessler: *Seit einigen Jahren findet in fast allen Gewerkschaften eine Debatte zur Organisationsreform statt. Seht Ihr darin hinreichendes Rüstzeug für die Zukunft?*

Werner Weber: Eindeutig nein! Das sogenannte Stellvertreterprinzip durch angeblich demokratische Wahlen – für vier Jahre die gleichen Leute – spiegelt nicht die betriebliche Praxis mit wechselnden Problemstellungen und unterschiedlicher Betroffenheit der Arbeitnehmerinnen und Arbeitnehmer wider. Unsere Gewerkschaftssekretäre sind auf die neuen Herausforderungen nicht hinreichend vorbereitet. Wir sind in der Fläche zu wenig präsent. Die ehrenamtlichen Kolleginnen und Kollegen fühlen sich oft mißbraucht. Wir haben es als Gewerkschaften bisher oft versäumt, die gewählten Interessenvertreter als Bewußtseinsträger für die Gewerkschaftsaufgaben zu gewinnen.

Christine Bränzel: Manchmal habe ich das Gefühl, daß es einigen Leuten in Versammlungen oder auf Kongressen gar nicht mehr um Inhalte und Aufgaben geht, sondern um Selbstdarstellung und Wichtigtuereien. Es geht nicht mehr um die beste Lösung, sondern um Proporz und Sicherung von irgendwelchen Privilegien oder sogar persönlicher Macht. Da werden dann Scheingefechte geführt, die einen großen Bogen um die Lösung der tatsächlichen Probleme machen.

Gewerkschaftsarbeit ist eine gesellschaftliche und politische Arbeit. Die Ansprüche, die wir an eine andere, solidarische Gesellschaft haben, sollten wir in den eigenen Reihen auch leben und umsetzen können. Zuhören, ausreden lassen, andere Meinungen aushalten und auch nebeneinander bestehen lassen können, Ehrlichkeit und Toleranz, Mut für Veränderungen, die Bereitschaft, neue Wege zu gehen, und das Bewußtsein, diese Arbeit mit und für die Menschen zu machen, die in den Betrieben arbeiten – freilich, alles dies sind keine neuen Erkenntnisse, aber vielleicht müssen wir uns ab und zu einmal wieder darauf besinnen, was und für wen wir irgend etwas tun.

Gisela Kessler: *Die Rückbesinnung auf die eigentlichen Wurzeln und Funktionen ist besonders hilfreich in einer Situation, in der die Gewerkschaften nicht nur in Deutschland in eine Krise geraten sind. Der Blick in andere europäische Länder zeigt überall ähnliche Probleme. Manche stellen sogar die Frage nach der Überlebenschance der Gewerkschaften im nächsten Jahrhundert. Auf jeden Fall wird die europäische Handlungsebene immer gewichtiger und entscheidet mit über die Zukunft der Gewerkschaften.*

Axel Becker: Die Gewerkschaften sind ein Produkt des Industriekapitalismus, also einer Phase der Produktivkraftentwicklung, die erst 200 Jahre alt ist. Sie haben geglaubt, durch Gegenmachtbildung für eine gerechte Verteilung der Gewinne aus Produktivitätssteigerungen sorgen zu können. Sie haben für die Verkürzung und Erleichterung sowie für eine gerechte Verteilung und Bewertung der lohnabhängigen Erwerbsarbeit gekämpft.

Die hemmungslose Entfaltung der Produktivkräfte führt – wir wissen es alle – zu einer Zerstörung der natürlichen Lebensgrundlagen. Wenn Gewerkschaftsfunktionäre sich zu programmatischen Bekundungen aufraffen, sprechen sie sich gegen hemmungsloses Wachstum und für ökologisches Gegensteuern aus. Wenn sie in den Alltag zurückgekehrt sind, reden sie wieder unreflektiert in der Sprache der Wachstumsideologie. Umverteilung von Gewinnen ist den Gewerkschaften nur in ausgesprochenen Wachstumsphasen halbwegs gelungen. Eine gerechte Verteilung und Bewertung der lohnabhängigen Erwerbsarbeit durchzusetzen, gelingt ihnen immer weniger.

Um den Weg in eine Gesellschaft mit selbstbestimmter kreativer Arbeit zu bereiten, müssen die Gewerkschaften im weltweit operierenden Kapitalismus endlich wieder anfangen, global zu denken. Sie müssen sich wieder internationalisieren, mindestens europäisieren, statt ein neues Bündnis für Arbeit zur Verteidigung des Standorts Deutschland zu schmieden – mit dem die deutsche Volksgemeinschaft in verwandelter Form wieder auferstehen würde, mit all den Ausgrenzungen, die wir schon heute erleben.

In einem Europa, das sich anschickt, über eine nicht demokratisch legitimierte Exekutive die Arbeitswelt der Geldwelt zu unterwerfen, kann nur über koordinierte regionale Protestbewegungen innenpolitischer Druck auf die nationalen Regierungen ausgeübt werden, um sie zu zwingen, die Liberalisierung der Finanzmärkte rückgängig zu machen und eine europaweit verbindliche Beschäftigungspolitik zu entwickeln.

Eine wirkungsvolle europäische Gewerkschaftspolitik wird aber nur dann zustande kommen können, wenn die Funktionäre des DGB und der Einzelgewerkschaften sich endlich mit den durchaus andersartigen kulturellen und sozialen Traditionen der Nachbarländer vertraut machen und dafür auch endlich mehr Fremdsprachen lernen. »International broken English« ist nur eine Form des Sprachverlustes, mit lebendigen Menschen kann man sich so nicht verständigen. Voraussetzung für eine wirkungsvolle europäische Gewerkschaftspolitik ist aber auch, daß der DGB seine ideologischen Vorbehalte gegen die westeuropäischen Gewerkschaftsbünde, die angeblich »kommunistisch verseucht« sind, überwindet.

Gesellschaftlichen Widerstand wird der DGB hierzulande nur organisieren können, wenn er die lebensweltlichen Interessen der Menschen in der Region zur Sprache bringt und zu seiner Sache macht. Die Bedürfnisse nach zumutbaren und bezahlbaren Wohnungen, nach funktionierenden, komfortablen, umweltfreundlichen und preiswerten öffentlichen Nahverkehrsmitteln, genügend Kindergärten, LehrerInnen und Ausbildungsplätzen für junge Menschen können wirkungsvoll nicht von den Einzelgewerkschaften, sondern nur vom DGB artikuliert werden.

Die Erfahrungen der letzten Jahre haben gezeigt, daß der DGB noch immer imstande ist, Menschen zu mobilisieren. Das würde regional noch wirkungsvoller möglich sein als national, weil die Menschen viel unmittelbarer betroffen sind und so genauer erkennen können, was nottut. Auch gegen Betriebsschließungen kann mit regionalen Protestaktionen des DGB erheblich größerer politischer Druck als bisher ausgeübt werden.

Gisela Kessler: *Eure Zustandsanalysen sind sehr nüchtern und illusionslos gewesen. Zugleich betont Ihr, daß trotz der komplizierten Handlungsbedingungen und zugleich neuen großen Herausforderungen erfolgreicher Widerstand möglich ist, insbesondere wenn er mit einer gesellschaftspolitischen Perspektive verbunden wird. Ist erfolgreiches Handeln auch auf betrieblicher Ebene möglich?*

Werner Weber: Es geht! Und ich sage das, weil ich es eben in der betrieblichen Praxis wie auch als ehrenamtlicher Funktionär schon erlebt habe.

Heute geht man in die Gewerkschaft doch nur, wenn man überzeugt ist: »Das bringt mir was«. Und das kann nur erreicht werden, wenn man im Alltag auch spürt, daß man einbezogen wird und die eigene Meinung echt gefragt ist. Hier sind z.B. Informationsblätter und Arbeitskreise zur Meinungsbildung vor der Aufstellung von Forderungen oft viel wichtiger als während und nach den Verhandlungen. Nehmen wir Betriebsvereinbarungen: Wenn wir unsere Forderungen gemeinsam mit den betroffenen Kolleginnen und Kollegen zusammen mit den Unorganisierten aus den entsprechenden Abteilungen aufstellen, statt uns im stillen Kämmerlein des Betriebsrats etwas auszudenken, dann ist es auch leichter, diese durchzusetzen. Ganz wichtig ist, daß nach der gemeinsamen Durchsetzung ein stolzes Erfolgsgefühl des eigenen »Mitmischens« zu verzeichnen ist. Und wenn bei diesem Prozeß die Beteiligten auch noch die entsprechende Begleitung und Unterstützung durch die Gewerkschaft hautnah spüren, dann ist man auch bereit, diese zu unterstützen.

In dem Betrieb, in dem ich beschäftigt bin, hatten wir am Anfang einen Organisationsgrad von 0,1 Prozent. Heute sind es über 80 Prozent bei den Arbeitern und über 50 Prozent bei den Angestellten. Und als ein aktuelles Beispiel möchte ich noch die guten Ergebnisse der Betriebsratswahl 1998 für unsere Gewerkschaft im Bertelsmann-Konzern bei Mohndruck in Gütersloh erwähnen, wo man alle Beschäftigten in die jeweiligen Problemstellungen einbezogen hat.

Es wird heute aber auch erwartet, daß die Gewerkschaft gute Dienstleistungen für den Mitgliedsbeitrag erbringt, wie z.B. einen qualifizierten Rechtsschutz, berufliche Qualifikation durch Experten oder gute und sinnvolle Freizeitangebote.

Zusammengenommen meine ich immer noch: Nur wenn es uns auf der betrieblichen bzw. tarifpolitischen Ebene gelingt, im Sinne von Gegenmacht kollektives Handeln der Belegschaften mit ihren Gewerkschaften zu praktizieren, haben wir auch Möglichkeiten zu weiteren, mindestens genauso wichtigen Aktivitäten und zu politischem Protest – bis hin zur Veränderung der Gesellschaft für mehr Gerechtigkeit und Lebensqualität für alle Menschen.

Kultur – Medien – Macht

Dieter Lattmann
Einigkeit der Einzelgänger

Über die Entstehung des VS, des Verbands deutscher Schriftsteller, unter Heinrich Bölls Aufforderung »Ende der Bescheidenheit« seit seiner Rede im Kölner Gürzenich am 8. Juni 1969, ist so viel veröffentlicht worden, daß Wiederholung lähmen würde. Heute, aus bald dreißigjährigem Abstand, interessiert eher das Nachdenken über die damalige Euphorie und das Exemplarische im zyklischen Prozeß von Einigkeit und Auseinanderstreben, Gelingen und Verfehlen des seit 150 Jahren immer wiederholten Versuchs, die kritischen Zeitgeister als schreibende Bürger der Republik zu gemeinsamem Handeln für die Verbesserung ihrer beruflichen Lage zu inspirieren.

»Verschaffen wir uns erst einmal Überblick über die volkswirtschaftliche Relevanz unserer merkwürdigen Sozialprodukte«, sagte Böll, »bevor wir uns vom kulturellen Weihrauch einnebeln lassen, dann erst kommen wir aus dem Resolutionsprovinzialismus heraus, der unsere wieder einmal erhobenen Zeigefinger golden schimmern macht, uns im Feuilleton als Gewissensfunktionäre und Korrektoren für das windschiefe Vokabularium der Politiker willkommen heißt, und hängen wir uns den hingestreuten Lorbeer nicht an die Wand, streuen wir ihn dorthin, wohin er gehört: in die Suppe.«

Vom Gürzenich bis zur Stuttgarter Liederhalle, wo 13 verstreute Schriftstellerorganisationen vereint zum Gesamtverband vor zweieinhalbtausend Besuchern auftraten, dauerte es nur ganze 17 Monate. Dort erklärte Willy Brandt, der als erster Bundeskanzler zu den Schriftstellern kam, was Autoren in Deutschland noch niemals ein höchstverantwortlicher Politiker vorgehalten hatte: »Geist und Macht, das angeblich so strenge Gegensatzpaar, üben oft und gern Rollentausch. Denn so mächtig der Einfluß der Politik auf die Gesellschaft sein mag, längst hat sie ihre Macht teilen müssen: gerade Sie als Schriftsteller sollten Ihren Einfluß nicht unterschätzen.« Und in seinem »ZEIT«-Bericht über den dreitägigen Stuttgarter VS-Kongreß (20. bis 22. November 1970) schrieb Dieter E. Zimmer: »Wo Schriftsteller heute von Novellen reden, ist keine Literaturgattung, sondern eine sozialpolitische Paragraphengattung gemeint. Sie holen auf.«

Daß diese gemeinsame Kraft der Schiftstellerinnen und Autoren damals geschmiedet werden konnte, beruhte in der Hauptsache auf zwei Voraussetzungen: Zum einen ereignete es sich in der Zeit eines weithin als allgemein empfundenen Aufbruchs der Gesellschaft unter dem Eindruck der revoltierenden Bürgerjugend der Außerparlamentarischen Opposition. Zum anderen hatten bundesdeutsche Gesetzgeber es in dem keineswegs sozialistischen Staat zugelassen, daß die Urheber von Wort, Bild und Ton, wie sie sich bald nannten, untragbar durch die Sozialisierung von Teilen ihrer Werke benachteiligt waren. Hätte das entsprechend für die Mehrheit gegolten, hätten sich wohl viele von ihnen damit eingerichtet, und eine kleine Gruppe wäre damit zufrieden gewesen. Aber davon konnte nicht die Rede sein. So gab es für Schulbuchbeiträge und Bibliotheksausleihe keinerlei Honorar, diese Leistungen wurden den Urhebern »gemeinfrei« abverlangt. Weitere Ungerechtigkeiten waren den Kreativen in öffentlichen Belangen nicht weniger rücksichtslos auferlegt worden. Grund genug, sich endlich vereint dagegen zu wehren.

Den Funken erzeugte Ingeborg Drewitz, die in der »ZEIT« am 24. November 1967 einen buchstäblich flammenden Artikel gegen die Misere der allzu vielen regionalen und fachlichen Autorenverbände und ihrer Dachvereinigung hatte erscheinen lassen: »Alte Herren schreiben Heimatdichtung«, lautete die Überschrift der Philippika. Die Getroffenen schrien auf. Als die hochtönend so genannte »Bundesvereinigung deutscher Schriftstellerverbände« am 7. April 1968 im Münchner Rundfunkhaus auf einer Delegiertenversammlung zusammentraf, prallte die überlebte Tradition auf eine neue Energie. Das Ergebnis war ein Wechsel von Personen, der die tiefgreifende Reform der Organisationsweise und der Inhalte nach sich zog. Der dies hier schreibt, hatte mit der Sache zu tun: Er wurde Präsident der alten Vereinigung und 14 Monate darauf Gründungsvorsitzender des neuen Gesamtverbands.

Der Verband deutscher Schriftsteller (VS zur Unterscheidung vom studentischen VDS) begann seine Arbeit mit dem Sitz in Münster (Wilhelm Damwerth) und München (Ursula Bräuning und ich). Bald gab es nur noch wenige in der Öffentlichkeit als wichtig empfundene Schriftsteller und Autorinnen, die nicht dem Verband angehörten. Die Zielsetzung war unter Mitwirkung von Heinrich Böll, Günter Grass, Siegfried Lenz und Martin Walser von Anfang an gewerkschaftlich.

Die entscheidenden Daten und Erfolge der ersten Zeit: Auf seinem zweiten Schriftstellerkongreß vom 19.-22. Januar 1973 unter dem Motto »Entwicklungsland Kultur« beschloß der VS in Hamburg den Beitritt in Form von Einzelmitgliedschaften als Fachgruppe unter Beibehaltung seines Namens zur IG Druck und Papier.

Böll, Grass und Walser konnten für unsere Sache damals Pressekonferenzen bestreiten, die besser besucht wurden als die mancher Bundesminister. Ab 1972 war der VS-Bundesvorsitzende auch Mitglied des Bundestags (von Herbst 1974 bis 1980 VS-Sprecher in Bonn). Mit Hilfe der eigenen Gewerkschaft, des DGB und besonders auch der drei zusammenarbeitenden Journalisten-Organisationen (dju, RFFU, DJV) wurden während der Ära Brandt und Helmut Schmidt von der sozialliberalen Koalition drei Gesetze beschlossen, welche die soziale und rechtliche, also die wirtschaftliche Situation der UrheberInnen erheblich verbesserten:

1. Eine Urheberrechtsänderung mit Honorarpflicht für Schulbuchbeiträge und Bibliotheksausleihe = Grundlage für das Autorenversorgungswerk bei der VG Wort.

2. Der Paragraph 12a im Tarifvertragsgesetz mit der Definition der regelmäßig frei Mitarbeitenden bei den Medien und kulturellen Auftraggebern als arbeitnehmerähnlich mit Tarifrecht.

3. Das Künstlersozialversicherungsgesetz (KSVG) mit Ersatz für nicht vorhandene Arbeitgeberanteile durch die neue Künstlersozialkasse (Kultursozialabgabe).

Deswegen allein hat die ganze Mühe gelohnt. Es gibt wenige, die das rückwirkend bestreiten. Warum waren dem VS trotzdem neuer Meinungsstreit und eine anhaltende Entsolidarisierung beschieden? Ehe ich darüber schreibe, will ich eingestehen, daß ich natürlich weiß, wie sehr meine Sicht der Dinge nicht dem gegenwärtig verbreiteten Dafürhalten entspricht. Ich kann nur versichern, daß ich mich nach Kräften um Annäherung an Objektivität bemühe.

So wie die Gründung und die Hoch-Zeit des VS mit dem Aufbruch 1968 und dem Regierungswechsel zu tun hatte, wurzelte die Uneinigkeit der Einzelgänger in der intellektuellen Begleitung des Regierungswechsels und der Restauration von 1982, angekündigt als »geistig-moralische Wende«. Historisch gesehen hat es noch nie eine Phase von mehr als 15 Jahren gegeben, in der die Künstler und Autoren in ihren Berufsverbänden zusammenhielten. Dazu erinnere ich an eine Parallele, über die der erste Bundespräsident Theodor Heuss verschiedentlich berichtet hat. Es handelte sich um den gewerkschaftlichen Aufbruch der Schriftsteller im Jahr 1909 (drei Jahre später wurde die Sozialdemokratie erstmals stärkste Fraktion im Reichstag). Heuss: »Man muß ... in der Entstehungsgeschichte dieser Organisation (des Schutzverbands deutscher Schriftsteller, SDS) der freien Berufe das psychologische Moment sehr stark einsetzen: vor der Klärung der Ziele, der Forderungen der Bedingtheiten stand die faszinierende Parole: Gewerkschaft, und der traditionelle Individualist entzündete sich, ohne Kritik der Unterschiedlichkeit, an dem Allheilmittel, das ihm so beschrieben wurde. Der Funke des Solidaritätsgedankens sprang herüber vom Herd der Massenkörper – ein gewisses unklares Gefühl von Hingabe oder Verpflichtung brachte auch Leute herbei, für die jede Organisation sachlich unerheblich war. Daneben standen natürlich sehr reale Einsichten. Man begriff das ganze System der organisierten Selbsthilfe, das im Austausch von Erfahrungen, in Unterstützungskassen, in Rechtsschutz und Berufsberatung, in der Regulierung des Nachwuchses liegt. Man sah, daß der Staat kaum den einzelnen, wohl aber ihre Vereinigung bemerkt und beachtet. Einfluß auf die Gesetzgebung zu gewinnen, auf Regierung und Parlament: dazu bedarf es der einleuchtenden Ziffern, der Spezialisten in der Berufsvertretung, die von einem Mandat getragen werden.«

In der Tat ist die relative Gleichartigkeit zu Ereignissen zwischen 1968 und 1972 eindrucksvoll. Und das wirft naturgemäß die Frage auf: Wann folgt die nächste derartige Erneuerung? Seit 1842 gibt es in deutschen Landen Schriftstellerverbände. Sie haben sich unzählige Male zerstritten, sich selbstzerstörerisch geschwächt und zerteilt. Im Grundsatz ging es immer um dieselbe Schwierigkeit: Intellektuelle, die sich zusammentun, müssen ihre gemeinsamen sachlichen Ziele von den unorganisierbaren Inhalten ihrer persönlichen Arbeit trennen. Das fällt den meisten ihrer Art schwer, da sie sich um ihrer Kreativität willen nicht versachlichen können. So kann der Versuch, sie dennoch zur rationalen Gemeinsamkeit zu bewegen, kaum lange gutgehen.

Wenn der VS im Gegensatz zu den meisten Vorgängerorganisationen nun am 6. Juni 1999 dreißig Jahre alt wird, wenigstens in seiner Grundkonstitution, so ist das zweifellos der Stabilität der gewerkschaftlichen Eingliederung und der Geduld der Mitglieder der heutigen IG Medien und der Art und Weise zu verdanken, wie Detlef Hensche mit seinem Vorstand und den beschließenden Mehrheiten das Werk der IG Druck und Papier fortsetzt.

Was ist alles über uns hingegangen? Die Gegengründung des konservativen Autorenverbands, des FdA, nicht ohne Schützenhilfe daran interessierter gesellschaftlicher Kräfte und Parteien. Die öffentlich ständig wiederholte Behauptung, Gewerkschaft bedeute berufliche Unfreiheit der Freien. Die erbitterte Spaltung der Meinungen im VS in der Phase des Kulturabkommens zwischen der BRD und der DDR. Erinnernswert ist, wie der Staatsratsvorsitzende Honecker mit Ehren zu Gast bei Kanzler Kohl in Bonn war, mit Fahnenwehen und Hymne der DDR, noch im September 1987. Damals wurde das Kulturabkommen bekräftigt, das die Zusammenarbeit beider deutscher Staaten auch zur Sache der Schriftsteller und ihrer Organisationen machte. Heute gehört das auf die Verdrängungshalde der Westdeutschen, die Ostdeutschland nur zu hundert Prozent ihrer Bedingungen bei sich dulden wollen.

Nach dem Anschluß und der Bildung fünf ostdeutscher Länder in der um über ein Viertel der Bevölkerung und nahezu die halbe Fläche gewachsenen Bundesrepublik wurde in Parallele zum Historikerstreit der Literaturstreit entfacht. Die einen sahen ihn als Aufarbeitung an, die anderen als Vehikel des Elitenwechsels im Zuge der formal 1990 vollzogenen, bis heute denkbar unvollkommenen deutschen Einheit. Der Einbruch der IM-Debatte in die Arbeit des VS vertiefte das Lagerdenken. Die gemessen an den nachprüfbaren Tatsachen absurde Unterstellung, der VS-Kongreß 1984 in Saarbrücken könnte einschließlich der Neuwahl des Vorstands aus der DDR manipuliert gewesen sein, nahm breiten Raum ein. Zwar gelang im Gegensatz zum P.E.N. der baldige Zusammenschluß der Schriftstellerverbände West-Ost, aber die westdeutsche Neigung, eigene Geschichte stellvertretend nur im Bezug auf die DDR aufzuarbeiten, erschwerte die Gemeinsamkeit in den berufspolitischen Aufgaben weiterhin über die Maßen.

Dies alles hatte den todernsten Hintergrund des Kampfs der verfeindeten Systeme in West und Ost, von denen keines seine Gründungsideale erfüllt hat, das überlebende jedoch die Zeitgeschichte nach seiner eigenen Lesart verfestigen konnte. Diese ungeheuer deutschen Begebenheiten sind noch keineswegs ausgetragen. Der Ost-West-Konflikt setzt sich im Inneren des nunmehr einen Landes fort. Der Westen, der die Urteile des Nürnberger Gerichtshofs nie anerkannte, Wiederaufbau und Wiederaufrüstung mit Freisprüchen und Pensionen für verantwortlich Beteiligte am Dritten Reich vollzog, ist so überzeugt von der Rechtmäßigkeit seines Vorgehens, daß er die Schuld an der Vergangenheit der 40 getrennten Jahre fast ausschließlich dem Osten zuweist. Eine Bundesbehörde zur Aufarbeitung des Gestapo-Spitzelwesens hat es nie gegeben, und die medienwirksame Gleichsetzung zweier Diktaturen auf deutschem Boden in diesem Jahrhundert wird vermutlich Geschichtsbilder prägen, so parteiisch und undifferenziert sie sich auch aufführt.

Angesichts der Hinterlassenschaft der Staatssicherheit argumentieren alle alten Parteien der Bundesrepublik mit dem Anspruch der DDR-Bürgerrechtler: mit Drangsalen, politischen Gefangenen und Vertriebenen des ostdeutschen Staats. Wer wollte das Verlangen der Opfer nach rückwirkender Gerechtigkeit herabsetzen? Die Dimension der Schuld reicht tiefer, als das anwendbare Recht greifen kann. Wer die mit westlichen Augen neuen Länder nur vereinnahmen will, wird keine Versöhnung stiften. Wer dem Osten den Prozeß macht, ist unglaubwürdig, sobald er den Westen von Mitverantwortung an der Mauer in den Köpfen und in der Wirklichkeit freispricht. Zweierlei Maß vermißt immer nur die Wiederholung von Selbstgerechtigkeit.

Was mich betrifft: Ich bin eine Zeitlang im Auftrag des VS das westdeutsche Gegenüber für Hermann Kant, den Vorsitzenden des Schriftstellerverbands der DDR, gewesen. Fast alle fanden es damals sinnvoll, wenn wir uns in Mediendebatten zum Beispiel auf der Frankfurter Buchmesse darüber verständigten, daß wir für Autorinnen und Schriftsteller Gemeinsames wollten, aber politisch verschiedene Seiten und zum Teil auch deren Überzeugungen vertraten.

* * *

Ich denke mit Dankbarkeit an die Gründungszeit des VS zurück. An Loni Mahlein, den damaligen Vorsitzenden der IG Druck und Papier, den ich freundschaftlich kennenlernte. In ihm erlebte ich die alte Liebe der Setzer und Drucker zu den Autoren unter den Büchermachern. Er war noch zuständig für eine Zeit, in der diese Begriffe zählten. Inzwischen ändern sich unsere Berufe nach Technik und Inhalten mit elektronischer Geschwindigkeit. Ich habe Loni und seinen Nachfolgern gegenüber oft ein schlechtes Gewissen gehabt, daß ich geholfen habe, ihnen die Schriftsteller einzubrocken, die ihnen später so viel Mühe machten.

Ich glaube mich nicht in dem Erinnern zu täuschen, wie seit dem Gewerkschaftstag der DruPa im Oktober 1971 in Nürnberg die Zeichen für die Erwartung standen, mit den prominenten Autoren (und ihrer nicht prominenten Mehrheit) werde neuer Glanz in die Organisation einziehen. Zu Anfang war das auch so. Woher holen wir heute noch etwas so Fernliegendes wie die Integrität, mit der alles begann? Mit dem Idealismus wurde auch die Idee totgesagt. Nüchtern betrachtet, hat die Gründergeneration nur noch Gedächtniswert, soweit sie noch vorhanden ist und sich äußern kann.

Die IG Medien, die Detlef Hensche mit dem heutigen Vorstand und der gegenwärtigen Mehrheit in neue Bündnisse führt, setzt die Jahrhundertarbeit unter völlig veränderten Bedingungen fort. Jungen Autoren ist der Gewerkschaftsbeitritt keineswegs selbstverständlich. Qualität will wieder allein sein, bestenfalls unter ihresgleichen, wobei die Wertungen schwanken wie Börsenkurse. Die Noch-IG-Medien verkörpert an Kopf und Gliedern mit unserem nun auch schon sechzigjährigen Vorsitzenden die neue Versiertheit technischer Intelligenz und berufspolitischer Besonnenheit und Durchsetzungskraft. Sie steht im schrillen Konflikt mit der neoliberalistischen Restauration. Das alte Vertrauen muß sich im Delta unzähliger Verzweigungen der Arbeitswelt immer neuen Zusammenhalt suchen. Die Schriftsteller und Autorinnen haben gegenwärtig nicht die versammelte Kraft, um anderen dabei zu helfen. Sie suchen Hilfe für sich selbst.

Eines Tages werden Dreißigjährige unter den schreibenden Bürgern der Republik die Solidarität wieder entdecken. Denn die ist zwar verminderbar, aber nicht sterblich. Jede Generation muß eines Tages beginnen, sie neu zu vermehren.

Klaus Staeck
Kapitalismus pur

Ende November 1997 bekam ich ein Fax von Wolfgang Katzmarek – Betriebsrat bei Boehringer Mannheim – mit der Frage, ob ich die Belegschaft in ihrem Kampf um den Erhalt ihrer Arbeitsplätze unterstützen könne. Gefragt war die Beurteilung von Plakaten und Flugblättern, die einige Mitarbeiter in Eigenregie hergestellt hatten. Thema: bitterböse satirische Kommentare zur geplanten Übernahme ihres Betriebes durch die Basler Hoffmann LaRoche AG und den daraus zu erwartenden Folgen. Kein allgemeines Wehklagen, sondern kämpferische Bilder voller Hoffnung, das anscheinend Unabänderliche doch noch verhindern zu können. Die größte Sorge der Mitarbeiter galt der Angst vor dem Verlust des Arbeitsplatzes als unmittelbare Konsequenz des hinter ihrem Rükken eingefädelten Deals. Meine erste Frage im Mannheimer Betriebsratsbüro: Geht es Euch in diesem Kampf nur um die eigenen Arbeitsplätze, oder begreift ihr die allgemeine gesellschaftliche Dimension dieser Auseinandersetzung? Antwort: Solidarität mit bedrohten Kolleginnen und Kollegen hätten sie schon mehr als einmal bewiesen. Der Zusammenarbeit stand so nichts mehr im Wege.

Vorzubereiten war eine gemeinsame, ganz unbürokratisch zustandegekommene Ausstellung im Mannheimer Museum für Technik und Arbeit. Parallel lief im gleichen Haus der Publikumsmagnet »Körperwelten«. Der Kampf um Arbeit im Museum, in der Nachbarschaft plastinierter Menschen. Mehr als eine makabre Duplizität der Ereignisse? Zur Eröffnung am 16. Dezember kamen von den 7.000 Böhringer-Mitarbeitern etwa zweihundert, verstärkt durch einige Kunstfreunde aus Stadt und Umland. Das Ziel, auf diesem Wege zusätzliche Öffentlichkeit zu schaffen, wurde erreicht, wenn auch dem im gleichen Gebäude ansässigen Süddeutschen Rundfunk das nicht gerade alltägliche Ereignis keine Kamera wert war. Die toten Seelen nebenan waren da allemal attraktiver, unterhaltsamer.

Zu diesem Zeitpunkt konnte das Schweigen beider Firmenleitungen noch arbeitnehmerfreundlich gedeutet werden. Bei den Skeptikern machte sich allerdings bald die Befürchtung breit, der Fusion könnten in Mannheim schon im ersten Durchgang mehr als tausend Arbeitsplätze zum Opfer fallen.

Inzwischen sollen es ein paar hundert weniger sein. So macht man das und läßt die geplante Arbeitsplatzvernichtung noch als Erfolg erscheinen. Besonders zornig machte die Mitarbeiter die Tatsache, daß sie dank ihrer Produktivität den Eignern beider Firmen kräftige Gewinne beschert hatten und hier nicht etwa eine marode Firma von einer prosperierenden aufgekauft wurde.

Durch ihr mehrmals unter Beweis gestelltes, ganz persönliches Engagement für ihren Chef namens Curt Engelhorn hatten sich die Mitarbeiter des Mannheimer Unternehmens eine besondere Obhutspflicht

Dies sind die acht Motive, die die Kolleginnen und Kollegen von Boehringer Mannheim im

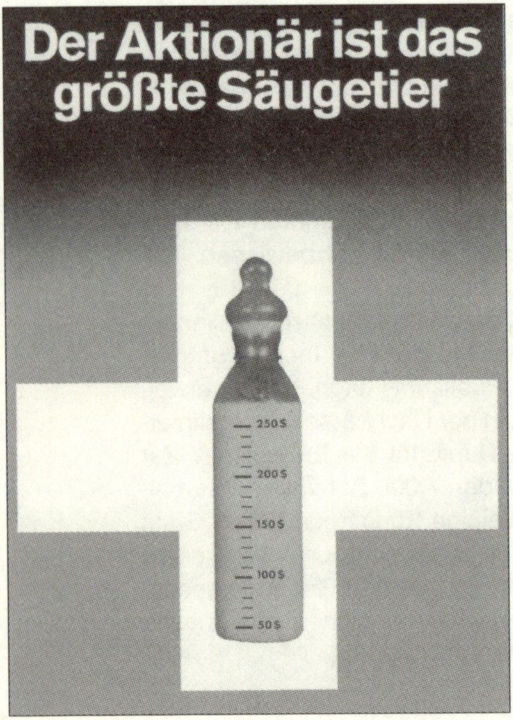

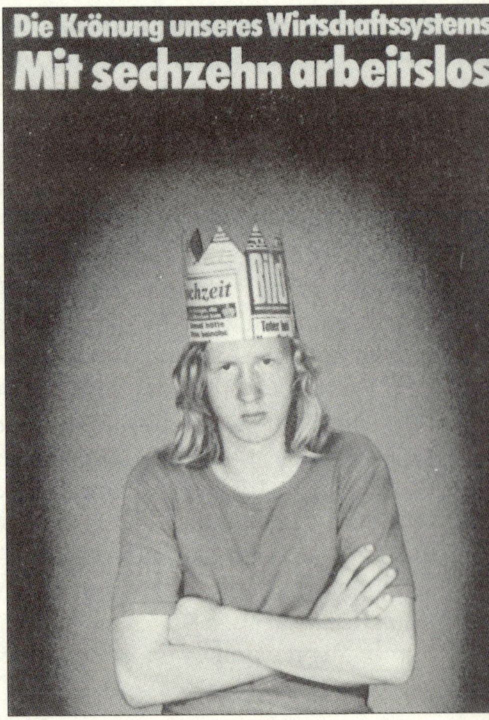

ihres Patron versprochen. Umso größer war die Enttäuschung, als via Interview in der Zeitschrift »cash« offenkundig wurde, daß der kunstsinnige Herr Engelhorn sogar die Zustimmung für einen Fonds verweigert hatte, aus dem die Opfer der Vereinigung hätten entschädigt werden sollen.

Für die gemeinsame Ausstellung im Museum hatte ich die Kollegen gebeten, die ihnen am geeignetsten erscheinenden Plakate aus meiner Produktion auszusuchen.

Zu meiner Verblüffung wählten sie schließlich mehrheitlich solche aus, die vor mehr als 20 Jahren entstanden waren. Das 1975 aus ganz anderem Anlaß veröffentlichte Motiv »Der Aktionär ist das größte Säugetier« erschien ihnen am aktuellsten; sie sahen es als präzise auf ihre konkrete Situation zugeschnitten. All das spricht nicht gerade für die Politik, die bei uns in den letzten Jahren gemacht wurde.

Dezember 1997 für die Ausstellung im Mannheimer Museum für Technik und Arbeit ausgewählt

Der Deal Boehringer/LaRoche ist ein Paradebeispiel für die neue Form eines gefräßigen Kapitalismus, der die Gewinnmaximierung um jeden Preis zur Richtschnur seines Handelns macht. Er widerlegt gleichzeitig das von interessierter Seite immer neu verbreitete Gerede von einer Wirtschaft, die nur wachsen, nur »brummen« müsse, wenn neue Arbeitsplätze entstehen sollen. Das Beispiel Boehringer belegt genau das Gegenteil: Zwei sich am Markt bestens behauptende Pharmariesen schließen sich zusammen mit der direkten Folge drastischer Arbeitsplatzzerstörung.

Es läuft grundsätzlich etwas falsch im Staate Deutschland, wenn das Lebenswerk Tausender von Mitarbeitern für 19 Milliarden verkauft werden kann, die dafür üblicherweise anfallenden Steuern restlos im Bermuda-Dreieck einer Holding der Familie Engelhorn verschwinden und die so Handelnden sich weiter einer allgemeinen Wertschätzung als

hatten. Sie wollten damit auch den allgemeinen gesellschaftlichen Charakter Ihres Kampfes

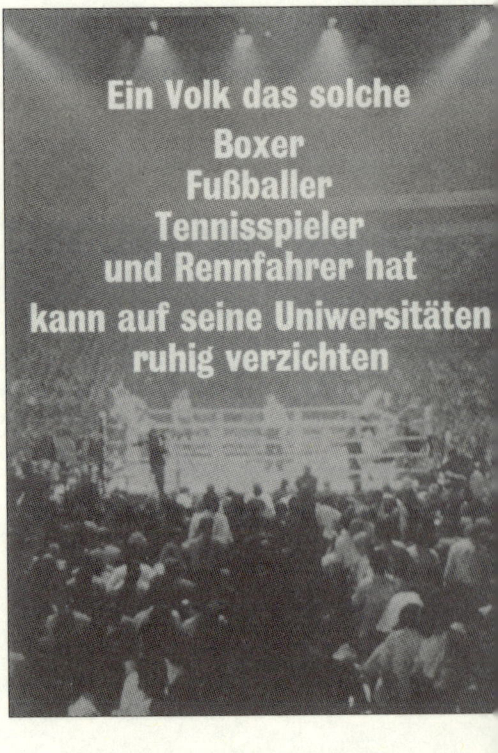

ehrenwerte Leute erfreuen können. So hat beispielsweise die Universität Heidelberg bisher nicht zu erkennen gegeben, Curt Engelhorn die ihm verliehene Ehrensenatorwürde zu entziehen.

Wer solche Vorgänge inzwischen als normal empfindet, wird sich bald wundern, in welchem Staat er lebt. Wer schamlos alle von der Gemeinschaft erbrachten Ressourcen ausnutzt, ohne selbst etwas dazu beizutragen, untergräbt das Gemeinwesen und damit die Demokratie wesentlich effektiver, als das traurige Häufchen irregeleiteter Terroristen es je vermochte. Dieser unerträgliche Zustand verlangt dringend nach einer Korrektur durch eine Politik, die das Attribut NEU wirklich verdient. Dringend.

für den Erhalt ihrer Arbeitsplätze zum Ausdruck bringen.

Ernst Elitz

Medien sind mehr als eine Rechenmaschine

Zur Zukunft des öffentlich-rechtlichen Rundfunks

»Was ist ein Funkintendant? Eine Attrappe? Ein Kegelclubpräsident?«, fragte 1929 die »Weltbühne«. Nichts von alledem solle er sein, sondern er wäre ein Mann, dem »das geistige, künstlerische und gesellschaftliche Wohl der heutigen Menschheit mit in die Hand gegeben« sei. Er habe zu entscheiden, »ob die seiner Hut anvertrauten Geschöpfe mit rapider Geschwindigkeit verdummen oder nach Maßgabe ihrer Fähigkeiten an geistigen Kräften zunehmen«. Diese schönen Worte gehören den Medienmachern auch heute noch ins Stammbuch geschrieben, damit sie gegen den modischen Alleinvertretungsanspruch der Ökonomie widerstandsfähig bleiben. Arbeitsplätze, Standortdenken, Marktanteile, Minutenpreise und Renditeerwartungen – das sind die Meßgrößen, an denen gegenwärtig der Erfolg von Medienprodukten gemessen wird. Wer Radio und Fernsehen noch als Bildungsfaktor und als Aufklärungsinstitutionen begreift, wird als Wertkonservativer belächelt oder als Erziehungsdiktator verteufelt.

Diese Programmaufträge der Ende der vierziger oder Anfang der fünfziger Jahre verabschiedeten Rundfunkgesetze gelten für den öffentlich-rechtlichen Rundfunk noch heute. Die inzwischen betulich anmutenden Formulierungen vom »kulturellen Verantwortungsbewußtsein«, vom Bildungsauftrag, von der Erbauung, die der Rundfunk zu bieten habe, von seinem Auftrag, sich »ohne Kompromisse der Förderung der menschlichen Ideale von Wahrheit, Toleranz, Gerechtigkeit, Freiheit und Achtung vor den Rechten der individuellen Persönlichkeit zu widmen«, lassen sich in die zeitlose Sprache kantischer Ethik übersetzen: »Habe

Mut, Dich Deines eigenen Verstandes zu bedienen«. Das ist der Wahlspruch der Aufklärung, die den Menschen zum mündigen selbstverantwortlichen Bürger heranbilden will. Zu diesen, den Landesrundfunkanstalten aufgegebenen Zielen kam mit der Gründung des nationalen Hörfunks DeutschlandRadio nach der Wiedervereinigung ein spezieller Auftrag für die unitarische Medien-Komponente im föderalen Staat hinzu: die Spiegelung der Vielfalt der deutschen Regionen durch Programme, die deutschlandweit zu empfangen sind und der Integration zwischen Ost und West zu dienen haben.

Im dualen Rundfunksystem der Bundesrepublik Deutschland müssen beide Rundfunksysteme – das private wie das öffentlich-rechtliche – nebeneinander bestehen. Den Politikern, die durch Gebührenreduktion oder Beschränkung der Ausstrahlungsmöglichkeiten den öffentlich-rechtlichen Sektor zugunsten der Privaten einschränken möchten, schrieb der Verfassungsrechtler Ernst-Wolfgang Böckenförde auf einem wissenschaftlichen Kongreß der Landesregierung Baden-Württemberg ins Stammbuch: »Sie sollten sich fragen, was Sie eigentlich getan haben, als Sie – aus vielleicht berechtigtem Ärger über manche Gebrechen des öffentlich-rechtlichen Rundfunks – die umfassende Privatisierung von Funk und Fernsehen betrieben und damit deren Kulturaufgabe zur Ware gemacht haben, die durch nichts anderes als durch Einschaltquote, Werbungseignung und Profit dirigiert wird. Die Ergebnisse liegen auf der Hand«. Unter dem Diktat des Profits können die Privaten ihre Nachrichtensendungen von Jingles zerhacken, in ihren Talkshows den absonderlichsten sexuellen Obsessionen nachjagen, sie können immerwährendes Varieté bieten und mit VIVA, Fix und Foxi, neuen Fernsehkanälen und Online-Diensten für den Shoppingbummel, Abschreibungen finanzieren und Geld in den Kassen klingen lassen. Die aufklärerische Komponente der Medien tritt hinter dem Druck zu Gewinnerwirtschaftung um jeden Preis zurück.

Der Blick ins Ausland beweist, daß traditionelle journalistische Kriterien sich den Gewinnstrategien eindeutig unterzuordnen haben. Rupert Murdoch kündigte der BBC den Mietvertrag für einen Fernsehkanal auf seinem Starsatelliten, weil der Sender in seinen Informationsprogrammen Menschenrechtsverletzungen der Pekinger Machthaber kritisiert hatte. Durch diesen unabhängigen journalistischen Ansatz sah Murdoch die Expansionschancen seines Unternehmens auf dem vielversprechenden chinesischen Markt bedroht. In Großbritannien ließ der Medien-Tycoon seine Zeitungen den Oppositionskandidaten Tony Blair hofieren, um nach dem Ende der Tory-Herrschaft ein günstiges Klima für seine Geschäftsinteressen zu schaffen. Privatwirtschaftlich organisierte Medien laufen auch Gefahr, daß ihre Programminhalte zur Durchsetzung unternehmensstrategischer Ziele instrumentalisiert werden.

Um einen von Kapitalinteressen freien Raum bei den elektronischen Medien zu erhalten, hat das Bundesverfassungsgericht im dualen System der Bundesrepublik Deutschland den öffentlich-rechtlichen Rundfunkunternehmen eine Bestands- und Entwicklungsgarantie gegeben. Die öffentlich-rechtlichen Medien sind mehr als eine Rechenmaschine. Sie haben Verantwortung für die politische Kultur, den Stil öffentlicher Auseinandersetzungen und den Diskurs über die Zukunftsaufgaben unserer Gesellschaft. Insoweit ist die Rundfunkgebühr in erster Linie auch eine Qualitätssicherungsgebühr. Wer Gebühren erhält, muß Maßstäbe setzen, damit im Wettbewerb um Hörer und Zuschauer ein Grundbestand an ethischen, intellektuellen und ästhetischen Kategorien und ein fairer, sachkundiger Journalismus verbindlich und Sendungen von allgemeinem Interesse neben privaten Pay-TV-Angeboten auch für jedermann erschwinglich bleiben. Neben der privaten Medienindustrie garantieren die Öffentlich-Rechtlichen Medienkultur.

Für die Öffentlich-Rechtlichen gelten andere Qualitätsvorgaben als für die privaten Veranstalter. Deren Qualitätsbegriff hat Helmut Thoma auf den knappen und treffenden Begriff gebracht: Private Veranstalter machten mit ihren Programmen Angebote, aus denen die Zuschauer auswählen; die Programme mit der höchsten Quote hätten auch die höchste Qualität. Für das private Quotenfernsehen reduziert sich die Mündigkeit der Bürger auf die Benutzung der Fernbedienung: Qualität definiert sich nur noch per Einschaltquote.

Mit dieser Begründung hatte Axel Springer den Erfolg von BILD gegen Geschmacks- und Moralansprüche auch aus dem eigenen Hause verteidigt. Die tägliche Abstimmung am Zeitungskiosk entscheide darüber, was gut sei, sprach Springer, und Millionen folgten. Auch am elektronischen Kiosk herrscht Geschmacksdemokratie. Für den Medienforscher bleibt dennoch der Widerspruch zwischen solchermaßen verstandenen Publikumsinteressen, definiert als »interest of the public«, und dem Gesichtspunkt der gesellschaftlichen Verantwortung, »public interest«. Auch die ethischen Ressourcen unserer Gesellschaft unterliegen dem Entropiegesetz. Verhaltensnormen wie Nächstenliebe, Bereitschaft zum Verzicht, Altruismus und Brüderlichkeit entstammen einer christlichen Zeit und verlieren in einer vom Wettbewerb geprägten Gesellschaft an Einfluß. Die Marktwirtschaft steht für Wettbewerb, und der Markt schafft keine Moral. Es bedarf anerkannter tradierter Sozialideen, die den Wettbewerb und das Einzelinteresse bändigen. Die Medien gehören zu den Erziehungsmächten, die Vorbilder präsentieren und Charaktere prägen können. Diese Zivilisationsaufgabe hat das Quotenfernsehen ad acta gelegt.

Die Basis tradierter Sozialnormen ist brüchig geworden. Der Zusammenhalt schwindet. Und auch die Medien integrieren die Gesellschaft nicht mehr. Sie spalten sie in Zielgruppen auf. Formatradioprogramme bemühen sich mit einem ausgefeilten Musikangebot, spezielle Hörergruppen rund um die Uhr an sich zu binden – nach dem Prinzip: Für jeden Geschmack ein Programm. Auch das Fernsehen hat keine Integrationskraft mehr, obwohl mehr als ein Drittel der zu Hause verbrachten Freizeit dem Fernsehkonsum dient. Bis in die frühen achtziger Jahre waren Fernsehereignisse noch Tagesgespräch über die Grenzen aller sozialen Schichten hinweg. Über einen »Tatort« unterhielt sich der Chef mit der Putzfrau und der Lehrer mit seinen Schülern. Nicht zuletzt die Vielfalt der Angebote hat das Fernsehen zum selbstreferentiellen Medium werden lassen. Jeder bestätigt mit seinem Programm nur noch seinen individuellen Geschmack. Der eine fährt mit der Fernbedienung seinen Entertainment-Slalom, indem er von Unterhaltungssendung zu Unterhaltungssendung zappt. Der andere befriedigt Gewaltphantasien, indem er einen Schocker nach dem anderen wählt; der nächste ist auf der Suche nach Sex.

Die Zauberworte der aktuellen Medienentwicklung heißen »Spartenprogramm« und »Begleitprogramm«. Das Wort »Spartenprogramm« ist der Code für eine Ausdifferenzierung des Angebots in einer Fülle von Kanälen, die sich jeweils speziellen Geschmacksrichtungen widmen. Der Begriff »Begleitprogramm« will deutlich machen, daß das einmal gewählte Programm die Hörerin oder den Hörer über den ganzen Tag begleiten und keinen Anlaß bieten soll, zu irgendeinem Zeitpunkt auf eine andere Welle umzuschalten. Spartenprogramm wie Begleitprogramm sind Wunschkinder der Werbeindustrie. Sie hat, um Streuverluste zu vermeiden, ihre Zielgruppe gerne wie eine Hammelherde beieinander. So läßt sich mit konzentriertem Mitteleinsatz und ohne Streuverlust auf dem Jugendkanal für Gummibärchen und auf dem Volksmusikkanal für

Geriatrika werben. Diesem Zweck sollte auch die Gründung eines Frauenkanals im Fernsehen dienen, weil sich dort Werbung für Schönheitscreme, Lippenstift und Tampons zielgerechter einsetzen läßt als in einem von Männern stärker frequentierten Sportkanal. Die Werbung hat die Gesellschaft in konsumtive Zielgruppen aufgeteilt. Und die elektronischen Medien folgen gehorsam.

In einer Zeit fortschreitender Ausdifferenzierung ist die Darbietung von inhaltlicher, künstlerischer und musikalischer Vielfalt durch die öffentlich-rechtlichen Anbieter auch ein bewußt gesetztes gesellschaftspolitisches Signal. Denn je weiter die Medien sich in Spartenprogramme ausdifferenzieren, »um so geringer wird der von allen geteilte Fundus gemeinsamer Kommunikation« (Kurt Biedenkopf). Die Individualisierung der Kommunikation, die Einschränkung von Erfahrungs- und Geschmackshorizonten führt zwangsläufig zu einer Entsozialisierung in der Gesellschaft. Wo der gemeinsame Gesprächsstoff ausgeht, die Neugier auf Neues und Anderes verschwindet, wo Radioprogramme keine intellektuellen Widerhaken mehr bieten und keine Ansätze zum Nachdenken und zum Widerspruch, wo jeder nur noch auf seiner Spur über die Datenautobahn rast, da wird zwangsläufig Entsozialisierung durch Vereinzelung die Folge sein.

Die Hälfte aller Zuschauer sieht im Fernsehen keine Nachrichtensendung mehr. Ein Ergebnis der Fernsehforschung in Kabelhaushalten lautet: Je vielfältiger das Programmangebot, desto weniger werden Nachrichtensendungen eingeschaltet. Innenpolitische Dokumentationen und Auslandsreportagen sacken in der Quote ab. Gerade die politischen Magazine können sich halten. Diese Entwicklung ist europaweit zu beobachten. Das überbordende Unterhaltungsangebot schafft eine neue Klassengesellschaft: Auf der einen Seite die Klasse der Informierten, die die Medien gezielt nach Nachrichten, Hintergrundsendungen, Kommentaren und Diskussionen absuchen und Materialien zur eigenen Meinungsbildung sammeln. Auf der anderen Seite eine an der Sedativ- und Ablenkungswirkung der Medien interessierte Mehrheit. Die Gefahren für die Demokratie sind unübersehbar, denn gemeinsam erlebte Kommunikation ist Voraussetzung für zielgerichtetes Gemeinschaftshandeln, argumentiert Biedenkopf. »Je höher die Leistungsfähigkeit der Gesellschaft als Ganzes entwickelt werden soll, desto mehr Menschen müssen an der Entwicklung der Produktion, der Verwaltung und der Gesellschaft mit ihren Ideen und ihrem Potential mitwirken. Der inhaltliche Reichtum gemeinsamer Kommunikation entscheidet damit letztlich über das Entwicklungsniveau und die Entwicklungschancen eines Landes. Die Individualisierung der Kommunikation, von der nachhaltige Wachstumsimpulse für die Wirtschaft erwartet werden, könnte so zunehmend ihre eigenen gesellschaftlichen Voraussetzungen zerstören.«

In unserer immer komplizierter werdenden Welt ist von den Medien Tiefenschärfe gefragt. Es geht darum, aktuelle Ereignisse einzuordnen, historische Bezüge aufzuzeigen, Entwicklungslinien zu verfolgen und Beurteilungsmaßstäbe zu vermitteln. Das Quotenfernsehen jedoch ist verliebt in die Schlüssellochperspektive und in den Nervenkitzel. Der Bildungsauftrag der Öffentlich-Rechtlichen liegt heute in der vertiefenden Information.

Wer nur die aktuellen Zahlen der Asylbewerber vermittelt, aber nicht auch in eindringlichen Dokumentationen auf die Fluchtursachen verweist, wer nur gräßliche Bilder vom Balkankrieg zeigt, aber nicht den Kern der Konflikte darstellt, wer nur Skinheads in schockierenden Bildern auftreten läßt, aber nicht zugleich Ursachen und Lösungsmöglichkeiten für den aufkommenden Rechtsradikalismus diskutiert, wer nur Oberflächenbilder bietet und sich nicht um Tiefenschärfe bemüht, der wird den Ansprüchen von politischer Bildung und aufklärendem Journalismus nicht gerecht.

Eine Gesellschaft, die sich von aktuellen Bildern betäuben läßt, verliert ihre Urteilskraft. Öffentlich-rechtlicher Rundfunk darf nicht zur Sensationsmaschine verkommen. Er darf nicht Ängste schüren und Vorurteile verbreiten. Er muß sich vom Quotendenken emanzipieren; seine Devise muß lauten: Qualität statt Trivialität. Damit sind klare Trennungslinien zu einem Medienangebot gezogen, das unter dem Vorwand von Information, Aufklärung und öffentlicher Kontrolle nur ein quotenträchtiges Umfeld braucht, um Werbespots optimal zu plazieren und Minutenpreise zu erhöhen. Trotz des Vorwurfs der Konvergenz zwischen kommerziellen und öffentlich-rechtlichen Fernsehanbietern beachten ARD und ZDF diese Trennungslinie. Selbst die Jugendradios der Landesrundfunkanstalten orientieren sich an diesen Standards. Wichtiger noch als die im Musikumfeld freilich knapp gehaltene Information ist die Werbefreiheit dieser Programme. Musikangebote für jede Generation ohne den zwanghaften Konsum-Fetischismus der Werbung sind ein öffentlich-rechtliches Unikat von höchster gesellschaftspolitischer Relevanz. So wie die Medien mehr sind als eine Rechenmaschine, haben auch Hörer und Zuschauer ein Menschenrecht auf werbefreie Zonen im Medienangebot.

Die Öffentlich-Rechtlichen gelten bei den Bürgern als kompetente Nachrichtenvermittler. 63 Prozent aller Bundesbürger sehen diese Kompetenz bei der ARD, 43 Prozent beim ZDF. RTL (22 Prozent), SAT 1 (10 Prozent) und Pro Sieben (8 Prozent) wurden bei dieser repräsentativen Umfrage abgehängt. Das Ergebnis der Umfrage findet seine Entsprechung in den Zuschauerzahlen der Nachrichtensendungen. 8,44 Millionen Zuschauer sehen durchschnittlich die »Tagesschau«, 5,33 Millionen die »heute«-Sendung. Auch bei politischen Magazinen, bei Wirtschafts-, Ratgeber- und Verbrauchersendungen sowie bei Kulturmagazinen und -berichten führen die öffentlich-rechtlichen Anbieter die Kompetenzskala an. Das öffentlich-rechtliche Fernsehen erreicht mit seinem Ersten, dem Zweiten und den dritten Programmen immerhin noch 39,7 Prozent aller Zuschauer.

Von dieser Basis aus muß es ein Medium bleiben, das Maßstäbe setzt für die Öffentlichkeit, die sich nicht kritiklos vom Strom der Zeit mitreißen läßt, sondern die Aufklärung verlangt, an Entscheidungen mitwirkt und die Zukunft mitgestalten muß. Maßstäbe im Mediendschungel zu setzen und Orientierungspunkte für die politische Aufklärung zu schaffen – das bleibt eine Kernaufgabe des öffentlich-rechtlichen Rundfunks.

In der gegenwärtigen Situation muß der öffentlich-rechtliche Rundfunk

- der Politikverdrossenheit durch spannende innenpolitischen Reportagen und Debatten entgegenwirken,
- angesichts des wirtschaftlichen Abschwungs durch intensive Berichterstattung über ökonomische und soziale Zusammenhänge Einsichten vermitteln und Orientierungen geben,
- mit Blick auf die zunehmenden internationalen Konflikte, die sich auf Deutschland hautnah auswirken, seine Auslandsberichterstattung verstärken und
- im Kontrast zu den kommerziellen Anbietern, die ihre Programmschemata orientiert an aktuellen Akzeptanzwerten und der Attraktivität für die werbetreibenden Wirtschaft permanent verändern, seine Informationssendungen verläßlich und kontinuierlich über lange Zeiträume hinweg plazieren.

Zweifellos dürfen die öffentlich-rechtlichen Aufgaben sich nicht auf den Nukleus der öffentlich-rechtlichen Grundversorgung – Information und

Kultur – abdrängen lassen. Als reine Spartenkanäle für Anspruchsvolle hätten ARD und ZDF auf Dauer keine Existenzberechtigung. Solange jeder Gebühren zahlt, müssen die gebührenfinanzierten Kanäle auch jedem etwas bieten. Dazu gehört die Unterhaltungsshow wie der Krimi und die Familienserie. Aber auch auf diesen Programmsektoren gilt, daß die Rundfunkgebühr als Qualitätssicherungsgebühr Sendungen zu ermöglichen hat, die Maßstäbe setzen, damit im Wettbewerb um den Zuschauer ein Grundbestand an ethischen und ästhetischen Kategorien verbindlich bleibt.

In diesen Sparten muß das Fernsehen Kompromisse mit dem Geschmack der Mehrheit schließen, wenn es erfolgreich bleiben will. Da liegt eine Chance für das Radio. Der Hörfunk produziert keine Stars und verbreitet keinen Glamour. Deshalb kann ein gebührenfinanziertes und werbefreies Radio – eher als das Bildmedium Fernsehen – als Medium des Wortes die gesellschaftlichen Entwicklungen kritisch begleiten und der Aufklärung und der Kulturvermittlung dienen. Gerade in den Kulturprogrammen der Landesrundfunkanstalten und beider Programme des rein gebührenfinanzierten werbefreien DeutschlandRadios erteilt der Redakteur auch denen das Wort, die sich Gedanken über die Zukunft machen, die Widerstand leisten und öffentliche Kontroversen anzetteln – über Politik und Geschichte, über Literatur, Theater und Musik. Für diese Programme gilt keine Quotengleichung. Sie setzen Themen jenseits der aktuellen Sensationsmaschinerie und geben Raum für die Reflexion. Ein Gedicht von Bobrowski, ein Essay von Popper, eine Oper von Henze, die Konzerte eines Radio-Sinfonieorchesters haben einen anderen Wert, als Marketingexperten und Werbefachleute ihn definieren. Das gilt auch für Arte und 3Sat. Auch die Kultur und die politische Aufklärung müssen sich dem Wettbewerb stellen und offensiv um Zuschauer und Hörer werben. Aber die Macher anspruchsvoller Programme müssen nicht vor Scham im Boden versinken, wenn sich ihr Publikum nicht nach Millionen, sondern nach Zehn- oder Hunderttausenden rechnet.

Die Wirkung ihrer Programme läßt sich nicht allein mit statistischen Methoden messen. Wer anspruchsvolle Programme sieht oder hört, zählt zu den Meinungsbildern. Ob am Arbeitsplatz oder im Bekanntenkreis – er prägt Diskussionen, nimmt Einfluß auf politische und soziale Entwicklungen und auf Stil und Geschmack. Über die Ansprache dieser Meinungsbildner und der politisch und kulturell Interessierten entfalten diese Programme eine integrative Kraft für die in Interessenten und Zielgruppen aufgesplitterte Gesellschaft. Ihr Maßstab ist nicht die Quote, die für werbefinanzierte Programme gilt. Die Kriterien, an denen sie sich modellhaft für das öffentlich-rechtliche Rundfunksystem insgesamt orientieren, sind Fairneß, Verstand und Geschmack. Ohne diese Orientierungsmarken würde die Gesellschaft sprachlos und gedankenleer und hätte damit ihre Zukunft verspielt.

Gewerkschafter und Intellektueller

Georg Benz

Vom aufrechten Gang in den Gewerkschaften

Ein Brief an meinen Freund und Kollegen Detlef Hensche

Lieber Detlef,

zunächst wünsche ich Dir alles Gute und viel Glück zu Deinem sechzigsten Geburtstag. Dazu gehört vor allem Gesundheit und ein langes Leben, damit wir, Deine Freundinnen und Freunde, Deine Kolleginnen und Kollegen uns noch recht lange an Deinem aufrechten und vor allem politisch bewußten Gewerkschaftsengagement erfreuen können. Und das gilt nicht nur für die Mitglieder und Funktionäre der IG Medien. Die wissen schon, was sie an Dir haben. Auch zahlreiche Gewerkschafterinnen und Gewerkschafter aus anderen Organisationen bis hin zum DGB schätzen Dein Engagement.

Sie wissen, daß sich Gewerkschaftspolitik nicht auf soziale und tarifpolitische Aufgaben beschränken kann, sondern als politischer Auftrag und Verpflichtung im gesamten gesellschaftlichen Raum wahrgenommen werden muß. Du gehörst zu den führenden Gewerkschaftern, die stets bereit waren, diese Grundsätze zu verteidigen. Und so hoffen wir, daß wir noch lange auf Dich zählen können.

Unter den zahlreichen Gratulanten, die Dir zum Sechzigsten Glück wünschen, sind sicher auch einige dabei, die Dir gerne klammheimlich einen baldigen Vorruhestand verordnen würden. Das kenne ich aus eigener Erfahrung. Die solltest Du ruhig noch einige Zeit warten lassen.

Als ich gebeten wurde, für dieses Buch einen Beitrag zu leisten, dachte ich mir, jetzt schreibst du einfach Deinem guten Kumpel aus vielen gemeinsamen Begegnungen einen Brief. Da kannst du einiges nachholen und ein bißchen erzählen, was so einen Gewerkschafts-Unruheständler alles umtreibt und wie ihm manchmal zumute ist. Als ich von Deinem Sechzigsten hörte, habe ich unwillkürlich an unseren Freund Loni Mahlein gedacht. Loni und ich, beide Franken und beide Jahrgang 1921, hatten uns schon Ende der fünfziger Jahre noch in meiner Münchener Zeit kennen und schätzen gelernt. Er wurde 1968 der 1. Vorsitzende der IG Druck und Papier; ich war bereits seit 1964 Geschäftsführendes Vorstandsmitglied der IG Metall. Du wurdest 1969 im WSI tätig, und 1971 warst Du bereits Leiter der Abteilung Gesellschaftspolitik beim DGB-Bundesvorstand.

In dieser Zeit ist mir der junge Kollege, der da neuerdings in so gewichtiger Funktion auftauchte, erstmals aufgefallen. Nachdem Loni als Bundesvorstandsmitglied des DGB mir sicher einiges sagen konnte, wollte ich etwas mehr über diesen Kollegen Hensche erfahren. Loni in seiner trockenen Art: »Da kannst Du zufrieden sein. Der ist in Ordnung«. Und so wars dann auch. Loni war sicherlich nicht unschuldig an Deiner weiteren Entwicklung. 1975 wurde der Kollege Detlef Hensche nicht nur zum Redakteur Eures Zentralorgans »Druck und Papier«, sondern auch gleichzeitig zum Mitglied des Geschäftsführenden Hauptvorstandes gewählt.

Wenn man heute auf drei Jahrzehnte zurückblickt, standen drei Vorsitzende an der Spitze der IG Druck und Papier bzw. der heutigen IG Medien. Die gradlinige, politisch bewußte, engagierte Gewerkschaftspolitik ist seitdem das Markenzeichen Eurer Gewerkschaft. Darauf kannst Du Dir, lieber Detlef, zusammen mit Deinen Kolleginnen und Kollegen schon einiges zugute halten.

Das ist leider nicht ganz selbstverständlich. »Geradestehen für gewerkschaftliche Ziele«, so lautete der Titel meines Beitrags, den ich vor zwölf Jahren über Loni Mahlein geschrieben habe. Dieses Prädikat kann man getrost den beiden Nachfolgern zubilligen. Ihr könnt mit Recht, so wie es Loni bei seiner Abschiedsrede gesagt hat, auf Eure Organisation stolz sein.

Noch heute denke ich gerne an die gemeinsame Arbeit und auch an manch bescheidene Erfolge zurück. Im April 1982 haben wir, Bernt Engelmann, Detlef Hensche und ich, das kleine Büchlein »Rüstung, Entrüstung und Abrüstung« herausgegeben. Bernt Engelmann und Fritz Sänger haben ein Vorwort geschrieben. Dieter Lattmann faßte die Konsequenzen für die Friedenspolitik in einer Schlußbetrachtung zusammen. Wir haben die Positionen der SPD zu diesem Thema aus der Zeit von

1866 bis 1982 dargestellt. Damit wollten wir dokumentieren, daß die SPD (fast) immer eine Friedenspartei war.

Auch in den Bundesausschußsitzungen des DGB haben wir beide, vor allem aber auch Kurt Georgi und weitere Mitstreiter, manchmal Diskussionen durch unsere »Denkanstöße« ausgelöst, die nicht allen Bundesvorstandsmitgliedern Freude machten. Das war uns durchaus verständlich, denn der Bundesvorstand hatte in der Regel am Tage vorher schon seine Beschlüsse gefaßt. Wir mußten dann daran erinnern, daß wir uns nicht als »Absegnungsgremium« verstehen und schließlich der Bundesausschuß das höchste Gremium zwischen den Bundeskongressen ist.

Besonders gut habe ich Dich als Mitglied der Antragsberatungskommission zu den DGB-Kongressen in Erinnerung. Es war nicht immer leicht, zu gemeinsamen Formulierungen zu kommen. Für uns beide war die Kompromißbereitschaft stets vorhanden, um die Positionen der anderen Kommissionsmitglieder zu respektieren. Die damals schon üblichen und üblen Versuche aber, über bestimmte Formulierungen in den Anträgen den Kalten Krieg in die DGB-Bundeskongresse hineinzutragen, wurden von uns schnell durchschaut. Dabei denke ich vor allem an die Methoden der Ausgrenzung und der politischen Diskriminierung, die schon in den ersten Nachkriegsjahrzehnten, vor allem durch den Teilungskanzler und »Bundeskanzler der Alliierten«, Konrad Adenauer, praktiziert wurden. Wenn es ans Grundsätzliche ging, gab es deshalb keine faulen Kompromisse.

Mit solchen Stolpersteinen fertig zu werden, war nicht immer leicht. Du hast mit Deinen Formulierungskünsten und einem Schub unterschwelligem Humor dazu beigetragen, die schwierigen Klippen zu umschiffen. In diesen oft endlosen Diskussionen auf den Sitzungen, die sich meist über eine Woche erstreckten, war es für mich immer ein gutes Gefühl, Dich dabei zu haben.

Ein ganz dicker Brocken, der über Jahrzehnte von einigen politischen Saubermännern in den Vorstandsetagen der Gewerkschaften immer wieder aufgetischt wurde, war die angebliche Gefahr der kommunistischen Unterwanderung. Der erfolgreiche und sehr flexible Vorsitzende der IG Chemie Papier Keramik, Hermann Rappe, machte sich bekanntlich ganz besondere Sorgen um die demokratische Gesinnung der Kongreß-Delegierten. Die großen Demonstrationen für Frieden und Abrüstung, gegen den Rüstungswahn auch im eigenen Lande, bei denen auch Kommunisten auf der Rednertribüne standen, waren für ihn und andere selbsternannte Hüter der Demokratie unerträglich.

Als Rappe dann einen Abgrenzungsantrag für diese und ähnliche Veranstaltungen forderte, gab es allerdings eine dicke Bauchlandung. Ein Gegenantrag, der mit großer Mehrheit angenommen wurde, bescherte den »Gesinnungswächtern im DGB« genau das Gegenteil ihrer Wünsche. Ich habe das Protokoll dieses DGB-Bundeskongresses, die Argumente, die Du und meine anderen Freunde für die Grundsätze gewerkschaftlicher Solidarität und innerorganisatorischer Demokratie vortrugen, mit großem Vergnügen gelesen.

Als unser Freund Bernt Engelmann einmal gefragt wurde, wie er es verantworten könne, mit führenden Kommunisten auf der Rednertribüne zu stehen, sagte er kurz und unmißverständlich: »Ohne die Kommunisten würde ich nicht hier stehen; ihnen hatte ich im KZ mein Leben zu verdanken«. Ich habe in meinen diesbezüglichen »Gesprächen« immer erklärt, daß jeder Mensch das Recht hat, für Frieden und Freiheit zu demonstrieren; und für Kommunisten, die Jahre ihres Lebens im Kampf gegen die Nazi-Verbrecher in den KZ's erleiden mußten, gälte das ganz besonders!

Lieber Detlef, es gibt viele Beispiele aus den letzten Jahrzehnten, die zeigen, daß Du stets zur Stelle warst, wenn es um unsere gewerkschaftlichen Grundsätze ging. Auch in diesen Tagen, während ich Dir diese Zeilen schreibe, stehst Du mit an der Spitze, wenn in Berlin Zehntausende eine »andere Politik« fordern. Das gilt erfreulicherweise auch für andere Gewerkschaftsvorsitzende und für unser IG Metall-Vorstandsmitglied Horst Schmitthenner. Dieser Aufruf zum 20. Juni 1998 »Wir kämpfen für soziale Gerechtigkeit und Demokratie, gegen Rassismus und Ausgrenzung!« muß auf der Tagesordnung bleiben, und die Verantwortlichen in den Gewerkschaften müssen ganz vorn mit dabei sein.

Du hast am 11. April 1998 in Buchenwald in Deiner Gedenkrede für die Opfer des Hitlerfaschismus die deutsche Geschichte rückblickend bis in die letzten Jahre der Weimarer Republik zusammengefaßt. Deine klaren Worte, daß diese Vergangenheit für uns alle Verpflichtung bedeutet und gleichermaßen als politischer Auftrag verstanden werden muß, die Demokratie zu verteidigen, sind dort bestimmt auf fruchtbaren Boden gefallen. So können wir noch hoffen, daß die heutige Generation begreift, daß diese Erkenntnis auch ihr zukünftiges Schicksal bestimmen wird.

Ich habe in den letzten Jahren über ein halbes Jahrhundert, das ich selbst bewußt erlebt habe, in verschiedenen Quellen noch einmal nachgelesen. Unser Freund Walter Dirks hat 1983 sein Buch mit dem Titel »War ich ein linker Spinner?« herausgegeben. Wenn ich dieses Buch, dazu Ralph Giordanos Werk »Die zweite Schuld« und noch ein paar Dutzend Bücher daneben lege, lautet das Ergebnis: Die sogenannten »linken Spinner« haben leider recht gehabt. Das festzustellen bedeutet vielleicht nicht viel, und sicher kommen andere Leute zu ganz anderen Ergebnissen. Für uns aber bedeutet diese Erfahrung auch den Mut zum Weitermachen!

Aufstehen, wenn es an der Zeit ist! Lieber Detlef, diese Forderung erinnert mich an zwei schicksalsschwere Ereignisse Deines Geburtsjahres 1938; an den 29. September und den 9. November. In diesem Jahr wurde ein »Friedensabkommen« geschlossen, das zum Krieg führte – das Münchner Abkommen. Als damals am 29. September 1938 Chamberlain für Großbritannien, Daladier für Frankreich mit Hitler und Mussolini verhandelten, stimmten sie der Abtretung des Sudetenlandes an das Deutsche Reich zu, um den Frieden zu erhalten. Hitler brach das Münchner Abkommen bereits am 15. März 1939 mit dem Einmarsch deutscher Truppen in Böhmen. Am 1. September des gleichen Jahres überfiel Nazi-Deutschland das wehrlose Polen. Das wahre Ausmaß der Katastrophe von 1933 wurde sichtbar: Der 2. Weltkrieg begann. Hitler bedeutete Krieg! Das hatten mutige Frauen und Männer schon vor 1933 gesagt. Nicht nur die Deutschen, auch die verantwortlichen Politiker in anderen europäischen Ländern hatten diese Warnung vor einem Mann, der zu allem fähig war, nicht ernst genommen. Hitler hatte immer mit dem Krieg gedroht, um sein erklärtes Ziel, sich halb Europa zu unterjochen, zu verwirklichen.

Ebensowenig hatten die Völker der Welt erkannt, daß Hitlers antisemitische Hetztiraden die Vorbereitung waren, um seine menschenverachtenden Wahnideen verwirklichen zu können. Am 9. November 1938 brannten viele Synagogen und jüdische Läden in Deutschland. Zahlreiche jüdische Mitbürgerinnen und Mitbürger wurden mißhandelt, 35 Juden totgeschlagen. Die Pogromnacht war nur das Vorspiel. Als Göring Bericht erstattet wurde, sagte er: »Mir wäre es lieber gewesen, Ihr hättet 200 Juden erschlagen.« Wenige Jahre später waren es sechs Millionen ermordete jüdische Menschen. Im Jahre 1938 begann, was die Naziverbrecher auf der berüchtigten Wannsee-Konferenz als die »Endlösung«

bezeichneten. Die beiden Ereignisse Deines Geburtsjahres bestätigen die alte Erfahrung: »Wehret den Anfängen!«

»Aufrechter Gang in den Gewerkschaften«, das war für uns junge Gewerkschafter in den ersten Nachkriegsjahren ein geflügeltes Wort. Es war verbunden mit den Namen Otto Brenner, Loni Mahlein, Fritz Strothmann, Willi Bleicher, Adolf Kummernuß, Alois Wöhrle, Heinz Dürrbeck, Walter Fabian, Willy Schmidt und vieler anderer Kolleginnen und Kollegen. Dazu gehörten jedoch auch Männer wie Wolfgang Abendroth, Eugen Kogon, Martin Niemöller und andere Männer und Frauen, die sich schon in der Weimarer Republik gegen den wachsenden Terror, der von der deutschen Justiz dieser Jahre geduldet wurde, gestellt hatten. Sie hatten von Anfang an gegen die braune Sintflut angekämpft, um noch in den letzten Jahren vor 1933 die deutsche Katastrophe des Herren- und Rassenwahns der Nazi-Ideologie zu verhindern.

Es war jedoch bereits zu spät. Das Bündnis der Militärs, der »Schlotbarone« und »Krautjunker« mit den Hitlerfaschisten brachte das Ende. Die verrottete, rechtslastige Justiz hatte ihren gewichtigen Teil dazu beigetragen. Es wurde Nacht über Deutschland. Freiheit und Menschenwürde gingen im Sieg-Heil-Gebrüll der fanatisierten Massen unter. Die Deutschen hatten wieder einen Führer.

Die Frauen und Männer, die den Konzentrationslagern und Zuchthäusern der Nazi-Verbrecher entkommen konnten, gründeten in der Stunde Null unter den schwierigsten Bedingungen die neuen deutschen Gewerkschaften. Ihre politische und gewerkschaftliche Überzeugung lautete damals: »Nie wieder Krieg – nie wieder Faschismus!« Die persönlichen und politischen Erfahrungen dieser Kolleginnen und Kollegen lehrten uns, die Jüngeren, Demokratie und Solidarität. Das alles ist heute für die Mehrzahl der Menschen unserer Zeit graue, unendlich weite Vergangenheit.

Wir als Gewerkschafter wissen, daß sich Geschichte nicht zwangsläufig wiederholen muß. Wir wissen jedoch auch, daß uns die Vergangenheit wieder einholen kann, wenn wir ihre Lektionen nicht ernst nehmen. Vor allem dürfen wir nicht vergessen, daß diese Welt immer kleiner wird. Noch heute, vor der Jahrtausendwende, müssen Menschen – ein paar Flugstunden von uns entfernt – für ihre Freiheit und gewerkschaftlichen Rechte kämpfen. Für diesen Kampf um Menschenrechte werden sie in die Gefängnisse geworfen, gefoltert und letztlich auch ermordet.

Lieber Detlef, wir kennen die Statistiken, die uns daran erinnern, daß in den Ländern der Dritten Welt, der Diktaturen – welcher Art auch immer – in den letzten Jahren Tausende für ihren Mut, Gewerkschaften aufzubauen, mit dem Leben bezahlen mußten. Der aufrechte Gang, der in solchen Ländern diesen letzten, höchsten Preis fordert, ist für uns Geschichte. Unsere internationale Solidarität verpflichtet uns jedoch, immer wieder daran zu erinnern, daß dies unsere Kolleginnen und Kollegen sind, für die wir auch kämpfen müssen.

Wir haben vor allem dafür zu sorgen, daß sich die Geschichte nicht wiederholt. Damit komme ich zurück zum aufrechten Gang in den Gewerkschaften, und ich füge hinzu: in den Betrieben und Verwaltungen – vor Ort, wie wir sagen. Bleiben wir zunächst bei der Basis. Der aufrechte Gang am Arbeitsplatz verlangt heute mehr denn je Mut und gewerkschaftliche Überzeugungskraft. Betriebsratsarbeit und Gewerkschaftsarbeit zu leisten, verlangt nicht selten die Bereitschaft, persönliche Angriffe und Diskriminierungen auszuhalten. Die immer weiter wachsenden Arbeitslosenzahlen entlarven die sogenannte Betriebsfamilie als eine Verdummungsstrategie der Unternehmer, die jetzt ihr wahres Gesicht zeigen. »Meine Belegschaft will keinen Betriebsrat!« — »In meinen Betrieb kommt mir keine Gewerkschaft rein!« – »Diese Unruhestifter hetzen mir nur meine Mitarbeiter auf!« Solche und ähnliche Sprüche werden da und dort bereits wieder salonfähig.

Zur Politik fällt mir im Wahlkampf dieses Jahres wirklich »nix g'scheit's« mehr ein. Ein gewisser Jost Stollmann, der Favorit unseres Kanzlerkandidaten an der Spitze seines Schattenkabinetts, läßt uns Gewerkschafter wohl alle freundlich grüßen.

Natürlich ist das alles nicht so neu. Doch was Kapitalismus pur bedeutet, haben die meisten Leute immer noch nicht begriffen. Als »Helmut I. von den blühenden Landschaften« seine großen Töne spuckte und unsere ostdeutschen Brüder und Schwestern ihn eifrig wählten, ging fürwahr »ein Ruck durch das Land«. Leider in die falsche Richtung. Inzwischen ist von den Illusionen vor der Vereinigung nicht mehr viel geblieben.

Wir müssen uns darauf einstellen, daß die rüden Provokationen der letzten Jahre noch häufiger und härter werden. Der Herr-im-Hause-Standpunkt wurde durch die Politik der Kohl-Regierung immer wieder durch neue, gesetzliche Verschlechterungen der Arbeitnehmerrechte unterstützt. Die »Arbeitsplatzbesitzer« – das sind ja nicht die Arbeitnehmer, wie Schwatzköpfe behaupten – weisen gerne darauf hin, daß sie ihre Arbeitsplätze auch anderweitig »vermieten« können. Im Gefolge der Globalisierungsstrategien und des großen Aufbruchs zur Verschlankung der Produktionsstätten und Verwaltungen finden die Bosse immer neue Gründe, in »ihren Betrieben« Betriebsratswahlen zu verhindern und Gewerkschaftsarbeit zu bekämpfen. Mit der wachsenden Zahl der Arbeitslosen, im Gleichschritt mit der immer höheren Profitrate, verstehen sie, die Belegschaften zu erpressen. Unsere Kollegin Sybille Stamm hat auf dem DGB-Kongreß 1998 diese Situation trefflich dargestellt. Sie hat die Methoden und auch die Gemeinheiten, die sich heute wieder einige Unternehmer leisten können, aufgezeigt. Diese Beispiele, wie unter bestimmten Voraussetzungen ganze Belegschaften manipuliert werden können, sind ein Skandal und eine politische Provokation. Sie sind vor allem aber in einer Demokratie eine politische Herausforderung! Wir haben schon einmal erlebt, wo solche Entwicklungen bei einem Millionenheer von Arbeitslosen und Einschränkungen von Arbeitnehmerrechten eines Tages enden.

Um so mehr ist unter solchen Bedingungen der aufrechte Gang unserer Mitglieder und Funktionäre gefordert. Sie sind nicht bereit, jenen »Mitarbeitern«, die sich ducken und Bücklinge machen, um den Arbeitsplatz zu erhalten, das Feld zu überlassen. Deshalb gilt meine Achtung vor allem den aufrechten Gewerkschafterinnen und Gewerkschaftern in den Betrieben und Verwaltungen, denn an der Basis wird über die Kraft und das Gewicht der Organisation entschieden.

Loni Mahlein, Kurt Georgi, Willy Schmidt und ich haben 1983 ein Buch herausgegeben, um das Leben des Antifaschisten und Gewerkschafters Willi Bleicher zu würdigen. Loni beschreibt in seinem Beitrag die Probleme und Spannungen in einer Einheitsgewerkschaft entlang der Lebensgeschichte Willi Bleichers. Er stellt die Verpflichtung, diese Einheit auch in schwierigsten Zeiten zu erhalten, besonders heraus. Loni kannte die besondere Herausforderung gerade für einen »Linken« in gewerkschaftlichen Führungspositionen, die Einheit zu verteidigen und trotzdem der eigenen Überzeugung treu zu bleiben, aus persönlichen Erfahrungen. Vieles, was Loni hier geschrieben hat, gilt ebenso für ihn selbst – und ich füge hinzu: auch für den Kollegen Detlef Hensche.

Welche Erschütterungen die Kämpfe um die politischen Positionen der Einheitsgewerkschaft im Nachkriegsdeutschland im Laufe eines halben Jahrhunderts ausgelöst haben, zeigt sich bereits am Beginn der fünfziger Jahre. Daß in diese Auseinandersetzungen auch engagierte hervorragende Kollegen hineingezogen wurden und bittere, persönliche Erfahrungen machen mußten, dokumentiert das Schicksal von Dr. Viktor Agartz. Dieser dramatische Abschnitt deutscher Gewerkschaftsgeschichte ist kein Ruhmesblatt für die in dieser Zeit Verantwortlichen in den Einzelgewerkschaften und im Deutschen Gewerkschaftsbund.

Im Oktober 1954 hielt Viktor Agartz auf dem 3. Bundeskongreß des DGB in Frankfurt am Main ein außergewöhnliches Grundsatzreferat. Die Grundpositionen waren vorher mit DGB-Verantwortlichen abgesprochen worden. Das Referat hinterließ einen starken Eindruck. Die einhellig positive Reaktion der Teilnehmer, unter denen fast alles vertreten war, was damals im gewerkschaftlichen und nahestehenden politischen Bereich Rang und Namen hatte, wurde zum Politikum. Matthias Föcher, der 2. Vorsitzende des DGB und CDU-Kollege, brachte es im Dank an den Referenten auf den Punkt: »Eine kristallklare Analyse der gegenwärtigen Situation in der Bundesrepublik Deutschland«.

Der Jesuitenpater Nell-Breuning, der große Freund des Deutschen Gewerkschaftsbundes, war da jedoch ganz anderer Meinung. Er verlangte die Distanzierung des DGB-Bundesvorstandes von diesem Agartz-Referat. Er erklärte, dieses Referat zerstöre die Einheit der deutschen Gewerkschaftsbewegung! In den gesellschaftspolitischen Kommentaren der CDA – wir nannten sie die grünen Giftblätter – griff er Agartz in unerhört diffamierender Weise an und erinnerte an die damals noch eifrig, wenn auch erfolglos agierenden Christlichen Gewerkschaften. Nun gesellten sich zu diesen Jagdszenen auf Agartz auch SPD-Mitglieder in führenden Gewerkschaftsfunktionen. Der politische Richtungsstreit, der sich nach diesem Kongreß entwickelte, wurde zu einem bleibenden, sich ständig eskalierenden Politikum.

Mit welchen Haßtiraden damals gearbeitet wurde, zeigt ein Briefwechsel aus dem Jahre 1955 zwischen dem späteren Chefredakteur der Zeitung »Metall«, Jakob Moneta, und Siggi Neumann, der beim Parteivorstand der SPD arbeitete. Moneta hatte Anfang der fünfziger Jahre ein Buch mit dem Titel »Aufstieg und Niedergang des Stalinismus« geschrieben. In dieser Arbeit setzte er sich sehr kritisch mit der historischen Entwicklung auseinander. Hier lag er mit Neumann auf einer Linie, und zwischen beiden entwickelte sich eine intensive Korrespondenz. Als Neumann jedoch begann, Viktor Agartz als Politiker und Mensch in den Schmutz zu ziehen, wies Moneta dies mit scharfen Worten zurück.

Darauf erhielt Moneta postwendend folgende Belehrung: »Über den Sumpf Agartz/Pirker und Co. möchte ich mich schriftlich nicht äußern ... Kann Dir denn entgangen sein, mit welchen Methoden diese Clique arbeitet? ... Du wirst Dich gut daran erinnern, daß ich unmittelbar nach dem Kongreß ein vernichtendes Urteil über das Agartz-Referat in Frankfurt gegeben habe. Das ist das Ultralinkeste, unsinnigste Kauderwelsch, hat weder Hand noch Fuß.« In diesem Stil geht es über mehrere Seiten weiter.

Viktor Agartz wurde später durch haltlose Verdächtigungen und Intrigen in einen Landesverratsprozeß verwickelt. Dank der hervorrragenden Verteidigung durch Dr. Gustav Heinemann und Dr. Diether Posser wurde Agartz freigesprochen. Dankenswerterweise hat Diether Posser in seinem Buch »Anwalt im kalten Krieg« das Notwendige zur Ehrenrettung des zu Unrecht beschuldigten Viktor Agartz dokumentiert.

Der Fall löste im Bundesvorstand des DGB harte Kontroversen aus, die vor allem der DGB-Landesbezirksvorstand Bayern führte. Auch die Ortsverwaltung Würzburg der IG Metall sandte ein Protestschreiben an den Bundesvorstand, das meine Unterschrift trägt. Das brachte mir den Besuch Hans Brümmers ein, der 1954 – ebenso wie Otto Brenner – Erster Vorsitzender der IG Metall war. Ich habe dieses eine Beispiel aus meinen ersten Erfahrungen als junger Bevollmächtigter der IG Metall herausgegriffen, um deutlich zu machen, daß der aufrechte Gang in den Gewerkschaften schon von Anfang an notwendig war.

Das ganze Ausmaß der Folgen des DGB-Kongresses 1954 kann man nur erfassen, wenn man sich die damalige politische Situation vor Augen führt. Adenauer hatte 1953 seinen großen Wahlsieg errungen, und die Gewerkschaften mußten mit dem Betriebsverfassungsgesetz 1953 eine empfindliche Niederlage hinnehmen. Mit der innen- und außenpolitischen Entwicklung wurde der Kalte Krieg auch in die Gewerkschaften hineingetragen. Je stärker sich in den Folgejahren die Unterschiede und Gegensätze zwischen den Programmen der großen Parteien einerseits und dem Grundsatzprogramm des DGB andererseits entwickelten, um so härter wurden die internen Auseinandersetzungen. Besondere Höhepunkte waren die Spannungen innerhalb der Gewerkschaften im Kampf gegen die Notstandsgesetze, die bereits mit den ersten Gesetzesentwürfen des damaligen CDU-Ministers Schröder im Jahre 1958 begannen. Dann folgten 1959 mit dem Godesberger Programm der SPD weitere Kontroversen in den Führungsgremien der DGB-Gewerkschaften. 1961 mußte der Chefredakteur der Zeitung »Metall«, Kuno Brandel, sein Vorstandsmandat aufgeben, was eine schlimme Pressekampagne gegen die IG Metall auslöste.

Ich will es uns ersparen, lieber Detlef, auf diesen mehr als vier Jahrzehnte andauernden Richtungsstreit weiter einzugehen. Dieser Prozeß bleibt aktuell! Er ist nach wie vor die treibende Kraft und zugleich der Bremsklotz unserer Einheitsgewerkschaft. Spätestens 1971 wurdest Du als frischgebackener Leiter der Abteilung Gesellschaftspolitik beim DGB-Bundesvorstand voll in diese Auseinandersetzungen hineingestellt und warst, wie man so zu sagen pflegt: »Mittendrin«.

Lieber Detlef, nun bist Du bereits fast sechs Jahre der Vorsitzende der IG Medien. Was da sonst noch alles an Aufgaben national und international dazu kommt, kann ich mir gut vorstellen. Die Frage – um wieder auf den aufrechten Gang zurückzukommen –, wie man als Vorsitzender und damit gleichzeitig Bundesvorstandsmitglied mit den zahlreichen Meinungsverschiedenheiten umgeht, die zwangsläufig immer wieder anstehen, kann jeder Einzelne letztlich nur selbst entscheiden. Die Diskrepanz, die zwischen den gewerkschaftspolitischen Grundsätzen, der sogenannten Beschlußlage, einerseits und der parteipolitischen Bindung oder auch Loyalität andererseits besteht, ist nach meiner Einschätzung mit dem jetzt gültigen DGB-Programm geringer geworden.

Trotzdem wurde die gewerkschaftliche Arbeit nicht leichter. Das Gegenteil trifft zu. Die gewaltigen Veränderungen im gesamtgesellschaftlichen Raum haben in den letzten Jahren dazu geführt, daß eine zunehmende Anpassung der gewerkschaftlichen Aktivitäten an die vielfach unterschiedlichen neuen Realitäten am Arbeitsplatz, in den Betrieben und Verwaltungen festgestellt werden muß. Dies wiederum löst schwerwiegende Probleme und wachsende Meinungsverschiedenheiten aus, die zwangsläufig immer stärker an gewerkschaftspolitischen Grundsätzen rütteln. Natürlich sind diese Prozesse in den einzelnen DGB-Gewerkschaften sehr unterschiedlich zu beobachten. Es gibt jedoch gewichtige Fakten, die die gesamte Gewerkschaftsbewegung angehen.

Du selbst hast in der Abschiedsrede für Deine Kollegin Gisela Kessler die Dimension dieses Umbruchs, in dem wir uns befinden, mit dem Hinweis auf die Erschütterung bisher gültiger Orientierungsmarken aufgezeigt. Ja, Du und Deine Kolleginnen und Kollegen wißt das alles viel besser als ich, denn Ihr seid in all diesen Jahren »mittendrin«. Du hast es auf den Punkt gebracht, der mich sehr an meine eigene hauptamtliche Zeit erinnert: »Wer die Gewerkschaftsarbeit mit solcher Sensibilität begleitet, den berührt der mitunter schmerzhafte Prozeß der Veränderung in besonderer Weise... Auch Sorgen zu haben und darunter leiden zu können, macht den Menschen aus, wenn er mit Kopf und Herz gewerkschaftliche Arbeit macht...« Ich weiß sehr wohl, daß Du mit diesen Worten auch Dein eigenes Empfinden zum Ausdruck bringen konntest. Dazu kommen noch die harten Stunden des Selbstzweifels, wenn man immer wieder gegen den Strom schwimmen muß, weil man einfach nicht anders kann.

Gegen den Strom schwimmen kostet viel Kraft. Nicht selten wird man trotzdem abgetrieben – und findet sich dann im großen Haufen wieder. Der Mut, daß man dennoch immer wieder anfängt, die dicksten Bretter zu bohren, kommt aus der Überzeugung, daß man das, was man als notwendig und richtig erkannt hat, einfach tun muß und daß das Vertrauen der Menschen eine große Verantwortung und Verpflichtung bedeutet.

Wenn man sich ein ganzes Leben lang darum bemüht, das durchzuhalten, kann man mit dem guten Gefühl zurückblicken, einige Spuren hinterlassen zu haben. Die Kraft, das Richtige zu tun, auch wenn man immer wieder auf Widerstand stößt, wächst jedoch nicht zuletzt aus unserem Wissen und praktischer, jahrzehntelanger gewerkschaftlicher und politischer Erfahrung.

Du hast alle Voraussetzungen, um auch weiterhin den »aufrechten Gang in den Gewerkschaften« durchzuhalten. Wer das so wie Du über rund drei Jahrzehnte bewiesen hat, wird auch nach dem Sechzigsten wie bisher konsequent weitermachen. Du weißt, daß unsere guten Wünsche Dich begleiten.

Nochmals alles Gute, Glück, Gesundheit und viel Erfolg im jetzt beginnenden siebten Jahrzehnt Deines Lebens und auch den darauf folgenden Jahren.

Dein alter Freund und Mitstreiter
Schorsch Benz

Franz Kersjes

Kampfgefährten

Die Gestaltung und Durchsetzung tariflicher Mindest- und Schutzrechte für die abhängig Beschäftigten und freiberuflich Tätigen gehört zu den wichtigsten Aufgaben einer Gewerkschaft. Eine aktive Tarifpolitik ist nicht auf der Grundlage einer scheinbaren Partnerschaft zwischen Unternehmerverband und Gewerkschaft möglich, sondern nur durch Konfliktfähigkeit und Konfliktbereitschaft. Die tarifpolitischen Erfolge der relativ kleinen, aber starken ehemaligen IG Druck und Papier beruhten auf dem Prinzip gewerkschaftlicher Gegenmacht.

Die Ergebnisse von Tarifverhandlungen sind auch immer das Spiegelbild der aktuellen Machtverhältnisse. Die Einigkeit derjenigen, die ihre Arbeitskraft anbieten müssen, steht den Profitinteressen der Produktionsmittelbesitzer gegenüber. Dabei geht es nicht nur um die Festlegung tariflicher Normen, sondern auch um die Lebens- und Arbeitsbedingungen insgesamt. Auf dem Weg zu einer menschenwürdigen Gesellschaft stellt sich immer wieder die Machtfrage, am Ende des 20. Jahrhunderts noch heftiger und unerbittlicher als in der Vergangenheit. Demokratisierung heißt folglich auch Ausweitung der unmittelbaren Beteiligungsrechte der arbeitenden Menschen.

Mit dieser Grundeinstellung hat Detlef Hensche die IG Medien seit 1992 geführt. Bereits seit 1983 war er zuständig für die Tarifpolitik und entscheidend an den Verhandlungen für die Druckindustrie und für die Papier, Pappe und Kunststoffe verarbeitende Industrie beteiligt. Wiederholt war unsere Gewerkschaft zum Streik gezwungen, und zwar zu den unterschiedlichsten Forderungen: von der Einkommenssicherung bis zur 35-Stunden-Woche, von der Verteidigung des freien Wochenendes bis zu wichtigen Schutzbestimmungen in den Manteltarifverträgen.

Die Bedingungen für gewerkschaftliche Tarifpolitik haben sich in diesen Jahren dramatisch verändert. Geplante Staatseingriffe in Tarifverträge und besonders die zunehmende Verbands- und Tarifflucht auch namhafter Unternehmen offenbarten immer stärker, daß die Deregulierung der Arbeitsbedingungen zur praktischen Politik geworden ist. Tarifliche Schutzbestimmungen wurden von den Unternehmern und ihren Hilfstruppen in den Betrieben und in der Öffentlichkeit zunehmend aggressiver und beharrlicher angegriffen. Eine wachsende Anzahl von Belegschaften wurde mit dem drohenden Verlust von Arbeitsplätzen zum Verzicht auf ihre Rechte erpreßt. Hinzu kam der strukturelle Wandel in den Industriebereichen. Durch steigende Produktivität entstanden erhebliche Überkapazitäten, die den Personalabbau beschleunigten.

Es gibt drei wesentliche Ursachen, die zu einer Schwächung tariflicher Durchsetzungsmacht geführt haben.

Die Konkurrenzsituation hat sich für die abhängig Beschäftigten erheblich verschärft. Steigende Massenarbeitslosigkeit und die anhaltende Gefahr des Arbeitsplatzverlustes haben die Anpassungsbereitschaft von Betriebsräten und Belegschaften verstärkt. Der erzwungene Verzicht auf die Einhaltung tariflicher Normen verstärkt die Macht der Unternehmer. In vielen Betrieben fehlt die Bereitschaft zum Widerstand gegen die Tarifflucht der Unternehmer.

Die mangelhaften Beschäftigungsmöglichkeiten in den industriellen Bereichen sind insbesondere durch Überkapazitäten entstanden. Die Produktivität in der Druckindustrie und in der Papier, Pappe und Kunststoffe verarbeitenden Industrie ist deutlich schneller gestiegen als die Nachfrage bzw. Produktion. Der vielfach daraus entstandene Preisverfall verstärkt die Bemühungen der Unternehmer, die Arbeitskosten zu senken und sich aus den tarifvertraglichen Verpflichtungen zu lösen. Doch Tarifverzichte beseitigen keine Überkapazitäten.

Schließlich schwächen die erheblichen Mitgliederverluste infolge der Arbeitsplatzvernichtung die gewerkschaftliche Kampfkraft. Detlef Hensche hat sich zu keiner Zeit für eine Burgfriedenspolitik gewinnen lassen. Die Ankündigung einzelner Gewerkschaftsvorsitzender bereits vor anstehenden Verhandlungen, sie könnten sich tarifpolitische Zugeständnisse vorstellen, waren für ihn immer in höchstem Maße ärgerlich und überflüssig. Seiner Überzeugung ist er immer treu geblieben: »Wir müssen unsere Fähigkeit zum wirksamen Arbeitskampf erhalten.« Auch wenn sein Wunsch und die Wirklichkeit in den Betrieben nicht immer in Übereinstimmung standen.

Als Detlef Hensche im Oktober 1992 erstmals zum Vorsitzenden der IG Medien gewählt wurde, wollte er die Zuständigkeit für Tarifpolitik unbedingt beibehalten. Zuvor war es üblich, die Verantwortung einem der beiden stellvertretenden Vorsitzenden zuzuweisen. Zur Begründung seines Wunsches sagte er den Delegierten des Gewerkschaftstages in Augsburg: »Ich bin zur Einzelgewerkschaft gegangen, weil ich immer der Meinung war, daß die eigentliche Gewerkschaftsarbeit in einem hohen Maße im unmittelbaren Kontakt zu den Mitgliedern und in unmittelbarer Interessenwahrnehmung der Mitglieder stattfindet. Ich sage schlicht und einfach, dies finde ich wichtig, und das macht mir auch ungeheuren Spaß. Das macht mir Freude an der Arbeit, immer wieder. Ich würde dies gerne weitermachen, das ist mein persönliches Motiv.«

Die Einlassung auch auf einzelne Meinungen oder betriebsspezifische Erfahrungen haben die Meinungsbildung in unserer Gewerkschaft nicht immer einfach gemacht. Fernab dogmatischer Positionen hat Detlef Hensche den Konsens gesucht und meistens auch gefunden. Trotzdem ist er kein Opportunist. In den oft schwierigen Entscheidungsprozessen in den Tarifkommissionen entwickelten sich nicht selten Schwierigkeiten in der Wahrnehmung von Realitäten, Konflikte zwischen Anspruch und Wirklichkeit. Manch einer wünschte sich in solchen Situationen eine »etwas straffere Führung«. In der Tat, manchmal fehlte die notwendige Disziplin in der Umsetzung verbindlicher Beschlüsse. Hensches Vertrauen in die Kampfbereitschaft der Belegschaften war kaum zu erschüttern.

In schwierigen Situationen, wenn wir in kleinster Besetzung mit je zwei Vertretern der beiden Parteien mit oder ohne Schlichter nach Konfliktlösungen suchten, hat Detlef nie die vorher zwischen uns verabredete Verhandlungslinie verlassen. Oft mußten wir mehrere Tage und Nächte ohne eine Mütze Schlaf durchstehen und haben mit Ausdauer und Beharrlichkeit manche tragfähige Lösung erreichen können. Bei solchen langwierigen Verhandlungen handelt es sich nicht um einen Ritus, der nach bestimmten Regeln oder Abläufen entwickelt wird. Ein Grund liegt vielmehr in der Schwierigkeit, daß die Konkurrenten im Unternehmerlager ihrer Verhandlungsführung meist wenig Spielraum lassen.

Die Vertreter der Unternehmerverbände hatten stets große Probleme in den intellektuellen Auseinandersetzungen mit Detlef Hensche. Dieser zeigte sich in den Verhandlungen immer gut vorbereitet mit umfassenden und überprüfbaren ökonomischen und sozialen Daten und Fakten. Brillant in der betriebswirtschaftlichen und politischen Analyse, stets konzentriert in der Sache und präzise bei der Aufdeckung der gegnerischen Argumentationsschwächen. Sein Verhandlungsgeschick brachte die Kommissionen der Unternehmerverbände oft genug in Schwierigkeiten. So erinnere ich mich gut an die Bemühungen des Vermittlers Kurt Biedenkopf in der Auseinandersetzung um die 35-Stunden-Woche im Jahre 1984. Die intellektuellen Florettgefechte zwischen Hensche und Biedenkopf zur Bedeutung und Wirkung der betrieblichen Arbeitszeiten wurden der Verhandlungskommission der Unternehmer nach einiger Zeit unheimlich. Da half aus ihrer Sicht nur noch die Notbremse. Plötzlich erschien eine Abordnung der Zeitungsverleger im Hotel Interconti in Düsseldorf und erklärte die Beendigung der Vermittlerrolle Biedenkopfs. Ein Eklat ohne Beispiel.

Hensches Beharrlichkeit und Zielstrebigkeit in vielen Verhandlungen und seine Abneigung gegen Scheinlösungen für Konflikte, die im Interesse der betroffenen Beschäftigten ausgetragen werden mußten, brachten die Verhandlungsführer der Unternehmerverbände immer wieder in Schwierigkeiten. Die Schlichtungsverhandlungen in der Druckindustrie im Mai 1992 sind dafür ein Beispiel. In der ersten Schlichtungsrunde in Hannover, die von Demonstrationen und Protesten zahlreicher Mitglieder begleitet war, konnte keine Lösung für den Neuabschluß eines Lohn- und Gehaltstarifvertrages gefunden werden. Es kam zu erregten Diskussionen außerhalb der Verhandlungen zwischen dem Schlichter Dr. Reiter, damals Präsident des Bundessozialgerichtes, Mitgliedern der Verhandlungskommission des Unternehmerverbandes und unseren demonstrierenden Kolleginnen und Kollegen. Die Stimmung in den Betrieben und im Verhandlungshotel war explosiv. Zwei Tage später hatte sich der Schlichter zu einem Schlichtungsspruch mit den Stimmen der Mitglieder der Verhandlungskommission der IG Medien durchgerungen. Die Vertreter des Unternehmerverbandes stimmten dagegen und legten kurze Zeit später ihre Funktionen als Verhandlungsführer nieder.

Der Verhandlungsstil des Unternehmerverbandes der Druckindustrie änderte sich in der Folgezeit erheblich. Offensichtlich wollte man sich auf Diskussionen und Verhandlungen mit Detlef Hensche und seiner Kommission zukünftig nicht mehr einlassen. Der neue Verhandlungsführer des Unternehmerverbandes überbrachte in der Regel lediglich Meinungen, Positionen und Absichten seines Sozialpolitischen Ausschusses. Die Verhandlungspausen mit Beratungen im eigenen Lager waren meistens länger als die Zeit, die man am Verhandlungstisch verbrachte. Mit dieser Sprachlosigkeit und Einbetonierung unternehmerischer Positionen demonstrierten die Unternehmer unfreiwillig in jeder Tarifrunde ihre Verhandlungsunfähigkeit.

Besonders eindrucksvoll war das in der langen Auseinandersetzung um einen neuen Manteltarifvertrag im Jahre 1994 zu spüren. Die Unternehmer erklärten kurz und bündig, sie würden über die Forderungen der IG Medien nicht verhandeln und übermittelten dann einige Zeit später eigene Forderungen, die im Ergebnis zu erheblichen Verschlechterungen des tariflichen Schutzes für die Arbeitnehmerinnen und Arbeitnehmer geführt hätten. Sie verlangten eine Aussetzung der bereits vereinbarten 35-Stunden-Woche und forderten einen Arbeitszeitkorridor, der den Betrieben eine unterschiedliche Festlegung der Dauer der Wochenarbeitszeit ermöglicht hätte, sowie den Wegfall der Zuschläge bei Überstunden. Keine dieser Forderungen konnten die Druckunternehmer durchsetzen. Aber auch die IG Medien konnte ihre Ziele nicht erreichen. Der von uns zum 31. Dezember 1993 gekündigte Manteltarifvertrag mußte unverändert wieder in Kraft gesetzt werden. Die vereinbarten Verhandlungen über tarifliche Vorruhestandsregelungen und über die Neugestaltung des Manteltarifvertrages während einer Friedenspflicht bis zum 31. Dezember 1996 führten ebenfalls nicht zum Erfolg. Die Unternehmer setzten ihre Blockadepolitik fort.

Viele Mitglieder waren sehr unzufrieden mit den Vorbereitungen und dem Verlauf dieser Tarifauseinandersetzung. Auch das umfangreiche Forderungspaket wurde im Zusammenhang mit der fehlenden Durchsetzungsbereitschaft kritisiert. Den Verantwortlichen für die Tarifpolitik wurde fehlender Realitätssinn vorgeworfen. Die veränderten wirtschaftlichen und politischen Rahmenbedingungen, die zunehmende Aggressivität der Unternehmerverbände und die Anpassungsbereitschaft einiger Gewerkschaften hatten maßgeblichen Einfluß auf Meinungen und Verhalten zahlreicher Mitglieder.

Die Tarifflucht in den Betrieben durch Austritt aus dem Unternehmerverband und Mißachtung der Tarifnormen in der betrieblichen Anwendung verstärkten die Diskussionen über die Notwendigkeit von Flächentarifverträgen. Betriebsratsmitglieder und aktive Gewerkschafterinnen und Gewerkschafter stehen seitdem immer häufiger in betrieblichen Auseinandersetzungen zur Sicherung von Arbeitsplätzen. In der Hoffnung auf Verhinderung von Entlassungen wächst die Bereitschaft zum Verzicht auf wesentliche Tarifrechte. Die Unternehmer fordern insbesondere eine Verlängerung der regelmäßigen Wochenarbeitszeit und eine umfassende Deregulierung bei der Gestaltung von Arbeitszeiten. Die andauernden betrieblichen Auseinandersetzungen führen in vielen Fällen auch zur Auflösung bzw. Schwächung tariflicher Bindungen. Das Vertrauen in den Schutz der Tarifverträge sinkt.

Die IG Medien hat in den letzten Jahren immer wieder durch Veröffentlichungen und Veranstaltungen zur Aufklärung und Unterstützung der Beschäftigten Gegenwehr organisiert. Die anhaltende Massenarbeitslosigkeit erfordert eine weitere Verkürzung der Regelarbeitszeiten und den Abbau von Überstunden. Detlef Hensche gehört zu den führenden Gewerkschaftern, die sich unermüdlich für die Sicherung tariflicher Rechte und eine solidarische Politik einsetzen. Sein Bekenntnis: »Unser Leitbild einer solidarischen Gesellschaft ist nicht deshalb falsch geworden, weil die Marktwirtschaft ihren Siegeszug rund um die Welt angetreten hat und weil neoliberale Politik mit aller Brutalität daran ist, die letzten Grundprinzipien des Sozialstaates in Frage zu stellen. Es ist ja unbestritten, daß Wettbewerb zu Produktivitätsfortschritt anstachelt. Doch ebenso unbestreitbar ist, daß der privatwirtschaftliche Renditezwang immer wieder Arbeitslosigkeit, Armut, Ausgrenzung und soziale Diskriminierung erzeugt bei gleichzeitiger Konzentration wirtschaftlicher Macht und privaten Reichtums in den Händen weniger – von globalen Problemen wie Zerstörung unserer Umwelt und Ungleichverteilung in der Welt ganz zu schweigen. Auch wenn der real existierende Sozialismus gescheitert ist – an Gründen, die an ihm selbst liegen –, so ist das siegreiche Gegenmodell, der real existierende Kapitalismus, dennoch nicht das Ende der Geschichte und schon gar nicht ein Zukunftsmodell.«

Detlef Hensche ist kein Kathedersozialist. Er geht mutig auch sehr unbequeme Wege und steht unbestechlich, überzeugend und glaubwürdig an der Seite der Menschen, die auf Solidarität angewiesen sind. Sein vorbildliches Engagement ist mit dem gewerkschaftlichen Kampf für Demokratie, Emanzipation und soziale Gerechtigkeit überzeugend verbunden.

Erika Martens

Der Blick der Medien auf Detlef Hensche

Ein Liebling der Medien ist Detlef Hensche gewiß nicht. Im Gegenteil: Die meisten Kommentatoren von Presse, Rundfunk und Fernsehen sehen in ihm den Buhmann unter den deutschen Gewerkschaftern, den rigorosen Klassenkämpfer und ewigen Linken, den Marxisten und Systemveränderer. Mit entsprechendem Argwohn sind seine Äußerungen von der Öffentlichkeit denn auch stets beäugt worden. Hensches Position hat das freilich nie beeinflußt, die vertritt er stets offensiv und eloquent. Der Sohn einer Wuppertaler Kaufmannsfamilie und promovierte Jurist hat gelernt, mit derlei Anfeindungen und Etiketten zu leben. Dabei läßt es ihn keineswegs kalt, abgestempelt zu werden und oft allein auf verlorenem Posten zu kämpfen. Denn so abgebrüht, wie es nach außen erscheint, ist Detlef Hensche keineswegs.

Wie ein Motto für die künftige Berichterstattung wirkt im Nachhinein schon die erste größere Veröffentlichung: »Der radikale Doktor«. So hieß die Schlagzeile über dem Porträt, das dem neuen Mann an der Seite von Loni Mahlein galt. Werner Mühlbradt hatte es im Mai 1976 in der Hamburger Wochenzeitung *Die Zeit* geschrieben, sieben Monate, nachdem Hensche in den Geschäftsführenden Vorstand der IG Druck und Papier gerückt war. Schon damals prophezeihte Mühlbradt, daß der Mann aus Stuttgart sicher keine »Randfigur« bleiben würde. Zwar ist er nicht Bundeskanzler geworden, ein »Geheimtip«, den er einem Journalisten, nach seinem Karriereziel befragt, einmal spöttisch anvertraute, aber immerhin Gewerkschaftsvorsitzender.

Ein Außenseiter allerdings, auch unter den Kolleginnen und Kollegen im Deutschen Gewerkschaftsbund und den Genossinnen und Genossen in der SPD, die seinen Maximen oft mißtrauisch und ablehnend gegenüberstanden. Einer, wie Mühlbradt schrieb, der »Mitbestimmung für eine Vorstufe der Sozialisierung hält«, »Investitionslenkung mit verbindlichen Auflagen und Festlegungen« fordert und eine volkswirtschaftliche Planung mit Sozialisierung der Schlüsselindustrien« vertritt. Einer, der agitiert, »im Stakkatostil Massen zu bewegen weiß«, aber »im persönlichen Gespräch sympathische Gelassenheit und rationales Verständnis verrät«. Mühlbradts Resümee: »In Hirn und Herz bewegen ihn eine sozialistische Wirtschafts- und Gesellschaftsordnung und eine gesellschaftlich-demokratische Planung«.

Derart einfühlsam gingen längst nicht alle Journalisten mit dem Gewerkschafter um. Hensche selber bot allerdings auch immer wieder Anlaß für bissige Kommentare. In einem *Konkret*-Interview gab er zum Beispiel zu Protokoll: »Ich habe nie ein Hehl daraus gemacht, daß mir zur Reform unserer Wirtschafts- und Gesellschaftsordnung Ziele vorschweben, die man sehr wohl als sozialistisch bezeichnen kann.« In der Gewerkschaftspostille *druck und papier*, dem *Vorwärts* oder dem *Berliner Extradienst* wetterte er gegen Berufsverbote, Nachrüstung und »das häßliche Gesicht des Kapitalismus«, forderte die »demokratische Planung und Kontrolle der Investitionen« und geißelte »die gegenwärtige eigentumsbestimmte Herrschaftsordnung der Presse« als »verfassungswidrig«.

Aber auch seine gewerkschaftlichen Aktionen brachten Arbeitgeber und Medien in Rage. Schon bald nach seinem Amtsantritt, beim Druckerstreik im Frühjahr 1976, galt der Intellektuelle im Gewerkschaftsvorstand als »ideologischer Kopf« und »Drahtzieher« des legendären Konflikts, dessen Erfolg generell bezweifelt wurde. In den Portemonnaies der Gutenbergjünger waren am Ende nur wenige Zehntelprozente mehr als nach dem zweiten Schlichterspruch. Und die Gewerkschaftskasse wurde um rund 33 Millionen Mark erleichtert, was die permanente Finanzmisere der Organisation auslöste.

Erhebliche Kritik zog der Neuling im Tarifgeschäft auch auf sich, als er rechtfertigte, daß Drucker und Setzer unliebsame Zeitungskommentare zum Arbeitskampf verschwinden ließen. Das trug ihm böse Kommentare in praktisch allen deutschen Publikationen ein: Er galt als »Schlüsselfigur einer gewerkschaftlichen Machtergreifung«, als »Scharfmacher«, als der »intellektuelle und ideologische Einpeitscher« der streikenden Drucker und Setzer. Heute, sagt Hensche selber, würde er anders reagieren: »Ich hätte viel Verständnis für den Ärger der Kollegen. Aber redaktionelle Unabhängigkeit muß nach oben und nach unten gelten.«

Besonders der *Bayernkurier* schoß sich auf den Gewerkschafter ein, der keine Rücksicht auf *political correctness* nahm. »Zwar ist die IG Druck und Papier seit dem jüngst veranstalteten ausgiebigen Druckerstreik am Rande der Zahlungsunfähigkeit – aber das ficht die mehr auf die Veränderung des Systems als auf die Interessen ihrer Mitglieder ausgerichteten Druck-Gewerkschaftsbosse wenig an«, hieß es in einem Beitrag im November 1977. Im gleichen Artikel stand über eine Reise Hensches in die DDR: »Das Gewerkschaftsvorstandsmitglied Hensche träumt wohl von einer Wiedervereinigung unter kommunistischen Vorzeichen.« Fazit: »Wenn man einen Mann nach seinen Worten beurteilen darf, dann ist Detlef Hensche zumindest ein Sympathisant der Kommunisten.«

Hensches Kontakte zur DDR waren immer wieder Anlaß, seine Nähe zum Kommunismus zu tadeln. Manchmal wehrte sich der Gescholtene. So mußte *der Bayerische Rundfunk* in einer schriftlichen Unterlassungserklärung zusagen, er werde nicht mehr behaupten, Hensche habe der DDR zu deren 30. Geburtstag eine Grußadresse übermittelt und bei dieser Gelegenheit der DDR »auch noch ein besseres Sozialklima als in der Bundesrepublik Deutschland bescheinigt und den Arbeitern drüben erklärt, ihre Kollegen im Westen strebten ähnliche Verhältnisse an«.

Die meisten Artikel aber beschäftigten sich mit der Rolle Hensches in den häufigen Tarifkonflikten der IG Druck. Ende 1977 ging es darum, die Folgen der neuen Techniken in Verlagen und Druckereien für die Beschäftigten zu mildern. Ludolf Hermann nannte ihn in *Deutsche Zeitung – Christ und Welt* die »ideologische Triebfeder der Papiertiger-Gewerkschaft«. Hermann schrieb damals: »Der IG Druck scheint es nicht so sehr um die Linderung aktueller Nöte zu gehen, als vielmehr um die Verewigung eines bedrohten Berufsstandes. Sie möchte, daß auch in Zukunft Setzer ausgebildet und beschäftigt werden, selbst wenn die Maschinen, an denen sie zu arbeiten hätten, längst verschrottet sein sollten. Die Arbeitgeber fühlten sich dadurch an den berüchtigten ›Heizer auf der Elektro-Lok‹ erinnert. Aus der Sicht eines Gewerkschaftfunktionärs mag eine solche Forderung berechtigt erscheinen, im Sinne der Arbeitnehmer liegt sie nicht.« Der Autor fährt fort: »Mag sein, daß einer Gewerkschaft, die allein im Jahr 1975 über 7000 Mitglieder verlor, der Sinn nicht nach pragmatischen Lösungen steht. Dabei sollte allerdings nicht übersehen werden, daß sich in der letzten Zeit die Doktrin dieser Organisation ohnehin ins Ideologische verschoben hat. Der Zeitpunkt, von dem ab dieser Kurs offenkundig wurde, läßt sich ziemlich genau festlegen: Es ist jener Oktober des Jahres 1975, in dem Detlef Ulrich Hensche in den Geschäftsführenden Vorstand der Gewerkschaft eintrat.«

Wenige Monate später titelte die *FAZ*: »Dr. Hensche probt den Aufstand« und beschrieb den »Verführer der Druckergewerkschaft« als intellektuellen Ideologen und Marxisten, dessen erstes Ziel »die völlige Beseitigung der Marktwirtschaft« ist. Besorgt fragt Ernst Günter Vetter in seiner Analyse: »Ist nun der Geist von Hensche typisch für die deutschen Gewerkschaften?« Doch er beruhigt seine Leser gleich damit, daß es viele gibt, die ihm sicher nicht zustimmen. »Allerdings scheint die Druckgewerkschaft von den Gedanken des Dr. Hensche beherrscht zu sein. Daher muß man speziell bei dieser Organisation auch daran zweifeln, ob sie Streiks, vor allem in dieser Härte, tatsächlich nur für die sozialen Ziele der Arbeiter einsetzt oder ob da nicht bereits ein Stück jenes Machtkampfes sichtbar wird, mit dem Hensche unsere freiheitliche Gesellschaft an allen Ecken verändern will.«

Kurz nachdem Hensche 1983 zum stellvertretenden Vorsitzenden aufgerückt war, begann im April 1984 einer der härtesten und längsten Arbeitskämpfe in der Druckindustrie. Nach fast 13 Wochen Streik erreichte die IG Druck mit der Verkürzung der Wochenarbeitszeit auf 38,5 Stunden den Einstieg in die 35-Stunden-Woche. Auf rund eine Milliarde Mark wurde der wirtschaftliche Schaden beziffert. Hensche wurde damals, wie schon bei anderen Ausständen, vorgeworfen, einen politischen Streik inszeniert zu haben, der in der Bundesrepublik verboten ist. Er wies diese Vorwürfe zwar von sich, ließ sich aber mit dem Satz zitieren: »einen unpolitischen Streik gibt es nicht. Selbst der Streik um Lohnprozente ist politisch, ist immer ein Stück Klassenauseinandersetzung.« Da war er wieder, der »letzte Klassenkämpfer« (*Wirtschaftswoche*).

Fünf Jahre danach attestierte die *FAZ* dem »harten Mann in der IG Druck« eine konstruktivere Rolle: Hensche »vereint Zielstrebigkeit, Ausdauer, Fleiß und Sachkenntnis mit Agitation und festem Klassenstandpunkt«. Er sei der »Architekt« der IG Medien, dem Zusammenschluß von IG Druck und Gewerkschaft Kunst. Dem Verbund schließen sich Ende 1990 auch die entsprechenden Organisationen aus der DDR an. Freundlicher als in früheren Jahren klingt auch ein Porträt dieser Zeitung von 1992; Hensche war gerade zum neuen Vorsitzenden der IG Medien gewählt worden. »Polarisierende Worte, die zu einem Klassenkämpfer passen, haben ihm zum Ruf eines fortschrittlichen Gewerkschafters verholfen. Die alte Radikalität hat er zumindest in seinen Äußerungen aufgegeben. Sie paßt nicht mehr, sie würde dem neuen Vorsitzenden den Spielraum für notwendige Kompromisse einengen«, hieß es da.

Doch war es wirklich die neue Bürde, die jene Veränderungen bewirkte, die auch andere registrierten, oder war es der Zusammenbruch des kommunistischen Systems, wie einige glauben? Nachdenklich hat ihn der Fall der Mauer gewiß gemacht, sein Urteil über den real existierenden Sozialismus ist differenzierter geworden. Er habe gehofft, sagt Detlef Hensche, daß das System entwicklungsfähig sei. Doch »da hab ich mich getäuscht«. In der *Stuttgarter Zeitung* war dazu zu lesen: »Die Erkenntnis, daß ein Sozialismus von oben an seinen Widersprüchen scheitern mußte, hat Hensches Position verändert.« Weniger Lernfähigkeit attestierte ihm die *Süddeutsche Zeitung*. Zum Amtsantritt des neuen Vorsitzenden der IG Medien schrieb sie über den »alten Chefeinpeitscher« und »gelernten Kadermann«, der sich »in die Sackgasse überholter gesellschaftspolitischer Veränderungsmodelle« verrennt. Den Zusammenschluß von Druckern und Künstlern hält Kommentator Dieter Schröder ebenso für falsch wie Hensches Verlangen nach einer weiteren Verkürzung der Arbeitszeit auf 30 Stunden. »Auf die Forderung nach einem vollen Lohnausgleich will er nicht verzichten, ›solange die Produktivität weiter wächst wie bisher‹. Er übersieht dabei nur, daß die Produktivität nur deshalb weiter wachsen konnte, weil die Unternehmen auf die bisherige Politik der IG Medien mit Rationalisierung geantwortet haben. ... Hätte Hensche mit seiner Politik Erfolg, wäre die Druckindustrie bald reif für die Vergesellschaftung, die ihm wohl am liebsten wäre«, resümiert Schröder.

Beim neuerlichen Tarifstreit mit den Arbeitgebern im Frühjahr 1994, bei dem es um Humanisierung und Demokratisierung der Arbeitswelt ging, vergaloppierte sich die IG Medien total. Der 44 Seiten lange Forderungskatalog für den Manteltarifvertrag war ebenso umfangreich wie unrealistisch. Mit Kopfschütteln und Entsetzen wurde er in der Öffentlichkeit, aber auch bei den Kollegen Gewerkschaftern und den Arbeitgebern registriert. Nicht nur Hensche hatte damals schlaflose Nächte. Unter der Überschrift »Schreckbürger« charakterisierte die *FAZ* den Spitzengewerkschafter so: »Der Bürgerschreck ist selbst ein Bürger. Alle halten Detlef Hensche, den Vorsitzenden der IG Medien, für einen Kapitalistenfresser. Doch wer ihn trifft, könnte ihn für einen Vertreter der Arbeitgeber halten: immer korrekt gekleidet, mit ausgeprägt guten Manieren und gewinnendem Charme. Der oberste Gewerkschaftsfunktionär wird selten laut. Er donnert nicht mit Worten, sondern verführt mit Argumenten. Ein Intellektueller aus gutem Hause.«

Seit geraumer Zeit macht sich Hensche als Vordenker einer Erneuerung der Gewerkschaften einen Namen. Mitgliederschwund und finanzielle Sorgen, wachsende Arbeitslosigkeit und der Verfall des Flächentarifvertrags veranlaßten ihn umzudenken. »Wir sind von der Entwicklung gebeutelt«, gestand er ein. Selbstkritisch prangerte er 1993 die Lähmung der Gewerkschaften in Sachen Arbeitslosigkeit an und brach als erster Spitzenfunktionär das Tabu des vollen Lohnausgleichs für Arbeitszeitverkürzungen. Die Berichte darüber waren voll des ungläubigen Staunens, aber auch der Skepsis. »Aus ihm wird man einfach nicht schlau. Mal macht er glauben, auch bei ihm bewege sich mit zunehmendem Alter die Achse des politischen Denkens von Links in die Mitte. Doch dann gibt es wieder Äußerungen, die diesen Schimmer verblassen lassen«, beschrieb der *Kölner Stadtanzeiger* den »Zickzackkurs« des IG Medien-Chefs. Seine nachdenkliche Bestandsaufnahme beim DGB-Bundeskongreß 1994 fand dann aber schon viel Beifall bei Delegierten und Medien.

Ähnlich war die Resonanz beim Zukunftskongreß des DGB in Dresden. Und mittlerweile horchen Journalisten gespannt auf, wenn sich der IG Medien-Chef bei einer Veranstaltung zu Wort meldet. Sie erwarten eine brillante Analyse – und werden nicht enttäuscht.

Stoff zum Kommentieren bietet Hensche also nach wie vor, aber von dem Systemveränderer, der unsere Gesellschaftsordnung zu Fall bringen will, ist nur noch in der Rückschau die Rede. »Nein, daß Detlef Hensche noch ein fest in der Erde gemauerter Ideologe wäre« schrieb Herbert Riehl-Heyse in einem Porträt für die *Süddeutsche Zeitung*, »ist nicht so recht ersichtlich, wenn man ihm ein paar Stunden zugehört hat.« Statt dessen nötigen seine differenzierten, klar formulierten Skizzen der gegenwärtigen Probleme Freund und Feind Respekt ab. Kein Zweifel, Detlef Hensche hat sich verändert – und mit ihm sein Bild in den Medien.

Detlef Hensche
Vorsitzender der Industriegewerkschaft Medien – Druck und Papier, Publizistik und Kunst

Geboren wurde Detlef Hensche am 13. September 1938 in Wuppertal. Nach dem Besuch der Volks- und Oberschule folgte das Studium der Rechtswissenschaften sowie der juristische Vorbereitungsdienst. Die juristische Ausbildung schloß er mit dem zweiten juristischen Staatsexamen und der Promotion ab.

Von Herbst 1966 bis Ende 1968 war Detlef Hensche wissenschaftlicher Assistent am Institut für Handels- und Wirtschaftsrecht der Universität Bonn. Einer sich daran anschließenden Übergangstätigkeit beim Bundesministerium für Wissenschaft und Forschung folgte ab Sommer 1969 die Einstellung als wissenschaftlicher Referent im Wirtschafts- und Sozialwissenschaftlichen Institut des Deutschen Gewerkschaftsbundes (WSI) in Düsseldorf.

Ab März 1971 wurde Detlef Hensche Leiter der Abteilung Gesellschaftspolitik beim DGB-Bundesvorstand. In dieser Zeit fand in den Gewerkschaften und im DGB – angeregt durch zahlreiche Beiträge des damaligen DGB-Vorsitzenden Heinz Oskar Vetter – eine intensive gesellschaftspolitische Reformdebatte statt, die die Schutz- und Gestaltungsfunktion der Gewerkschaften sowie ihre Rolle als politische Bewegung betonte.

Für die »Mitbestimmungskampagne« des DGB erarbeitete die Abteilung Gesellschaftspolitik des DGB-Bundesvorstandes das Referentenmaterial »Mitbestimmung jetzt – und keine halben Sachen« (1973/74), in der Mitbestimmung als Machtfrage und gesellschaftspolitische Aufgabe bestimmt wurde.

In diesem Zeitraum wurde ein Beschluß des 8. Ordentlichen Gewerkschaftstages der Industriegewerkschaft Druck und Papier von 1968 realisiert. Der Initiativantrag 11 hatte den Hauptvorstand beauftragt, eine

Arbeitsgruppe zu berufen, die sich mit dem Thema »Rolle und Aufgaben der Gewerkschaften im letzten Viertel des zwanzigsten Jahrhunderts« beschäftigen sollte. Das Ergebnis war die »rote Broschüre« mit dem gleichen Titel. Als Berater wirkte damals auch Detlef Hensche mit.

Einer der ersten Berührungspunkte, die Detlef Hensche mit der Industriegewerkschaft Druck und Papier hatte, war der Kampf um die Sicherung der Presse- und Meinungsfreiheit. In Entwürfe zu einem Presserechtsrahmengesetz brachte er seinen Sachverstand ein. Es blieb ein wichtiges Thema für ihn. Die Forderung nach einer qualitativen Ausbildung für Journalistinnen und Journalisten gehört ebenso dazu wie der engagierte Protest gegen den »Großen Lauschangriff« im Jahre 1997/98.

Am 18. Juni 1975 wählte der Erweiterte Vorstand der Industriegewerkschaft Druck und Papier Detlef Hensche zum Redakteur des damaligen Zentralorgans »druck und papier« und damit zum Mitglied des Geschäftsführenden Hauptvorstandes der Gewerkschaft. Durch die Gewerkschaftstage 1977 und 1980, jeweils in Augsburg, wurde er in dieser Funktion bestätigt.

1975 erschien das erste »Memorandum« der »Arbeitsgruppe Alternative Wirtschaftspolitik«, zu dessen Unterzeichnern Detlef Hensche neben Wirtschaftswissenschaftlern und weiteren Gewerkschaftsfunktionären von Beginn an bis heute gehört. Das seitdem jährlich publizierte Memorandum gilt als Gegengutachten zum Sachverständigenrat und begründet eine arbeitnehmerorientierte Wirtschafts- und Gesellschaftspolitik.

1976 gehörte Detlef Hensche erstmals zur Streikleitung der IG Druck und Papier, die im April und Mai den 13tägigen Arbeitskampf um Lohn- und Gehaltserhöhungen in der Druckindustrie koordinierte. Der im Ergebnis erfolgreiche Streik richtete sich faktisch gegen die Lohnleitlinien der Bundesregierung und war von einer bundesweiten Aussperrung begleitet.

1978 war erneut ein Arbeitskampf um ein Rationalisierungsschutzabkommen zur neuen Satztechnik erforderlich. Detlef Hensche gehörte

Solidarität 1981: Loni Mahlein (4. v.l.), Gisela Kessler (5.), Detlef Hensche (6.), Erwin Ferlemann (7.)

wieder zur Streikleitung. Im sogenannten RTS-Tarifvertrag gelang es, neben dem Facharbeiterschutz und den Facharbeiterqualifikationen auch erste Regelungen zum Gesundheitsschutz an Bildschirmgeräten sowie die Abgrenzung redaktioneller und technischer Tätigkeiten zu verankern.

Die Delegierten des Gewerkschaftstages 1983 in Nürnberg wählten Detlef Hensche zu einem der beiden stellvertretenden Vorsitzenden der Industriegewerkschaft Druck und Papier. In dieser Funktion wurde er beim Gewerkschaftstag 1986 in Essen wiedergewählt.

1984 war geprägt durch die heftigen und langwierigen Arbeitskämpfe um die 35-Stunden Woche. Im zwölf Wochen langen Streik in der Druckindustrie und im Verlagsgewerbe war Detlef Hensche Mitglied der zentralen Streikleitung. Parallel kämpfte die IG Metall in Baden-Württemberg in einem mehrwöchigen Streik, den die Arbeitgeber mit Aussperrung beantworteten, um das gleiche Ziel.

Am 3. Dezember 1985 unterzeichnen in Düsseldorf der Vorsitzende der Gewerkschaft Kunst, Alfred Horné, und der Vorsitzende der Industrie-

Tarifrunde 1987

gewerkschaft Druck und Papier, Erwin Ferlemann, die Gründungsurkunde für die Industriegewerkschaft Medien – Druck und Papier, Publizistik und Kunst. Im Rahmen der Feierstunde fragte Martin Walser: »Das Medienzeitalter hat begonnen... Ob das zu mehr Demokratie führt?« Für Detlef Hensche war die Sicherung von Meinungsfreiheit als Voraussetzung zur Sicherung der Demokratie eines der wichtigsten Anliegen, diese Gewerkschaftsreform voranzubringen.

Das Projekt verlief erfolgreich: Vom 9. bis 15. April 1989 fand in Hamburg der 1. Gewerkschaftstag der Industriegewerkschaft Medien statt. »Die Macht der Wenigen kann nur durch die Solidarität der Vielen überwunden werden... Demokratie und Menschlichkeit zu verwirklichen, das ist uns aufgetragen«, gab Walter Jens der neuen gewerkschaftlichen Organisation mit auf den Weg. Der 1. Gewerkschaftstag der Industriegewerkschaft Medien am 12. April 1989 in Hamburg wählte Detlef Hensche zu einem der zwei stellvertretenden Vorsitzenden dieser aus dem Zusammenschluß von Industriegewerkschaft Druck und Papier und Gewerkschaft Kunst hervorgegangenen neuen Gewerkschaft.

Die Herstellung der deutschen Einheit ab 1989 stellte auch die neue Industriegewerkschaft Medien vor schwierige Aufgaben. Zwar hatte es schon seit Jahrzehnten intensive Kontakte zu den Gewerkschaften der DDR gegeben, aber der Aufbau einer demokratieorientierten Organisationsstruktur erforderte viel Kraft. Im »Kontrapunkt« 25-26 schreibt Detlef Hensche: »Die Nation und ihre Einheit sind kein Selbstzweck. Ob der menschliche Fortschritt eine Chance hat, hängt nicht von nationaler Einheit ab, sondern davon, welchen Zielen und welchen Entwicklungsmöglichkeiten nationale Staaten dienen.« Und als Ziele nennt er unter anderem: »Unsere Themen lauten zum Beispiel hüben wie drüben: Für Demokratie in Betrieb und Unternehmen einzutreten; freie Berichterstattung in Presse und Funk zu verwirklichen; eine gesunde Umwelt wiederherzustellen; das Recht auf Arbeit und Bildung zu verwirklichen; eine demokratische Gesellschaft zu gestalten, die alle in gleicher Weise am gesellschaftlichen Reichtum teilhaben läßt...«

Das Jahr 1989 setzte ein weiteres historisches Markenzeichen. In einer harten Tarifrunde mit Streikaktionen wird die Fünf-Tage-Woche, der freie Samstag und damit das freie Wochenende verteidigt. Zugleich wird eine Gesundheitsschutzregelung durchgesetzt, die ein Beschwerderecht für die Beschäftigten sichert.

Der Tarifkonflikt 1990 wurde in der Druckindustrie und im Verlagsgewerbe von Fragen der beruflichen Qualifikation und Weiterbildung geprägt. Erstmals konnte für Druckindustrie und Verlage ein Tarifvertrag zur Fortbildung und Umschulung durchgesetzt werden. Beim Tarifkonflikt für Redakteurinnen und Redakteure im gleichen Jahr ging es um die Tarifierung der Volontärsausbildung. Der Volontärstarifvertrag konnte erst nach einem langen Streik der Redakteurinnen und Redakteure – begleitet von Solidaritätsstreiks der Technik – erkämpft werden.

In der Tarifrunde 1991 konnten unter Federführung von Detlef Hensche einheitliche Tarifverträge im vereinigten Deutschland für die Druckindustrie, die Zeitungs- und Zeitschriftenverlage sowie die Papier- und Kunststoffverarbeitung erreicht werden. Dies war nur mit Warnstreiks in Ostdeutschland durchsetzbar. Für die Papier- und Kunststoffverarbeitung mußte im Januar 1991 ebenfalls mit Urabstimmung und Streiks für das freie Wochenende gekämpft werden.

Zum Vorsitzenden der Gewerkschaft wurde Detlef Hensche beim 2. Gewerkschaftstag der Industriegewerkschaft Medien am 14. Oktober 1992 in Augsburg gewählt und beim 3. Gewerkschaftstag 1995 in Bielefeld in dieser Funktion bestätigt. Seine Zuständigkeit umfaßt Grundsatzfragen der Gewerkschaftspolitik, der Medien- und Kulturpolitik, der Gesellschaftspolitik; außerdem die Organisations- und Tarifpolitik, Publizistik und Öffentlichkeitsarbeit und die Internationalen Beziehungen der Organisation. Seit 1992 gehört Detlef Hensche dem Bundesvorstand des DGB an.

Der IGF-Kongreß im Oktober 1991 in London wählte Detlef Hensche zum Vizepräsidenten der Internationalen Graphischen Föderation. Seit dem Kongreß im Oktober 1994 ist er Vizepräsident der Europäischen Graphischen Föderation (EGF) und Mitglied im IGF-Exekutivkomitee.

1994 entwickelte sich ein schwerwiegender Tarifkonflikt in Druckindustrie und Verlagsgewerbe um den Manteltarifvertrag. Die IG Medien hatte Entlastung für Schichtarbeiter, einen tarifvertraglichen Vorruhestand, mehr Gestaltungsspielräume in der Arbeit, einen verbesserten Gesundheitsschutz und betriebliche Frauengleichstellung gefordert. Erstmals mußte die IG Medien unter Verhandlungsführung von Detlef Hensche gegen einen totalen Verhandlungsboykott und zahlreiche Gegenforderungen der Arbeitgeber antreten. Nach einem 17-wöchigen Arbeitskampf wurde der bisherige Manteltarif wieder in Kraft gesetzt.

Die Bekämpfung der Arbeitslosigkeit war und ist für Detlef Hensche im Grunde die wichtigste gewerkschaftliche Aufgabe. Deshalb drängt er unablässig auf die Umverteilung der Arbeit durch weitere Verkürzung der Arbeitszeit und zwar in radikalen Schritten, weil nur so als Wirkung die Sicherung und das Schaffen von Arbeitsplätzen und in deren Folge der Abbau der Arbeitslosigkeit möglich ist. Dabei verfolgt er, um voranzukommen, beharrlich sein Ziel auch in kleinen Schritten. Nicht nur die Verkürzung der wöchentlichen Arbeitszeit ist ihm Ziel, flankierend gehört der Freizeitausgleich für Überstunden ebenso dazu wie eine sozial abgesicherte Teilzeitarbeit.

Tarifrunde 1989

Autorinnen und Autoren

Rudolf Dreßler, stellvertretender Vorsitzender der SPD-Bundestagsfraktion, SPD-Präsidiumsmitglied, Vorsitzender der AfA (Arbeitsgemeinschaft für Arbeitnehmerfragen) der SPD; früher Betriebsratsvorsitzender und langjähriges Mitglied des Hauptvorstandes der Industriegewerkschaft Druck und Papier.
Oskar Negt, Prof. Dr., seit 1970 Hochschullehrer für Soziologie in Hannover, zahlreiche Publikationen zur Bildungstheorie und zur Gewerkschaftsbewegung, darunter »Die Herausforderung der Gewerkschaften. Plädoyers für die Erweiterung ihres politischen und kulturellen Mandats« (Frankfurt/New York 1989); hielt auf dem 3. ordentlichen Gewerkschaftstag der IG Medien in Bielefeld ein Grundsatzreferat.
Henner Wolter, Dr., Rechtsanwalt, Berlin; 1978 bis 1991 Justitiar beim Hauptvorstand der Industriegewerkschaft Medien, 1997 Habilitation an der Humboldt-Universität Berlin. Buch- und Zeitschriftenveröffentlichungen, zuletzt »Vom Volkseigentum zum Privateigentum« (Baden-Baden 1998).

Elmar Altvater, Prof. Dr., Hochschullehrer für Politikwissenschaft in Berlin, zahlreiche Veröffentlichungen zur kapitalistischen Entwicklung, Staatstheorie und Entwicklungspolitik, zuletzt gemeinsam mit Birgit Mahnkopf »Grenzen der Globalisierung« (Münster 1996).
Axel Becker, Mitglied des Hauptvorstandes der Industriegewerkschaft Medien, Gesamtpersonalratsvorsitzender beim Hessischen Rundfunk.
Georg Benz, Mitglied des Geschäftsführenden Vorstands der Industriegewerkschaft Metall von 1964 bis 1983.
Christine Bränzel, Mitglied des Betriebsrats Tiefdruck Springer-Ahrensburg und der Tarifkommission Druckindustrie der IG Medien.
Wolfgang Däubler, Prof. Dr., seit 1971 Hochschullehrer für deutsches und europäisches Arbeitsrecht, Bürgerliches Recht und Wirtschaftsrecht in Bremen, zahlreiche Veröffentlichungen zum Arbeitsrecht und Arbeitskampfrecht.
Frank Deppe, Prof. Dr., Hochschullehrer für Politikwissenschaften in Marburg, zahlreiche Publikationen zu Theorie, Politik und Geschichte der Arbeiterbewegung, zuletzt »Fin de Siècle. Am Übergang ins 21. Jahrhundert« (Köln 1997).

Ursula Engelen-Kefer, Dr., stellvertretende Vorsitzende des Deutschen Gewerkschaftsbundes.
Ernst Elitz, Intendant des Deutschlandfunk/Deutschlandradio, Köln/Berlin.
Friedhelm Hengsbach, Prof. Dr., Mitglied des Jesuitenordens, Leiter des Oswald von Nell-Breuning-Instituts für Wirtschafts- und Gesellschaftsethik, Hochschullehrer für Christliche Gesellschaftsethik an der Philosophisch-Theologischen Hochschule Sankt Georgen in Frankfurt am Main.
Jörg Huffschmid, Prof. Dr., Hochschullehrer für Wirtschaftswissenschaften in Bremen, Mitglied und einer der Sprecher der »Arbeitsgruppe Alternative Wirtschaftspolitik«, die alljährlich im Mai das »Memorandum« herausgibt.
Mechtild Jansen, Sozialwissenschaftlerin und freie Publizistin, Köln; Autorin für Tages- und Wochenzeitungen, Zeitschriften- und Buchpublikationen, zuletzt »Das Claudia-Nolte-Phänomen. Eine Bilanz der Ära Kohl« (Bonn 1997).
Franz Kersjes, Landesbezirksvorsitzender der Industriegewerkschaft Medien, Nordrhein-Westfalen.
Dieter Lattmann, Schriftsteller, Gründungsmitglied des Verbands deutscher Schriftsteller (VS), von 1969 bis 1974 Vorsitzender des VS, der sich zum 1. Januar 1974 der Industriegewerkschaft Druck und Papier angeschlossen hat.
Erika Mertens, Dr., Redakteurin der Wochenzeitung »Die Zeit«, Hamburg.
Michael Müller, MdB, umweltpolitischer Sprecher der SPD-Bundestagsfraktion, Bundesvorsitzender der NaturFreunde Deutschland, Präsidiumsmitglied im Deutschen Naturschutzring, Bonn.
Walter Riester, Zweiter Vorsitzender der Industriegewerkschaft Metall, Frankfurt am Main.
Klaus Staeck, Prof. , Grafiker, Fachhochschullehrer, Initiator der »Aktion für mehr Demokratie«, Heidelberg.
René van Tilborg, Vorsitzender der niederländischen Gewerkschaft Kunsten, Informatie en Media, Amsterdam; Vorsitzender der Internationalen Graphischen Föderation.
Werner Weber, Betriebsratsvorsitzender der Melitta-Werke Minden; langjähriges Mitglied des Hauptvorstandes der Industriegewerkschaft Medien.
Franziska Wiethold, Dr., Mitglied des Geschäftsführenden Vorstands der Gewerkschaft Handel, Banken und Versicherungen, Düsseldorf.